Wenigen Schriftstellern ist es vergönnt mitzuerleben, wie ihre lebenslang vertretenen Thesen plötzlich von der Wirklichkeit eingeholt werden. Stefan Heym wurde dieses seltene Glück zuteil. Über Jahrzehnte hinweg plädierte er für einen aufgeklärten Sozialismus, für Bürgerfreiheit, für Mündigkeit. Mit allen seinen in der damaligen DDR verfaßten Büchern geriet er notgedrungen in Konflikt mit der herrschenden Staatsdoktrin. Das hatte für ihn Konsequenzen: Viele seiner Bücher konnten überhaupt nicht in der DDR erscheinen; einmal wurde er zu einer Geldstrafe verurteilt, weil er gegen den Willen des Kulturministeriums im Westen publiziert hatte. Vor schärferen Sanktionen schützte den großen alten Mann der DDR-Literatur seine Prominenz, die ihm auch einige Privilegien eingebracht hatte. Regelmäßig trat er in westlichen Ländern auf – vor allem in der alten Bundesrepublik – und trug mit seinen Essays, als Teilnehmer bei Streitgesprächen, in Interviews zum politischen Diskurs in beiden deutschen Staaten bei. Seine durchweg wortgewaltigen, gelegentlich böse funkelnden Äußerungen zum Tage – einige davon erschienen in Zeitungen wie ›Der Spiegel‹ oder ›Die Zeit‹ – verschafften ihm auch im Westen nicht immer nur Freunde. Die in diesem Band versammelten Texte stammen überwiegend aus den achtziger Jahren, sie lesen sich wie ein Befundbericht zur Lage der Nation während der Endphase der anderen deutschen Republik. Heym hat sich stets als Autor verstanden, der Politik von Literatur nicht trennen wollte. Retrospektiv hat er kaum etwas zurückzunehmen. Für diese Taschenbuchausgabe hat er ein eigenes Nachwort geschrieben.

Stefan Heym, 1913 in Chemnitz geboren, studierte Philosophie und Germanistik in Berlin; emigrierte 1933, nach einem Zwischenaufenthalt in der Tschechoslowakei, in die USA, setzte sein Studium in Chicago fort und erwarb mit einer Arbeit über Heine das Masters-Diplom; 1937–1939 Chefredakteur der Wochenzeitung ›Deutsches Volksecho‹ in New York; seit 1939 Soldat. Die ersten Nachkriegsjahre verbrachte Heym in München; Mitbegründer der ›Neuen Zeitung‹; wurde wegen prokommunistischer Haltung in die USA zurückversetzt und aus der Armee entlassen; aus Protest gab er Offizierspatent, Kriegsauszeichnungen und US-Staatsbürgerschaft zurück und übersiedelte nach Berlin/Ost. Heyms Werke sind im Fischer Taschenbuch Verlag erschienen.

Stefan Heym
Einmischung

Gespräche Reden Essays

Ausgewählt und herausgegeben
von Inge Heym und Heinfried Henniger
Mit einem Vorwort von Egon Bahr

Fischer Taschenbuch Verlag

Veröffentlicht im Fischer Taschenbuch Verlag GmbH,
Frankfurt am Main, Juli 1992

Lizenzausgabe mit freundlicher Genehmigung
des C. Bertelsmann Verlags GmbH, München

Umschlaggestaltung: Buchholz / Hinsch / Hensinger
Foto: Oswald Rauhoff, Berlin
Gesamtherstellung: Clausen & Bosse, Leck
Printed in Germany
ISBN 3-596-10792-x

Dieses Buch ist auf chlor- und säurefreiem Papier gedruckt

Inhaltsverzeichnis

Vorwort

In »Einmischung« erfährt man eine ganze Menge über Werk, Denken und Hoffnungen Stefan Heyms in den letzten Jahren, darunter auch, daß er bei Gelegenheit noch ein paar Märchen schreiben möchte. Dabei hat er ein Märchen selbst erlebt.

Es war einmal, in gar nicht alten Zeiten, ein Mann, der sich davon ernährte, Geschichten zu erzählen. Er lebte in einem Land, in dem er leben wollte und das er sich doch ganz anders wünschte. Für die Regierung dort galt: »Groß Macht und viel List ihr grausam Rüstung ist.« Viele hatten die Hoffnung aufgegeben, daran etwas zu ändern; die an der Hoffnung festhielten, wie unser Poet, wußten nicht, wie das zu bewerkstelligen sein könnte. Eines Tages traf er sich mit anderen Träumern und Priestern, und sie beschlossen, das Volk zusammenzurufen. Und siehe, die Menschen kamen zu Hunderttausenden, und es war kaum ein Platz groß genug, daß sie alle Platz finden. Der Dichter zitterte, aber er sprach: »Übernehmt die Herrschaft.«

Und das Volk jubelte und schrie so laut, daß darob wie in alten Zeiten in der fernen Stadt Jericho ganze Stücke aus der Mauer brachen, Soldaten und Volk sich umarmten, die Macht der Regierung zur Ohnmacht wurde und viel Freude war.

Als ich Stefan Heym wenige Tage, nachdem dieses Märchen geschehen war, sprach, war er noch erfüllt von dem Wunder, für das es, wie bei Wundern üblich, eine einzige Erklärung nicht gibt. Für einen Mann, der seinen »Nachruf« schon geschrieben hatte, sicher ein Höhepunkt seines Lebens: Wann und wo hat ein Schriftsteller zu einer Million Menschen gesprochen und so direkt in die öffentlichen Dinge, die res publica, eingegriffen? Václav Havel widerfuhr Ähnliches. Märchen enden, bevor die Probleme beginnen, die das Wunder geschaffen hat.

Stefan Heym gehört zu den wenigen, die in den zurückliegenden Jahrzehnten an die Überwindung der deutschen Teilung geglaubt haben. Viele waren das nicht, auch nicht in der Bundesrepublik, und diese wenigen, die – jeder auf seine Art – mit kleinen Schritten Wege und Umwege bahnten, mußten sich noch entschuldigen und versichern, daß sie sehr wohl die Realitäten kennen: Die beiden Bündnisse, die beiden Wirtschaftssysteme, die Rechte der Vier-Mächte für das gespaltene Land ohne Friedensvertrag.

Niemand hat vorausgesehen, was inzwischen Wirklichkeit geworden ist. Nicht der Westen hat die Mauer zerbrochen; nicht Waffen waren beteiligt; nicht Gorbatschow hat die deutsche Karte gespielt; die Menschen im kleineren Teil des Landes, unter schlechteren Bedingungen lebend, unter größerem Risiko haben die Angst abgeworfen. Das war so gar nicht vorgesehen.

Jetzt haben wir den Salat. Die Menschen haben sich vereinigt, aber die Staaten sind geblieben. Die Freizügigkeit ist da, aber die Bündnisse sind geblieben. In einer Art Rückblick auf die Zukunft formulierte Heym: »In dem Moment, da auf beiden Seiten die Zustände verändert wurden, die die Teilung bedingten, fiel auch die Mauer.« Es scheint, als sei die Abfolge von Ursache und Wirkung verkehrt worden.

Jetzt haben wir die Probleme, die wir uns immer gewünscht haben. Es ist herrlich, wenngleich verwirrend, wundervoll, obwohl kompliziert: Denn diejenigen, die sich so sicher waren, die Wiedervereinigung würde es zu unseren Lebzeiten nicht mehr geben, daß sie glaubten, sie gefahrlos fordern zu können, entdecken ihr nationales Gewissen und fordern sie möglichst umgehend. Die anderen wenigen, die dem Ziel nie untreu geworden waren, finden sich unversehens in der Rolle, auf die Realitäten und die Nachbarn hinweisen zu müssen. Es darf eben nicht zusammenfallen, zusammen-stürzen, was zusammenwachsen soll. Was in vierzig Jahren deutscher Gründlichkeit gespalten wurde, braucht Zeit, wenn es organisch zusammenfinden soll. Niemand kann heute sagen, ob die Menschen, die so Großes mit dem Ruf »Wir sind das Volk« bewirkt haben, noch die notwendige Geduld aufbringen werden.

Die staatliche Einheit ist von der Utopie zum Problem befördert worden. Wer die in diesem Band gesammelten Äußerungen Stefan Heyms liest, die spannend geblieben sind, findet dazu keine Eindeutigkeit. Auf der einen Seite: »Der Schrägstrich durch Deutschland markiert eine offene Wunde; wir können noch soviel Antibiotika darauf streuen, sie wird weiter eitern.« Auf der anderen Seite: »Wenn es je zu einem wiedervereinigten Deutschland kommen wird, dann wird es etwas anderes sein als die Bundesrepublik und die Deutsche Demokratische Republik... Dann wird es nicht derart sein, wie manche Leute glauben – daß die Bundesrepublik die DDR einfach schluckt.«

Bei dem erwähnten Gespräch mit Stefan Heym war mir seine Formulierung nicht bewußt, »Revolutionen werden für die Freiheit gemacht«, aber ich drückte meine Zweifel aus, ob die Menschen in der DDR noch einmal bereit sein würden, zehn oder fünfzehn Jahre ihres Lebens für die Entwicklung eines demokratischen Sozialismus zu geben, den noch niemand genau definieren könnte; und Heym meinte, es könne doch nicht sinnlos oder vergeblich gewesen sein, »woran unsereiner sein ganzes Leben gehängt habe«. Befreit von den schrecklichen Fesseln des Stalinismus würde der demokratische Sozialismus erst seine ganze Kraft entfalten – diese Hoffnung teilt Heym mit Gorbatschow, dessen Popularität, wenngleich unterschiedlich begründbar, in beiden Staaten gleich groß ist.

Die Notwendigkeit des neuen Denkens gegenüber den objektiven globalen Gefahren ist theoretisch nicht mehr bestritten. Die alten Feindbilder müssen begraben werden. Die Bündnisse, gegeneinander errichtet, auch zur Kontrolle der gespaltenen europäischen Mitte, beginnen ihre Funktion zu verlieren, wenn die Deutschen auf beiden Seiten nicht mehr kriegsverwendungsfähig sind. Als Bürger ihrer Staaten gehören sie noch den Bündnissen an; als Menschen nicht mehr. Gefühlsmäßig sind sie schon Bürger des Europäischen Hauses geworden.

Wenn sie freie Bürger unterschiedlicher Staaten in einem Europa sind, das die Bündnisse überwunden hat durch eine europäische Ordnung des Friedens, also durch ein kollektives Sicherheitssystem, das die Angst vor Krieg überwunden hat, dann wird auch die Sorge der Nachbarn vor staatlicher deutscher Einheit überwunden sein. Aber vielleicht wollen dann, sofern es so lange dauert, die Deutschen gar nicht mehr unter ein Dach, weil sie es auf jeder ihrer Seiten angenehm finden, auch angenehm, wechseln zu können?

Den Menschen umbauen zu können war die Hoffnung der Kommunisten. Von »Schwarzenberg« über den »Ahasver« bis zur heutigen Wirklichkeit spannt sich das Netz der unverlorenen Hoffnung Stefan Heyms, an die Veränderbarkeit des Menschen zu glauben. »Das ist die Weitergabe der Stafette, die wir alle einmal getragen haben.« Dieser Stefan Heym wird sich selbst treu bleiben: »Halt Dich an Deine Träume!«

Wer will heute sagen, was davon Wirklichkeit wird, nachdem soviel Wirklichkeit geworden ist, was bis vor kurzem Traum schien?

Ganze Bibliotheken über die DDR und die sogenannte deutsche Frage sind im Herbst 1989 Makulatur geworden. Nicht so die Gedanken, Bemerkungen, Erwartungen, selbst wo sie irrten, des Poeten, Sozialisten, Deutschen Stefan Heym.

Egon Bahr

Über Juden und Christen

Rede auf einer Veranstaltung des International Council of Christian and Jews in Berlin-West

AUGUST 1982

Am Anfang stand eine falsche Hoffnung.

Sie können das nachlesen in Kapitel 21 des Johannes-Evangeliums. Jesus Christus, auferstanden aus dem Grabe und ein drittes Mal zu kurzem Besuch auf die Erde zurückgekehrt, begegnet einer Gruppe seiner Jünger am Ufer des Tiberiassees, und nachdem er mit ihnen Brot und gebratenen Fisch gespeist und dem Peter prophezeit hat, auf welche Weise der Senior der Apostel sein Ende finden wird, erkundigt sich Peter wegen des Jüngers, den Jesus besonders liebte und der während des berühmten Passahmahls sein Haupt an die Brust des Meisters gelegt hatte. Spricht Peter: »Herr, was wird aber aus diesem?« Und Jesus antwortet dem Peter: »So ich will, daß er bleibe, bis ich komme, was geht es dich an?« Frühe Christen, die von diesen Worten vernahmen, meinten folglich, daß die Zeit von Jesu endlicher Wiederkehr in naher Zukunft liegen müsse, denn sonst würde die Wiederkehr nicht noch zu Lebzeiten dieses nicht genannten Jüngers erfolgen; und viele Gläubige taten all ihren weltlichen Besitz in die gemeinsame Kasse der neugeformten Judenchristengemeinde und führten ein kommunistisches Leben in der Erwartung, das Reich Christi werde jeden Augenblick Wirklichkeit werden.

Ich könnte noch erwähnen, daß dieser Aspekt von Johannes 21 auch der Ursprung der Legende vom Ahasver ist, dem Ewigen Juden, welchen der Rabbi gleichfalls verfluchte, zu leben und auf Erden zu wandeln bis zu seiner endlichen Wiederkehr. Aber das Wichtige an Johannes 21 ist der darin enthaltene Hinweis, daß in der Zeit, als die Evangelien niedergeschrieben wurden, niemand vermutete, der Messias könne uns Sterbliche so schrecklich lange warten lassen auf seine Rückkehr und auf den Tag, da er die Gerechten scheiden würde von den Ungerechten und das Reich bringen, nach dem wir alle uns so herzlich sehnen.

Nun ist es wohl seit je so gewesen, daß die Vertreter einer Heilslehre, wenn sie ihre Versprechungen innerhalb annehmbarer Frist einzulösen nicht imstande sind, dazu neigen, eine starre Hierarchie zu errichten und ihren Anhängern strenge Regeln und ein festes Dogma aufzuzwingen, damit diese schön bei der Stange bleiben; und wehe jenen, die von der verordneten Philosophie und deren amtlich approbierten Auslegungen abzuweichen wagen.

Wir können derart Entwicklungen bis in die heutige Zeit verfolgen, in vielen Teilen der Welt und in vielen Bewegungen, politischen und anderen, und die christliche Kirche ist ein perfektes Beispiel dafür: Je länger die Gläubigen auf die Erfüllung der Heilsversprechen zu warten hatten, desto engmaschiger wurde die Herrschaft des Apparats, desto leerer das Ritual, desto härter die Bestrafung der Häretiker. Und selbst als die neue Christensekte ihre alte jüdische Haut abgestreift hatte und energisch daranging, ihre Proselyten unter Griechen und Römern und Arabern und allen möglichen anderen Völkern zu werben, und selbst nachdem die christliche Lehre zur Staatsreligion des mächtigen Römischen Reiches geworden war, gab sie ihre sektiererischen Haltungen nie ganz auf, darunter ihre von Anfang an vorhanden gewesene Antipathie gegen die Juden.

Ich weiß nicht, ob es Gott gibt oder nicht; beweisen läßt sich weder das eine noch das andere. Wohl aber gibt es die große Angst in den Herzen der Menschen, die Angst vor dem Unbekannten, vor der Macht des Unbekannten, die stärker ist als der Mensch, vor Donner und Blitz, vor dem Schicksal und immer wieder vor dem Tod. Seit Anbeginn der Zeit haben die Menschen darum nach höheren Wesen gesucht, an die sie sich wenden könnten in ihrer Not, um Schutz zu erflehen vor dem Dunkel der Nacht, vor der Pein des Hungers, vor dem Mysterium des Todes. Jede Familie schuf sich ihre Götter, jeder Clan, jeder Stamm: Geschöpfe der Phantasie allesamt; die Juden aber kamen auf die großartige Idee, den Einen, Allmächtigen Gott zu erfinden, der das Universum mit allem, was darin kreucht und fleucht, gemacht haben sollte und natürlich auch jenes höchst problematische Wesen, den Menschen, und der diesen Menschen noch dazu mit Verstand begabte, nachdem der Narr den bekannten Apfel verspeist hatte.

Dieser selbe jüdische Gott, der große Namenlose, war und ist also auch der Gott jener jüdischen Sekte, die sich nach dem Rabbi nennt, welcher an einem Freitag im Frühling in der Stadt Jerusalem ans Kreuz geheftet wurde, zur Zeit der Statthalterschaft des Pontius Pilatus. Mitglieder der Sekte variierten dann diesen Gott ein wenig, indem sie ihn in eine Dreifaltigkeit verwandelten, bestehend aus ihm selbst, seinem Sohn und etwas Undefinierbarem, welches die Griechen als Logos bezeichneten; gerieten die Vertreter der Sekte mit dieser Konstruktion in Verlegenheit, beeilten sie sich jedoch stets, allseits zu versichern, daß in Wirklichkeit auch der dreifaltige Gott selbstverständlich nur Einer war, nämlich der alte Gott Abrahams, Isaaks und Jakobs, und damit auch der Gott Jesu Christi, zu dem dieser am Kreuze hängend noch betete: Eli, Eli, warum hast du mich verlassen?

Das Übel war, daß so viele der Juden, die an den Einen Gott glaubten, von dem Wert des neuen Glaubens durchaus nicht überzeugt waren und auch weiterhin ihre Zweifel äußerten an dem Gedanken, daß der gekreuzigte Rabbi Gottes eigener Sohn gewesen sein sollte und zugleich der Messias, von dem die alten Propheten gelegentlich gesprochen hatten und der, nachdem er am Kreuze gestorben war, noch ein letztes, endgültiges Mal wiederkehren und seine Getreuen belohnen würde, in Ewigkeit. So geschah es, daß die Juden, obwohl sie die Grundlagen der neuen Religion geliefert hatten, als deren schlimmste Häretiker galten, und daß sie, obwohl Jesus selber einer von ihnen gewesen war, allen wahren Gläubigen allein schon durch ihre Existenz zum Ärgernis und zum Dorn im Auge wurden.

Und da es keinen giftigeren Haß gibt als den zwischen Sekten, die ihre jeweilige Lehre aus ein und derselben Quelle beziehen – das hat sich im Verlauf der Weltgeschichte bis in unsere Tage hinein immer wieder gezeigt –, werden Sie wohl Verständnis aufbringen können für die Gefühle, welche die frühen Christen den Juden gegenüber beseelten und die Juden gegenüber den Christen.

Das war der Grundkonflikt, in dessen Folge sich während des ganzen Mittelalters durch alle Länder der damals bekannten Welt hindurch eine breite Spur jüdischen Blutes zog. Die Juden, ins Exil getrieben nach der Eroberung Jerusalems und der Zerstörung des Tempels durch Titus, wurden zu einer unterdrückten Minderheit, wo sie sich auch niederließen; die Kreuzzüge, zur Befreiung des Heiligen Grabes unternommen, brachten ein jeder mit schöner Regelmäßigkeit als erstes ein Massaker europäischer Juden; die Kirchenpolitik erreichte, daß ganze Königreiche, Spanien etwa, judenrein wurden; und wo immer sie auch Zuflucht fanden, die verfolgten Juden, wurden sie in Ghettos getrieben und von den Regierungen schlimmer ausgebeutet als jeder andere im Lande.

Und sobald wir zum Anbruch unseres aufgeklärteren Zeitalters kommen, in die Epoche der Reformation, stellen wir fest, daß die Juden sofort wieder zum Sündenbock gemacht werden für alles, was den Rest der Bevölkerung bedrückt – nun aber mit einer neuen Motivierung. Zu den alten Ressentiments gegen die Juden, deren Hauptgründe religiöser Natur waren, gesellte sich eine neue Art von Antisemitismus, bösartiger noch als alles Vorhergegangene, denn dieser nun erwuchs aus dem Ökonomischen.

Das alttestamentliche Gesetz gegen das Nehmen von Zinsen wird Ihnen vertraut sein: An dem Fremden magst du wuchern, aber nicht an deinem Bruder, auf daß dich der Herr, dein Gott, segne an allem, das du vornimmst (5. Mose 23,20f.).

Und Sie werden bemerkt haben, daß das Gesetz in seiner Weisheit betont, *nicht an deinem Bruder*; den Fremdling aber darfst du ohne Furcht vor Strafe rupfen. Nun hatten jedoch Luther und seine mächtigen Verbündeten, die protestantischen Fürsten, im Lauf der Reformation das länderverbindende Netz der katholischen Bankhäuser zerstört, deren Prosperität in nicht geringem Maße auf dem Transfer der Ablaßgelder nach Rom beruhte, der Pfennige der reuigen Sünder also, die dafür Erlaß ihrer Sünden erhielten. Doch selbst die protestantischen Fürsten und Handelsleute und Handwerker und Bauern kamen immer wieder in die Verlegenheit, Geld borgen zu müssen, und so gerieten die Juden, denen der Andersgläubige ja nicht als Bruder galt und denen es sowieso verboten war, Land zu besitzen oder irgendwelchen Zünften beizutreten oder sonst einem ehrlichen, handfesten Erwerb nachzugehen, ganz natürlich ins Bankgeschäft und in den Zinswucher; und Luther, der in seinen späteren Jahren gegen die Juden wetterte und drohte, ihre Synagogen und ihre Gebetbücher verbrennen zu lassen und ihre jungen Männer in eine frühe Form von Arbeitslagern zu stecken, dieser Luther vergaß zweckdienlicherweise, daß er selbst es gewesen war, der den Juden den Weg in den Wucher freigemacht und sie so zum Objekt ganz neuer, weil von der Ökonomie herrührender Haßgefühle hatte werden lassen. So wurde der moderne Antisemitismus geboren, und die Schrift, die Luther gegen die Juden verfaßte, ist noch von den Nazis für ihre Propaganda benutzt worden.

*

Die Juden, als Gruppe gesehen, passen in keine der bekannten Kategorien; dies ist einer der wichtigsten Gründe dafür, daß man gerade an ihnen so häufig sein Mütchen kühlt. Sie sind kein Volk, wie es das Volk Israel bis in die Tage der Römer war; fast zweitausend Jahre Diaspora haben zerstört, was sie einst als Nation prägte; sie sind Teil der Kultur und des Lebens ihrer Wirtsvölker geworden und unterscheiden sich von diesen höchstens durch ihre fremdartigen religiösen Bräuche. Aber auch eine Religionsgemeinschaft sind sie im Sinne des Wortes nicht; zu viele Juden gibt es, die sich den Teufel um ihre Religion scheren und die dennoch nicht aufhören, Juden zu sein, so sehnlich sie sich auch wünschen mögen, ihr Judentum abschütteln zu können. Und eine Rasse, als welche Hitler sie betrachtete, sind sie schon gar nicht. Ich bin äthiopischen Juden begegnet, die schwarz waren wie Ebenholz, und in dem südindischen Staat Kerala habe ich mit Juden gesprochen, die aussahen wie jeder andere Tamile, und Sie selber werden schon Juden gesehen haben, die blond und blauäugig waren wie der schönste Schwede oder rothaarig und sommersprossig wie ein typischer Ire, ganz abgesehen von den verschiedenartigsten Formen ihrer Nasen. Assimilierung, mit allem, was sich damit verbindet, ist eine alte Sache für die Juden, und ich bezweifle sehr, ob von einer Flüssigkeit, die sich als jüdisches Blut bezeichnen ließe, überhaupt die Rede sein kann. Vielleicht sollten wir offen zugeben, daß diese unglücklichen, stets in die Rolle des Opfers hineingezwungenen Menschen über die Jahrhunderte hinweg Juden blieben, ganz einfach weil die Nichtjuden, zuvörderst die Christen, es nicht zuließen, daß sie sich ihrer jüdischen Identität entledigten. Die Juden blieben Juden, weil man Juden brauchte, und zwar nicht etwa, um ihnen als dem von Gott erwählten Volk Ehre zu erweisen, sondern um ihnen die Schuld zuzuschieben für alles Übel auf Erden und um den eigenen Schmutz an ihnen abzutreten und sie, gelegentlich, durch die Schornsteine der Gasöfen himmelwärts zu schicken.

*

Ich weiß, das klingt nicht angenehm; es rührt an das schlechte Gewissen, das so viele Leute verspüren, sobald ihnen das Wort Jude einfällt; weshalb diese Leute auch, wenn es sich irgendwie machen läßt, sich den Gedanken daran so rasch wie möglich aus dem Kopf schlagen. Und besonders unangenehm werden meine Worte in den Ohren von Männern und Frauen wie den hier Versammelten klingen, denn gerade sie tun ja ihr Bestes, um die Folgen der alten Konflikte zu beseitigen und die alten Wunden zu heilen.

Und ich erwarte, daß zwei Stimmen sich gegen mich erheben werden, eine, die fragt: Und was ist mit dem Sozialismus?, und eine andere, die mir vorhält: Und was sagen Sie zu dem jüdischen Staat, zu Israel?

Ich bekenne, es war eine meiner großen Hoffnungen, daß mit der Ankunft des Sozialismus der Antisemitismus verschwinden und die neue, klassenlose Gesellschaft Schluß machen würde mit jeder wie immer gearteten Diskriminierung; nicht länger würde man Juden und Nichtjuden voneinander scheiden, sondern sie einfach als Menschen betrachten, vereint in dem einen großen Bemühen: der Schaffung einer Welt sozialer Gerechtigkeit für jedermann.

Darauf warte ich noch immer. Und obwohl mancher mich als unverbesserlichen utopischen Träumer abtun wird, habe ich die Hoffnung immer noch nicht aufgegeben und setze mich mit den mir zur Verfügung stehenden Mitteln dafür ein. Aber ich gestehe auch, daß es mir angesichts des kaum verhüllten und oft sogar zur Schau gestellten Antisemitismus in Ländern, die sich als sozialistisch bezeichnen, immer schwerer wird, die Hoffnung auf eine sozialistische Lösung des Problems, wenigstens in vorhersehbarer Zukunft, aufrechtzuerhalten. Wer erinnert sich nicht der Ausdrucksweise der Anklagevertreter in den skandalösen Prozessen der fünfziger Jahre in Prag und anderenorts, wen überläuft es nicht kalt bei dem Gedanken an den hohen Anteil von Juden unter den Angeklagten, die dann selbstverständlich aufgehängt wurden, nur um später rehabilitiert zu werden, unschuldig der Verbrechen, deren man sie geziehen hatte.

Und wer erschrickt nicht angesichts der Sprache in den Medien der Länder des real existierenden Sozialismus, wenn dort über den scheußlichen Krieg im Libanon berichtet wird. Da erfahren wir wieder von zionistischem Imperialismus, so wie wir von einer zionistischen Verschwörung in den Berichten über die bereits erwähnten Prozesse lesen konnten und von einer »Jüdischen Weltverschwörung« in den Spalten der unseligen Nazipresse.

Was sind die Gründe für die Existenz dieses latenten und oft gar nicht so latenten Antisemitismus in den Ländern des zur Zeit vorhandenen Sozialismus? Zunächst ist in den Köpfen der Bevölkerung eine ganze Menge des antisemitischen Gedankenguts erhalten geblieben, wie es in der Welt der feudalistischen und bourgeoisen Gesellschaft in Blüte war. Gegen die Überreste anderer abgetaner Ideologien wurde aktiv und systematisch zu Felde gezogen, doch eine wirklich konsistente Kampagne gegen den Antisemitismus kam in diesen Ländern nie zustande; vielleicht meinten die führenden Kader, das Problem werde sich von selber lösen, und je weniger Gerede darüber, desto besser. Aber die Dinge fügten sich nicht zum Guten, und ich vermute, es steckt mehr hinter dem Versäumnis, als auf der Oberfläche sich zeigt.

Denn wenn wir die psychologische Seite der Sache betrachten, werden wir an der Wurzel der Symptome Ressentiments feststellen können ganz ähnlich jenen, die sich in den Sektenkämpfen der frühchristlichen Zeit zeigten. Es wird Ihnen ja nicht neu sein, daß eine unverhältnismäßig hohe Anzahl von Juden sich der frühen sozialistischen Bewegung anschloß; selber Angehörige einer unterdrückten Minderheit, glaubten sie, daß die Befreiung des Proletariats auch ihre eigene Befreiung bedeuten würde. Da finden sich Männer wie Karl Marx in den Anfängen der sozialistischen Bewegung, Marx, der bekanntlich Jude war, und Lassalle, ebenfalls ein Jude, und Heine, ein getaufter Jude; etwas später kam die Rosa Luxemburg, Jüdin, kam Trotzki, auch Jude, und neben ihnen noch viele andere Juden, die der Organisation beitraten und bald aktiv in ihr arbeiteten, weil sie das Gefühl hatten, daß sie durch ihre Verbindung mit der aufkommenden Klasse, die niemanden mehr ausbeuten würde, ihr Stigma als Juden abschütteln könnten: Die Unterdrückten aller Länder würden sich vereinigen und so befreien, das war der Grundgedanke, ob einer nun als Jude unterdrückt war oder als Proletarier.

Nur daß die Weltgeschichte diesem Gedanken nicht folgte. Die neue Gesellschaftsordnung, so stellte sich heraus, war nicht so licht und so glänzend, wie man erhofft hatte, und die neuen Freiheiten ließen manches zu wünschen übrig, und das ersehnte Reich war wieder einmal in die Ferne gerückt; und wieder bildete sich eine Hierarchie, um das Volk im Zaum zu halten, und ein Apparat entstand, und Sündenböcke und Häretiker wurden gebraucht, echte oder angebliche, und wurden gefunden und entsprechend abgestraft.

Trotzdem ist die Theorie, daß der Antisemitismus, wie andere Übel auch, in einer klassenlosen Gesellschaft verschwinden würde, niemals widerlegt worden. Die Wahrscheinlichkeit ist vielmehr, daß wir, im Osten wie im Westen, noch ein gehöriges Stück Wegs von jener wahrhaft neuen Gesellschaft entfernt sind, welche die Gründergeneration der sozialistischen Bewegung ahnend vorausschaute.

*

Und nun zu der Frage Israel.

Die Entstehung eines jüdischen Staates auf biblischem Boden hat zweifellos der Beziehung zwischen Juden und Christen, und zwischen Juden und Nichtjuden anderer Art, neue Aspekte gegeben und hat eine schon immer sehr komplizierte Angelegenheit noch schwieriger gemacht. Der Traum Theodor Herzls war gewesen, daß die Juden nicht länger die Verstoßenen der Welt sein würden, wenn sie nur einen eigenen Staat besäßen, in dem sie, von überall herkommend, sich sammeln könnten; mit diesem Staat würden auch sie wieder ein Volk werden wie jedes andere, und damit wäre auch der Antisemitismus erledigt, ein Ding der Vergangenheit. Aber wieder weigerte sich die Weltgeschichte, nach Plan zu funktionieren.

Heute gibt es nun einen jüdischen Staat, Israel geheißen, und die Juden, die sich dort niederließen, haben sogar eine künstlich wiederbelebte eigene Sprache zu sprechen gelernt; aber das soziale Experiment, als welches der jüdische Staat gedacht war, ist nicht geglückt, und auch das Heimatland aller Juden ist dieser Staat nicht geworden. Nach wie vor gibt es amerikanische und russische Juden, englische, französische, kanadische, südafrikanische, argentinische et cetera, die samt und sonders gar nicht daran denken, nach Israel zu gehen, es sei denn, als Touristen; von deutschen Juden lebt nur noch ein Häuflein, und ebenso gering ist die Zahl der polnischen, tschechischen, ungarischen und rumänischen Juden, aber das ist eine andere Geschichte, die den Titel Holocaust trägt. Und seit 1948 gibt es auch israelische Juden, die auf die Unterstützung all der anderen Juden rechnen, und viele dieser anderen Juden empfinden eine Art halbherziger Verbundenheit mit dem Judenstaat und eine Verpflichtung, deren sie sich zumeist durch Zahlung von Geldern entledigen: schließlich hatten sie ja seit ihrer Kindheit gebetet: Nächstes Jahr in Jerusalem!, und war der neue Staat nicht gewissermaßen ein Zentrum des Judentums geworden, mit seiner jüdischen Universität und seinen wissenschaftlichen Errungenschaften, und war er nicht auch ein Zufluchtsort für Juden aus Ländern, in denen sie sich verfolgt fühlten? Derlei Einstellung erzeugte wiederum bei den Nichtjuden den Verdacht, die Juden könnten, gerade wegen des Staates Israel, geteilter Loyalität sein. Und tatsächlich entsteht angesichts der Existenz des Staates Israel in den Köpfen auch fair denkender Menschen oft genug die Frage: Wie zuverlässig kann ein Jude wirklich sein als Bürger des Landes, in dem er lebt? Und der Mob in dem Lande wird zusammen mit dem Hakenkreuz an die Wände der Häuser schmieren: Juden raus – nach Israel!

Das größte Mißgeschick bei der Sache besteht jedoch darin, daß der Staat Israel gegründet wurde in einer früheren türkischen Provinz, die man später zum britischen Mandatsgebiet erklärte und die eine Eingeborenenbevölkerung besaß, wenn diese auch rückständig war und das Land nicht allzu dicht besiedelte – eine Eingeborenenbevölkerung, in ihrer Mehrheit arabisch. Ich besuchte das Land im Jahre 1948, kurz nach dem Krieg, in dessen direkter Folge der Staat Israel sich konstituierte, und ich habe noch das Schiff liegen sehen, auf den Strand von Haifa geschwemmt wie ein Symbol künftiger Dinge, das Waffen für Menachem Begins terroristische Irgun-Organisation anlanden sollte; die soeben gebildeten Streitkräfte des soeben entstandenen Staates hatten es gestoppt und zusammengeschossen. Und wenig später erklomm ich den Wasserturm eines Kibbuz, von dessen Plattform aus man mit dem nackten Auge auf der einen Seite die Küste des Mittelmeers erblickte und auf der anderen das Königreich Transjordanien: eine Grenzziehung, die ein Ding militärischer Unmöglichkeit war, und doch war diese Grenze von der UNO so bestimmt worden, als sie Palästina zwischen dem neuen jüdischen Staat und den Arabern teilte. Und am nächsten Tag, in der Nähe von Akko, sah ich Häuser, fest gebaut in einem eigentümlich reizvollen Stil, die in aller Hast von ihren arabischen Bewohnern im Stich gelassen worden waren, sah ich die Anfänge des palästinensischen Flüchtlingsproblems, das es heute so schwer macht, im Nahen Osten Frieden zu schaffen. Und als ich im Januar 1982 nach Israel zurückkehrte, lange vor der Invasion in den Libanon, und zu der uralten Stadt Jericho kam, sah ich vor der Stadt wiederum verlassene arabische Behausungen, aber diesmal waren es die armseligen Hütten eines Flüchtlingslagers, und der Wind blies Sand von der Wüste her durch die leeren Fensterrahmen.

*

Ich beabsichtige nicht, der einen oder der anderen Seite in dem Konflikt die Schuld zuzusprechen. Die wirkliche Schuld liegt bei Hitler, denn ohne ihn würde sich ein jüdischer Staat, wenn überhaupt, unter ganz anderen Voraussetzungen und langsamer und schonender entwickelt haben. Aber ich möchte Ihnen auch, gerade in Anbetracht der politischen Parteiungen heute, etwas ins Gedächtnis rufen, was gewöhnlich vergessen wird: daß es nämlich die Sowjetunion war, die als erste den neuen Staat Israel anerkannte, lange bevor die Vereinigten Staaten und England dies taten, und daß die Tschechoslowakei, die gerade ihre Hinwendung zum sozialistischen Lager vollzogen hatte, ein gut Teil des Waffenarsenals lieferte, mit dessen Hilfe die neugeschaffenen israelischen Streitkräfte den Krieg von 1948 gewannen. Mein Wunsch zu der Zeit war, daß Israel mit seinen stark entwickelten sozialistischen Zügen – man denke nur an die Kibbuzim und die verschiedenen gewerkschaftseigenen Industrien – einen Kern des sozialen Fortschritts bilden würde in der allgemeinen Rückständigkeit der arabischen Völker, die es umgaben, und daß es diesen Völkern helfen möchte, neue, moderne Wege zu beschreiten nicht nur auf dem Gebiet der Industrie und der Landwirtschaft, sondern auch gesellschaftlich gesehen.

Die Geschichte hat es anders gewollt. Die Russen entdeckten, daß es hundert Millionen Araber gab im Vergleich zu den paar hunderttausend Juden in Israel damals, und die Amerikaner entdeckten die riesigen Ölvorkommen unter dem Sand von Arabien, und das große Spiel um die Macht, das in dieser Ecke des Globus lange schon in Gang gekommen war, begann nun im Ernst, und ich befürchte, die traurigen Vorgänge im Libanon heute sind nur eine Phase in diesem Geschehen.

In dem arabischen Hotel in Jerusalem, in dem ich 1982 wohnte, hatte ich ein Gespräch mit einem Beamten des israelischen Außenministeriums, einem Manne, der zu den Gründern des Staates gehört hatte. Er sprach sehr offen mit mir. »Israel«, sagte er, »muß als moralische Kraft bestehen in diesem Teil der Welt. Wenn es sich aber verhalten wird wie jeder andere levantinische Staat« – er benutzte tatsächlich das noch auf die Türkenzeit zurückgehende Wort –, »dann werden all unsre Mühen und Opfer, all unser Idealismus vergebens gewesen sein.«

Dies war, wie ich bereits erwähnte, noch vor dem Libanonfeldzug. Welche Rechtfertigung auch angeführt werden mag für dieses Abenteuer, Tatsache ist, daß dadurch neben den sprichwörtlichen häßlichen Amerikanern und den ebenso sprichwörtlich häßlichen Deutschen der häßliche Israeli getreten ist und daß dadurch wieder die

Gewissensbisse, die eine große Zahl von Nichtjuden wegen des Holocaust empfanden, in ganz erheblichem Maße beruhigt wurden, denn waren die verstümmelten und verbrannten Kinder von Westbeirut, die man am Fernsehschirm zu sehen bekam, nicht Beweis genug, daß Juden ebenso brutal sein konnten wie die, die einst ihre Verfolger waren?

Natürlich könnte man dagegenhalten, daß die Taktik der PLO, die sich hinter den Röcken der Frauen und den Windeln der Babys verschanzte, den General Sharon zu seinen Maßnahmen veranlaßte und daß der ewig lächelnde Arafat nur die Rückseite der Münze ziert, deren Vorderseite das Bild Menachem Begins trägt, und daß andere Armeen sich genauso gnadenlos verhalten haben und sich noch heute so verhalten, wie die israelische Armee in diesen letzten Wochen es tat, ohne daß sie deshalb, besonders von der Linken, moralisch verurteilt wurden. Aber darauf kommt es nicht an. Wir sind wieder bei dem Punkt angelangt, mit dem wir begannen: Was dem einen erlaubt ist, ist dem anderen noch lange nicht gestattet, besonders wenn dieser andere Jude ist; und jede von Juden begangene Sünde wiegt schwerer in der Waagschale als die gleiche Sünde, begangen von anderen Leuten.

Man kann nicht als Erfinder des Einen Allmächtigen Gottes auftreten, ohne dafür die Konsequenzen tragen zu müssen.

*

Was sollen wir nun tun angesichts dieser bösen und blutigen Vorgänge und dieser scheinbar unlösbaren Situationen? Die Hoffnung aufgeben? Zulassen, daß die alten Antagonismen sich immer tiefer eingraben in die Herzen und Hirne der Menschen?

Das unter keinen Umständen. Ich meine, gerade in einer Zeit wie der unseren, nach den Gasöfen von Auschwitz und mit den Erfahrungen, die unsere Generation gemacht hat, und bedroht, wie wir sind, von einem neuen, dieses Mal jedoch weltweiten atomaren Holocaust, müßten wir uns der ethischen Werte besinnen, die Judentum wie Christentum hervorgebracht haben, und müßten versuchen, diese wieder zum Leben zu erwecken und mit dem Besten zu verknüpfen, was uns an modernem, will sagen, sozialistischem Gedankengut geblieben ist.

Die zehn Gebote und die Bergpredigt haben ihre Gültigkeit nicht verloren, und jüdische wie christliche Ethik, neu und richtig interpretiert und angewandt auf die Notwendigkeiten unserer Zeit, können eine Hilfe sein bei der Lösung wenigstens einiger der Probleme, denen die Menschen heute, ob Juden oder Christen, sich gegenübersehen.

Über Deutschland

Rede auf dem »Münchner Podium in den Kammerspielen«

NOVEMBER 1983

»Denk ich an Deutschland in der Nacht«, so beginnt Heine, »dann bin ich um den Schlaf gebracht.«

Die Zeilen haben, glaube ich, noch heute ihre Gültigkeit, wenigstens für mich, und ich war schon von Berufs wegen gezwungen, viel über Deutschland nachzudenken. Nachdem ich die Einladung erhielt, in Ihrem Kreis über just dieses Thema zu sprechen, begann ich nachzurechnen: Unter den fünfzehn Bänden Prosa, die ich veröffentlicht habe, ob Romane, Novellen, Short stories, Essays, Reportagen oder Märchen, ob in Amerika, in der Tschechoslowakei oder der Deutschen Demokratischen Republik zu Papier gebracht, ob zunächst auf Englisch oder auf Deutsch geschrieben, befinden sich genaugenommen nur zwei, die nicht in irgendeiner Form von Deutschland und seinen Menschen handeln. In all meinen anderen Büchern spielen Deutsche eine mehr oder minder große Rolle als Helden oder als Bösewichte, meistens aber als Leute wie Sie und ich, die aus der Grauzone stammen und die nur das Pech hatten, in eine Zeit hineingeboren zu sein, deren Konflikte es erfordern, daß man Stellung bezieht.

Ich will Ihnen gestehen, daß es in meinem Leben Momente gegeben hat, wo ich die Deutschen in Bausch und Bogen verurteilte und verfluchte, obwohl mein Verstand mir sagte, daß man Millionen Individuen nicht über einen Kamm scheren kann und daß es selbst in den schlimmsten Perioden deutscher Geschichte stets auch ein anderes Deutschland gab, geben mußte: ein stummes, geknebeltes. Denn wäre dem nicht so, dann wäre ja alle Mühe vergebens gewesen, wäre jeder Versuch, Einfluß zu nehmen auf das Geschehen in Deutschland, Narretei.

Das Schicksal hat gewollt, daß ich Deutschland und seine Menschen aus sehr verschiedenen Perspektiven zu sehen bekam: als Verprügelter und Verjagter und Verfolgter, dann aus der sicheren Distanz eines dazwischenliegenden Ozeans, dann als Eroberer und schließlich wieder als Bürger, wenn auch nur eines Drittels des Landes. Solcherart Perspektivenverschiebung bewirkt eine größere Plastizität des Bildes und erlaubt ein schärferes, aber auch gelasseneres Urteil; andererseits jedoch fehlen in meinem Erfahrungsbereich gewisse Erlebnisse, die ich wohl gehabt hätte, wäre ich nach 1933 im Lande geblieben; mein Trost ist, daß ich, wäre ich geblieben, mit großer Wahrscheinlichkeit heute nicht vor Ihnen stünde, sondern, Jude, der ich bin, als ein Rauchwölkchen am polnischen Himmel geendet hätte. So aber brauchte es seine Zeit, bis ich verstand, warum diese Deutschen die auch in Deutschland fälligen Revolutionen niemals gemacht haben und wie in diesem Lande die verschiedenen Machtapparate funktionieren, die einander abgelöst haben, um, ein jeder auf seine Weise, den Leuten die Köpfe zu vernebeln und ihnen den Bürgersinn und jedes Streben nach Freiheit auszutreiben.

Überhaupt haben die Deutschen zeit ihrer Geschichte ein ganz sonderbares Verhältnis zur Freiheit gehabt; ja, sie sahen, wie Thomas Mann schon 1945 bemerkte, die Freiheit in zwiefacher Gestalt: als eine nach innen und eine nach außen gerichtete.

»Der deutsche Freiheitsbegriff war immer nur nach außen gerichtet«, sagt Thomas Mann und fährt fort, »dieser Freiheitsbegriff meinte das Recht, deutsch zu sein, nur deutsch und nichts anderes, nichts darüber hinaus, er war ein protestierender Begriff selbstzentrierter Abwehr gegen alles, was den völkischen Egoismus bedingen und einschränken, ihn zähmen und zum Dienst an der Gemeinschaft, zum Menschheitsdienst anhalten wollte. Ein vertrotzter Individualismus nach außen... vertrug er sich im Inneren mit einem befremdenden Maß von Unfreiheit, Unmündigkeit, dumpfer Untertänigkeit.«

Ein vernichtendes Urteil, mit dem ich nicht ganz übereinstimme; denn immerhin gab es Menschen wie Büchner und Forster und zahllose andere, die der Idee der inneren deutschen Freiheit, der Freiheit von Willkür und Tyrannei, ihr Leben weihten.

Sie kennen wahrscheinlich das Wort jenes Franzosen: Ich liebe Deutschland; gerade darum bin ich so erfreut, daß es zwei davon gibt.

Natürlich bezieht sich diese Bemerkung auf den heutigen Zustand, auf die Existenz der sogenannten DDR wie der sogenannten BRD; aber ich frage mich, ob wir das berühmte Bonmot nicht in einem etwas tieferen Sinne verstehen sollten. Ich sprach bereits von jenem anderen Deutschland, an das mein Herz sich klammerte, als es in dem Lande anscheinend nur den fürchterlichen Schreihals mit dem gurgelnden Akzent gab und sonst gar nichts. Tatsächlich aber hat es dieses gespaltene, mehrere Deutschland umfassende Deutschland immer gegeben, und ich beziehe mich da nicht nur auf das Deutschland der sechsunddreißig Landesfürsten mit den entsprechenden Grenzen und Zöllen, Polizeiordnungen und Armeen, ich denke vielmehr an das innere Schisma, das nicht nur dem ganzen Volk eigen ist, sondern häufig genug auch dem einzelnen Deutschen.

Luther mag als Beispiel dienen, dieser deutscheste der Deutschen, der die deutsche Sprache für uns fixierte. Derselbe Luther, der die 95 Thesen anschlug und der, hier stehe ich, ich kann nicht anders, gegen die Übermacht des Papstes antrat, predigte aber auch »Seid Untertan der Obrigkeit« und riet, die aufrührerischen deutschen Bauern zu ersäufen und zu würgen und totzuschlagen wie tolle Hunde und den unangenehmen deutschen Juden die Synagogen zu verbrennen und ihre jungen Männer in eine frühe Form von Arbeitslagern zu verbringen, wo sie im Schweiß ihrer Nase die Hacke schwingen könnten. Oder Bismarck, in dem sich Sensibilität und brutales Machtdenken auf die kurioseste Weise paarten. Oder auch Ulbricht, der an hervorragender Stelle dazu beitrug, daß zum erstenmal auf deutschem Boden eine Art von sozialistischem Staat errichtet wurde, zugleich aber darauf hinwirkte, daß dieser Staat eine Form erhielt, die, besonders was innere Freiheit betrifft, manches zu wünschen übrig ließ.

Zwiespältige, zwiegesichtige Menschen in einem zwiegesichtigen, zwiespältigen Volk. Ein Volk, aus dessen Wesen die Hegelsche Philosophie ebenso wie der Holocaust sich herausschälten, ein Volk, welches das Kommunistische Manifest ebenso wie das preußische Exerzierreglement hervorbrachte, ein Volk, das sich selbst zu einer Gemeinschaft von Übermenschen ernannte und kurze Zeit darauf, wir erleben es heute wieder, vor den nächstbesten Großmächten den tiefsten Kotau vollzieht, ein Volk von Oberherrn und Untertanen, wobei der Oberherr und der Untertan nicht selten in ein und derselben Person vereint sind.

Nun können Sie einwenden, das sei den Deutschen nicht besonders eigentümlich, das fände sich in jedem Lande; und ich müßte Ihnen recht geben. Aber nirgendwo ist derart schizoides Verhalten in solchem Maße zu Tugend gemacht worden wie in Deutschland. Gestatten Sie mir, Ihnen aus einem Roman des zu Unrecht vergessenen Willibald Alexis eine kurze Stelle vorzulesen; das Buch entstand um die

Mitte des vorigen Jahrhunderts, und die Handlung spielt vor dem Einmarsch Napoleons in Berlin. Da empfiehlt einer einem hoffnungsvollen jungen Mann:

»Wir würden alle warm sitzen, wenn jeder auf seinem Platz bliebe. Verstehn Sie mich, er soll nicht immer sitzenbleiben, er soll auch weiterrutschen, wenn neben ihm ein besserer frei wird. Das findet sich, das kommt jedem, wenn er nur Augen und Ohren offen hat und in der Stille umherfühlt. Aber er muß nicht ungeduldig werden, nicht springen wollen, nicht über die Dächer wegklettern. Merken sie erst, daß einer ein unruhiger Kopf ist, der kriegt gleich 'nen schwarzen Strich, und sie passen ihm auf die Finger. Wir könnten's alle so gut haben; denn die großen Herrschaften, glauben Sie's mir, meinen's mit uns gut, wenn wir uns nur nicht mausig machen wollen.«

Ende des Zitats. Ost wie West, man könnte keinem, der bei uns in Partei- oder Staatsapparat und bei Ihnen hier in Konzern, in Verein und Verband oder gar im Ministerium vorankommen möchte, einen besseren Rat geben als den von Willibald Alexis so hübsch formulierten. Und jetzt betrachten Sie diese allseitig empfehlenswerte Haltung bitte im Zusammenhang mit jenen anderen Eigenschaften, die hierzulande mit Stolz als dem deutschen Menschen immanent gesehen werden – also: Genauigkeit, Gründlichkeit, Pflichtbewußtsein, Fleiß –, und berechnen Sie, was bei alledem als Leistung herauskommt, und Sie werden verstehen, warum der von mir angeführte Franzose es lieber sah, wenn statt einem Deutschland ihrer zwei existieren und noch dazu zwei miteinander verzankte.

Nun ist gegen Tüchtigkeit und Arbeitsfreudigkeit an sich nichts einzuwenden; sie weisen hin auf ein relativ ungestörtes Verhältnis des deutschen Menschen zu seiner Arbeit. Aber zu welcher Art von Arbeit? – das ist doch der Kern. Genau diese lobenswerten Eigenschaften, Tüchtigkeit, Hingabe an Pflicht und Arbeit, plus einer gehörigen Dosis Untertanengeist, besaß nämlich in reichem Maße auch – Eichmann.

Deutsche Perfektion: das bundesrepublikanische Wirtschaftswunder, das allerdings bereits ein wenig verblassende, und der trotz aller bürokratischen Hemmnisse erreichte bescheidene Wohlstand in der DDR, beide wären sie unmöglich gewesen, ohne die gleichen Impulse, die auch die zwei Weltkriege ermöglichten; ohne den tüchtigen, fraglos gehorchenden deutschen Arbeiter kein Sturmlauf bis zu den Pyrenäen und bis zur ägyptischen Grenze, kein Vormarsch bis in die

Todesfalle von Stalingrad. Deutscher Fleiß, kritiklos dargebracht, deutsche Tüchtigkeit, für unsichere Zwecke angewandt, deutscher Gehorsam, unkontrollierbaren Oberherrn zur Verfügung gestellt: Wir haben, auf beiden Seiten der Elbe, gründlich noch nie mit uns selber abgerechnet oder, wie man gemeinhin sagt, die Vergangenheit bewältigt, die feudalistische, die bourgeoise, die Hitlersche, die Stalinsche. Auf beiden Seiten der Elbe hofft man, es werde sich schon irgendwie weiterwursteln lassen, und im übrigen reiften ja neue, mit Schuld weniger behaftete Generationen heran. Aber es geht nicht nur um alte Schuld, es geht um alte Verhaltensmuster, von denen auch die neue Generation sich nur lösen können wird, wenn sie sie erkennt.

Denn was ist dieses Deutschland?

In meinem Hirn taucht bei der Nennung eines Landes, wie der Klecks auf dem Rorschach-Test, stets die Gestalt des Landes auf mit den Umrissen, die es auf der Landkarte an der Wand des Klassenzimmers meiner Schülerjahre hatte. Da war England, ein kauerndes Kaninchen mit dem zerzausten Haar auf dem schottischen Kopf und dem bei Penzance in den Atlantik hineinragenden Hinterpfötchen; da war die fette französische Qualle; oder das riesige Gürteltier Sowjetunion, Europa wie Asien, mit seinem nach der Beringstraße hin zerklüfteten Rückenpanzer. Aber Deutschland? Das Deutschland, das ich zuerst kennenlernte, hatte nach rechts, nach Osten hin, zwei Auswüchse: Ostpreußen und Schlesien. Dann wechselten die Formen. Ostpreußen wurde zur Insel, und hinzu traten Schraffierungen; die so schraffierten Gebiete waren entweder vom Feinde besetzt oder, etwas später, von den eigenen Leuten; jedenfalls änderte sich alles fortwährend, und nur im Liede blieb es, wie es einst war – von der Maas bis an die Memel, von der Etsch bis an den Belt.

Und wuchs darüber hinaus noch: Österreich kam hinzu und die Sudeten, welche beide von Staats wegen niemals deutsch gewesen waren, und Böhmen und Mähren und dann, Schlag auf Schlag, von der Weichsel und vom Don her alles bis zur Atlantikküste; selbst unter Karl dem Großen, auch Charlemagne genannt, hatte das Reich keine solche Ausdehnung erlebt. Dem Volk ohne Raum, wie ein schlecht beratener Romancier es einmal taufte, war mehr als genug Raum zuteil geworden.

Ich könnte mir einen Trickfilm vorstellen: Die geographischen Karten dieses Deutschland mit seinen ständig wechselnden Grenzen, beginnend etwa mit einer Karte aus dem Dreißigjährigen Krieg, über die Zeit Napoleons hin, bis zur Gegenwart, im Zeitraffer aneinandergereiht und auf die Leinwand geworfen. In diesem Film würden wir dann eine Art Amöbe zu sehen bekommen, von gewaltigem Umfang, die periodisch anschwillt und schrumpft, anschwillt und wieder schrumpft, bis sie am Ende auch noch, längs der Elbe, von einer Zellteilung befallen wird, wobei in der Mitte der einen Hälfte ein wiederum zweigeteilter Winzling von Zellkern sichtbar wird, erfüllt von einem sonderbaren Eigenleben und, wie wir wissen, hoch entzündlich.

Wer diesen Film einmal betrachtet, den wird es nicht Wunder nehmen, wenn so viele Leute in Deutschland – und außerhalb – ihre Zweifel hegen an der Permanenz der vorhandenen deutschen Grenzen. Solche Leute mögen aber auch bedenken, daß jede Veränderung der Grenzen dieses Deutschland, jede Aufblähung und jede Schrumpfung, stets im Gefolge eines Krieges kam. Die Zeiten sind vorbei, da Prinzessinnen von ihren gütigen Vätern ein Stück wünschenswertes Territorium samt darin wohnenden Seelen als Mitgift bekamen; in den letzten Jahrhunderten wurde jeder umgesetzte Grenzpfahl mit Blut aufgewogen; wie denn erst heute, wo zu vermuten ist, daß nach einer erneuten gewaltsamen Auseinandersetzung um Deutschlands Kartenbild es kaum noch Menschen geben wird, die sich mit der Umsetzung von Grenzpfählen befassen könnten.

Es ist auch wohl kaum der Umriß auf einer Landkarte, der Emotionen auslöst der Art, daß einer sich dafür engagiert oder gar Opfer bringt, und ebensowenig ist es der Name per se, der auf der Landkarte prangt. Deutschland – oder Frankreich oder Polen oder Amerika –, das ist die Summe von Eindrücken und Erlebnissen, die ein Mensch gehabt hat, der auf dem so bezeichneten Gebiet ein Stück Leben verbrachte, meist seine Kindheit und Jugend. Diese Eindrücke und Erlebnisse müssen ihm nicht immer bewußt geworden und mit dem Verstand aufgenommen worden sein; stets aber müssen sie so gewesen sein, daß durch sie Bindungen entstehen konnten. Es kann sich also um eine Wiese gehandelt haben, im Frühling erblüht, oder ein Haus, das sich wirtlich auftat, oder einen Menschen, der die Arme breitete, oder ein Lied, eine rußgeschwärzte Straße, ein Stück Strand mit Möwen, einen Berg, ein Mädchen, ein Paar Lippen; es kann aber auch ein Gummiknüppel gewesen sein oder ein Pauker in der Schule oder ein habgieriger Boss oder ein Torbogen, auf dem in säuberlicher Schrift zu lesen stand: Jedem das Seine.

Das Gesamtbild, zusammengesetzt aus Hunderten solcher Momentbilder, erzeugt dann das Gefühl, das einer empfindet, wenn ihm der Name begegnet: Deutschland; ein Gefühl, das durchaus nicht immer eindeutig sein wird, denn es gibt ja neben der Liebe zum Vaterland auch einen Vaterlandshaß und eine Vaterlands-Haßliebe. Es kann sich auch ereignen, daß einer solche Gefühle nicht nur für *ein* Land hegt; wie oft wird gesagt: diese oder jene Stadt, dieses oder jenes Land ist mir zur Heimat *geworden*.

Und dann ist da die Sprache.

Es ist viel Sentimentales über die Sprache, besonders die deutsche, geschrieben worden, und nicht umsonst reden wir von Muttersprache, nicht Vatersprache, und implizieren damit die Zärtlichkeit, die Sicherheit, die das Kind in den Armen der Mutter zusammen mit den ersten Silben der Sprache erhält. Die Sprache ist nicht nur ein Verständigungsmittel, dessen sich jeder halbwegs gelehrige Computer bedienen kann. Sie ist ein Gefühle vermittelndes, Gefühle schaffendes Element, und ich kann mir nicht vorstellen, wie man Deutschland oder das deutsche Volk lieben kann, ohne zugleich dessen Sprache zu lieben. Das Umgekehrte ist schon eher möglich; ich sagte Ihnen schon, daß es eine Zeit gab, da ich dem deutschen Volk und damit Deutschland mit nichts weniger als Zuneigung gegenüberstand; aber die Sprache blieb mir, die Sprache wurde zum Garanten dafür, daß sich die Dinge ändern würden. *Ach neige, du Schmerzensreiche* war eben etwas anderes als *Juda verrecke!*, scheint nicht einmal der gleichen Sprache, dem gleichen Wortschatz entnommen worden zu sein. Und die Sprache, dem Volke eigen, vom Volke geschaffen, formt wiederum das Volk. Sie schafft Bindungen oder zerstört sie. Herausgebellt, *Achtung!*, wird sie zu einem Stück Terror, geflüstert, *Ach, Mädchen, mein Mädchen, wie lieb ich dich*, wird sie zu einer Herzensbotschaft. Ohne eigene Sprache kein eigenes Volk. Die Tschechen hatten seit 1618, seit der Schlacht am Weißen Berg, keinen eigenen Staat mehr. Latein oder Deutsch wurde zur Amtssprache in Böhmen und Mähren, Deutsch war die Sprache der Herren, Tschechisch wurde nur noch von den Dienstmägden und den Knechten gesprochen, den Bauern und Handwerkern. Bei ihnen aber blieb die Sprache lebendig, bis, Mitte des 19. Jahrhunderts, sie wieder aufgegriffen wurde auch von den Gebildeten und aus Sprache und Volk 1918 wieder ein eigener Staat wurde. Und auch in Israel schuf man aus der alten Gebetssprache, die die Jahrtausende überlebt hatte, ein neues, modernisiertes Hebräisch, das die Kinder nun schon von ihren Müttern lernen und das die Sprache eines neuen Staates wurde.

Sprache kann also auch geschichtsbildend sein und ist ihrerseits wieder Abbild der Geschichte ihres Volks. Es gab eine *lingua tertii imperii*, die der Professor Viktor Klemperer auf vorbildliche Weise studiert und dargestellt und durch seine Darstellung als das, was sie war, demaskiert hat: eine Barbarensprache. Und es gibt heute eine *lingua* der Bundesrepublik, so wie es eine der DDR gibt. Beide haben sie sich aus den unterschiedlichen sozialen Verhältnissen der beiden deutschen Staaten heraus entwickelt und aus den Einflüssen, welche die jeweiligen Besatzungssprachen noch in der Übersetzung auf das jeweilige Deutsch der Besetzten ausübten. Besonders deutlich wird das in offiziellen Verlautbarungen, in denen wir eine ganz wunderbare Mischung einerseits der Sprache des russischen Hofzeremoniells und andererseits des amerikanischen Bürokratenjargons mit dem alten preußischen Amtsdeutsch erleben können. Aber auch die Alltagssprachen der Großmächte haben mit ihrem Slang, ihren Fachausdrücken und vor allem ihrer Diktion das eigne Besatzungsgebiet durchdrungen, so daß es, Ost wie West, Wortwendungen gibt, die im jeweils anderen Teil Deutschlands der Übersetzung bedürfen. So zum Beispiel haben Sie hier im Westen ein ganz anderes Verhältnis zu Ihren Organen als wir in der Deutschen Demokratischen Republik; unsere laufen, meist in Zivil, auf der Straße herum, Ihre befinden sich irgendwie an oder in Ihrem Körper.

Trotzdem ist es immer noch *eine* deutsche Sprache, im Staat des real existierenden Sozialismus wie in dem des real existierenden deutschen Kapitalismus, und lassen Sie uns, wenn möglich, alles dafür tun, daß es *eine* deutsche Sprache bleibt. Diese eine deutsche Sprache schafft natürlich entsprechende Emotionen und entsprechende Haltungen; es ist etwas anderes, wenn einer, legal oder illegal, aus einem deutschen Staat in den anderen übersiedelt, als wenn, sagen wir, ein Tscheche sein Land verläßt. Der Tscheche geht ins Exil; der Deutsche, bei allen Unterschieden im täglichen Leben, geht von Deutschland nach Deutschland. Das ist übrigens einer der Gründe für die Existenz der Mauer, von der noch zu reden sein wird.

Diese eine deutsche Sprache führt uns aber auch zur Frage der einen deutschen Literatur.

In der Zeit, als man sich in der DDR von Amts wegen bemühte, ein Staatsbewußtsein zu schaffen, wurde diese Frage plötzlich akut; denn was ist das, bitte schön, für ein Staat, der keine eigene Literatur besitzt, besonders wenn er bereits eine ganze für Literatur zuständige Hauptabteilung in seinem Kulturministerium eingerichtet hat. Damals fanden in interessierten Kreisen der DDR zahlreiche Diskussionen statt, gelenkte meistens, in denen das Problem ventiliert wurde, und alle, die etwas auf sich hielten, sagten in schöner Übereinstimmung, es müsse, da für die ganze Welt sichtbar zwei deutsche Staaten bestünden, selbstverständlich auch zwei deutsche Literaturen geben, so etwa wie zwei deutsche Fußballnationalmannschaften.

Nun ist die Frage, ob es eine oder zwei oder, die Schweiz und Österreich eingerechnet, gar vier deutsche Literaturen gibt, nicht nur akademischer Natur; sie hat ihre politische Bedeutung, wenn man Punkte sammeln möchte für die Schaffung eines dem eigenen Staat gemäßen Staatsvolks. Und es gibt ja Parallelen in der Geschichte, wie etwa die allmähliche Loslösung der amerikanischen Literatur von der englischen. Und es ist ja auch wahr, daß eine Literatur immer und überall das Leben widerspiegelt in dem Lande, in dem sie geschrieben wird, die sozialen Verhältnisse und die ihnen eigenen Konflikte und Auseinandersetzungen. Und da diese, DDR-spezifisch, sich sehr wohl unterscheiden von der in der Bundesrepublik, könnte man mit Fug und Recht auch von einer DDR-eigenen Literatur sprechen, und es gibt Werke aller Art, in DDR-Verlagen herausgebracht oder auch nicht, die man nur anzulesen braucht, um zu erkennen: Made in the German Democratic Republic.

Wie aber, wenn eines Tages die beiden deutschen Staaten sich doch wieder zusammenfügten – hätten wir dann wieder *eine* deutsche Literatur? Die Frage: »ein oder zwei deutsche Literaturen« ist also die Frage nach der Permanenz der deutschen Teilung, nach der Perspektive, die einer sieht für die zukünftige deutsche Geschichte. Was mich betrifft, so gilt: Beide deutsche Literaturen, die der Bundesrepublik wie die der DDR, sind in ein und derselben deutschen Sprache geschrieben und wirken aufeinander. In ihren einzelnen Werken mögen sie durch Thematik, Geisteshaltung oder auch stilistische Momente noch so sehr voneinander differieren, sie gehören trotzdem zu der gleichen deutschen Literatur, wie denn auch die in ihnen dargestellten Leiden und Freuden, Kämpfe, Siege und Niederlagen der Menschen in beiden deutschen Staaten Teil des gleichen deutschen Schicksals sind und durch ihre Darstellung Auswirkungen auf das Denken im jeweils anderen deutschen Staat haben. Letzteres wird auch dadurch erhärtet, daß heutzutage eine ganze Anzahl von Werken von DDR-Autoren zuerst in der Bundesrepublik erscheinen, in der DDR dagegen erst viel später oder gar überhaupt nicht.

Die Deutschen – wer zählt denn nun eigentlich zu ihnen in unserer Zeit?

Beide deutsche Staaten, die Bundesrepublik Deutschland wie die Deutsche Demokratische Republik, tragen in ihrem Namen das Attribut deutsch. Trotzdem scheint es, als hielten die Bundesrepublikaner, bewußt oder unbewußt, sich für die eigentlichen Deutschen. Man braucht nur einem Sportberichterstatter zuzuhören, wenn er – mit gerührter Stimme – von den deutschen Mädchen spricht, die gerade mal wieder die Hürden genommen haben, und dies, obwohl die genauso strammen, aber offenbar weniger deutschen DDR-Mädchen soeben als erste ins Ziel kamen. Der Mann macht das nicht absichtlich; ich glaube nicht, daß die bundesdeutschen Fernsehanstalten eine solche Sprachregelung haben; es kommt ihm aus seinem entsprechend konditionierten Herzen.

Und tatsächlich verwechseln viele Bundesrepublikaner den westdeutschen Teil des Landes mit dem Ganzen. Klar, ihre Vernunft sagt ihnen, daß auch jenseits der Elbe Deutsche leben und daß deren Staat auch irgendwie ein deutscher ist; aber im tiefsten Innern meinen sie eben doch, daß der bekanntlich so freiheitsliebende, demokratische und außerdem stets so selbstlos zahlende westliche Torso des ehemaligen Reiches der einzig legitime Erbe von Deutschlands Glanz und Gloria und der einzig wahre Träger des deutschen Namens sei; die andern, die Minderwertigen, können froh sein, wenn sie ein- oder zweimal im Jahr ihren Jacobskaffee und ihre Jeans erhalten. Dies Gefühl östlicher Minderwertigkeit wirkt ansteckend und hat sogar das Unterbewußtsein auch hochgestellter Genossen in der DDR infiziert; würden diese sonst mit so penetranter Beharrlichkeit das Andenken der Großen der deutschen Geschichte von Luther über Goethe und Schiller bis zu den Geschwistern Scholl für sich in Anspruch nehmen, ihrerseits nun deren einzig wahre Testamentsvollstrecker?

Der Irrglaube, Westdeutschland allein wäre Deutschland, erhält seine Nahrung unter anderem aus dem Grundgesetz der Bundesrepublik, welches ja besagt, daß jedem Deutschen, sei er selbst Bürger des transelbischen deutschen Staates, automatisch das Recht auf Bundesbürgerschaft zusteht. Aber in Wahrheit geht die Sache viel tiefer. In Wahrheit ist da ein Block in den Köpfen einer erklecklichen Anzahl sonst ganz verständiger Männer und Frauen, der verhindert, daß in den zugehörigen Gehirnen die Begriffe deutsch und kommunistisch oder auch deutsch und sozialistisch eine organische Verbindung eingehen können, und das, obwohl das Kommunistische Manifest ein deutsches Dokument ist und die grundlegenden Theorien der sozialistischen Arbeiterbewegung von drei Deutschen, nämlich Marx, Engels und Lassalle, entwickelt wurden. Das geht weit zurück, in die Zeiten von Goebbels, noch weiter sogar, auf die Dolchstoßlegende von 1918; wie soll denn, so spiegelt sich's in diesen Hirnen, ein Deutscher von echtem Schrot und Korn ein Internationalist sein, da stekken doch wieder die, Sie wissen schon, dahinter; und gar ein ganzer Staat von solchen Leuten – nein, so richtig deutsch sein kann der nicht. Dabei versichere ich Sie: Vieles von dem, was an der SED und ihrem Staat zu bemängeln wäre, das militaristische Gehabe etwa, die ewigen Fahnen und Aufmärsche, die Allgegenwart der Polizei, stammt nicht aus sozialistischer oder kommunistischer, sondern aus deutscher Tradition. Kommen Sie nur einmal und beobachten Sie, wie gerade bei gewissen Vertretern der älteren Generation, egal ob west- oder ostdeutsch, bei Betrachtung der Wachparade Unter den Linden das Auge leuchtet.

Machen wir uns nichts vor: Es hat jede der deutschen Besatzungszonen das Regime bekommen, das ihnen ihre Besatzungsmacht aufprägte. Und weder die bundesdeutsche parlamentarische Demokratie noch die im Ostteil des Landes existierende Staatsform sind eine deutsche Erfindung.

Die Teilung des den Deutschen verbliebenen Gebiets in zwei Staaten ist eine der Folgen des Kriegs, den Hitler begann, und die nachkommenden Generationen haben damit zu leben.

Dennoch bezweifle ich, daß die drei Männer, die damals in Jalta beisammen saßen, es sich in der Art ausgedacht hatten, und selbst in Stalins Phantasie dürfte das Nachkriegsdeutschland sich nicht so ausgemalt haben, wie es dann wurde. Aber die Geschichte hat ihre eigene Logik; und war Europa einmal in Einflußzonen eingeteilt, die einander entlang der Elbe berühren, so war angesichts der sozialen Antagonismen zwischen den sowjetischen und amerikanischen Machtsystemen die Entstehung zweier gegensätzlich organisierter deutscher Staaten eigentlich vorprogrammiert. Angst des einen davor, durch den anderen vereinnahmt zu werden, begann die Szene zu beherrschen; Adenauer, dem sowieso eine Art Rheinbund vorschwebte, fürchtete, sein Staatswesen könnte in den Sog des von russischer Militärstärke getragenen preußisch-sozialistischen Ungetüms geraten, während man dort wieder, geplagt von Reparationsleistungen an die Sowjetunion, mit bänglichem Blick die Anziehungskraft der von Marshallplangeldern gespeisten beginnenden Wirtschaftsblüte des Weststaats zu ermessen suchte – bis dann die Ereignisse des 17. Juni 1953 blitzartig die Schwächen beider Seiten erhellte.

An diesem 17. Juni erwies sich, daß die westliche Schutzmacht – damals wenigstens – nicht bereit war, einen offenen Eingriff in die Einflußzone der anderen Großmacht und damit einen dritten Weltkrieg zu riskieren; andererseits zeigte sich aber auch, daß die von der Sowjetführung approbierten Leute nicht imstande gewesen waren, den zu der Zeit real existierenden Sozialismus, den stalinistischen also, breiteren Kreisen der Bevölkerung des Oststaats schmackhaft zu machen. Was nicht so erstaunlich ist angesichts der inneren Widerstände, die jene Bevölkerung, imprägniert noch von Goebbels, der Werbung um ihre deutsche Seele entgegensetzte, und angesichts des Verhaltens, welches Teile der sowjetischen Armee den Besetzten gegenüber an den Tag gelegt hatten. Das größte Hemmnis auf dem Weg der frühen DDR zu einem allgemein akzeptablen Sozialismus jedoch war, daß die Männer, denen der Job der Umbildung von Wirtschaft und Geist anvertraut worden war, ein eigenes Konzept weder hatten noch entwickeln durften; die, die's versuchten, wurden geschaßt. Es gab nur *ein* Modell, an das man sich halten konnte: das sowjetische; nirgendwo existierte ein anderer Sozialismus, der als Beispiel für den östlichen Teil Deutschlands hätte dienen können. Und – man muß sich in das Denken der Zeit damals versetzen –: dieser sowjetische Sozialismus war immerhin viril genug gewesen, die geballte Macht der Nazis abzuwehren, zurückzuwerfen und aufs Haupt zu schlagen; auf der Kuppel des Reichstags war die rote Fahne mit Hammer und Sichel gehißt worden und keine andere: nicht ein Symbol nur, ein deutlicher Hinweis auf das neue Kräfteverhältnis.

Rückblickend läßt sich sagen, daß angesichts all dieser Momente nicht allein die Teilung Deutschlands, sondern sogar schon die Mauer vorprogrammiert gewesen ist. Denn wenn auch mit militärischen

Mitteln in jenen Jahren kein Krieg um Deutschland geführt wurde, ein Krieg mit Mitteln der psychologischen Kriegsführung fand sehr wohl statt, und da waren die Sowjets ebenso wie die damals führende Gruppierung der Sozialistischen Einheitspartei sehr im Nachteil. Sowieso waren sie mit ihrem bürokratischen Apparat schwerfälliger im Denken und Entscheiden, und von der Kunst der Public Relations hatten sie verzweifelt wenig Ahnung. Und was hatten sie denn anzubieten? Bessere und mehr Konsumgüter? Leichtere Arbeit zu höherem Lohn? Eine angenehmere Atmosphäre, vielleicht noch gewürzt mit einem Schuß Duft der weiten Welt? Nur ihre Ideologie hatten sie zum Anpreisen, und die war großenteils zu Schulbuchphrasen erstarrt. Und je mehr die östliche Führung sich und ihr Werk gefährdet sah, desto geringer wurden die Freiräume. Kein Wunder also, daß immer mehr DDR-Deutsche ihr Bündelchen packten und per S-Bahn, Auto oder zu Fuß über die sperrangelweit offene Grenze in den Westen zogen. Die Gefahr bestand und wurde immer größer, daß der längst totgesagte Imperialismus mit seinen Verlockungen zwar nicht das Territorium der DDR annektieren würde, wohl aber breite Teile der DDR-Bevölkerung.

In den Tagen, beginnend etwa mit dem Frühjahr 1961, wurde viel über Abhilfe nachgedacht und wie man das Loch schließen könne, durch das die Kraft, die menschliche und damit wirtschaftliche, des Staates ausfloß. Es gab Stimmen, die meinten, daß nur eine Reform an Haupt und Gliedern die Lage wandeln könne und daß nicht nur die Spitzenmannschaft, sondern auch deren Methoden verändert werden müßten. Dem wurde entgegengehalten, daß eine solche Umstellung, selbst wenn man sie – Schatten des 17. Juni! – heil über die Bühne brächte, sich viel zu langsam auswirken würde, um der fast hysterischen Massenflucht ein Ende zu setzen. Und obwohl man damals schätzte, daß eine wirklich effektive Sperrung der Grenzen, besonders der Grenze nach West-Berlin hin, die Mannschaftsstärke von etwa drei einsatzbereiten Divisionen erfordern würde, blieb nur dieser Schritt, der dem Eingeständnis einer politischen Niederlage gleichkam.

So entstand die Mauer, die, obzwar ihre sämtlichen Einrichtungen der Abwehr nach innen dienen, aus den angegebenen Gründen dennoch eine Verteidigung nach außen darstellt.

Nun sieht es aus, als hätte sich alles stabilisiert. Bis auf gelegentliche Ballonfahrten, die die Phantasie des Publikums anregen, sind illegale Versuche, die Grenze zu durchbrechen, höchstens noch zehn Zeilen wert in der Westpresse; in der DDR finden sie nur Erwähnung, wenn bei dem Zwischenfall Mitglieder einer Fluchthelferorganisation gefaßt werden. Sogar ein recht eleganter Modus operandi hat sich entwickelt: Für Summen, West natürlich, in einer Höhe, die Ihnen das zuständige Bonner Ministerium mitteilen kann, ist es möglich, Menschen freizukaufen, wie der Ausdruck lautet; man sieht also, alles ist nach Beamtenart geregelt und geht höflich und geschäftsmäßig vor sich. Die Nachkriegsgrenzziehung und die Teilung sind scheinbar fait accompli geworden, und nur noch an bestimmten Tagen im Jahr werden die landsmannschaftlichen Vereine, die Damen in urtümlichem Kostüm, und die zugehörigen Dialektsprecher aus den Reihen des Bundestags losgelassen und dürfen in irgendeiner westdeutschen Stadt ihren zumeist künstlich am Leben gehaltenen Heimatgefühlen Ausdruck geben.

Die Deutschen, und zwar ihre beiden Staaten, haben etwas Großes zustande gebracht: Sie haben in der Zeit nach dem Kriege die Millionen von Entwurzelten integriert, haben ihnen Arbeit, Brot und ein Dach überm Kopf gegeben und damit eine Tat für den Frieden geleistet, die Anerkennung verdient; denn hätten sie sich verhalten, wie die Araber ihren palästinensischen Brüdern gegenüber es taten, hätten sie die Geflüchteten nach ihrem Treck in irgendwelche primitive Lager gesteckt und sie dort Dutzende von Jahren vor sich hinbrüten lassen, ihre jungen Männer aber militärisch gedrillt, wir hätten heute in der Mitte Europas eine Situation, verglichen mit welcher die im Nahen Osten ein Idyll wäre.

Überhaupt war ja in der Zeit nach dem Zweiten Weltkrieg die Hoffnung verbreitet, daß die nationale Frage, die das ganze 19. Jahrhundert und den ersten Teil des 20. in Atem hielt, an Gewicht verlieren werde; Vorgänge wie der Mord von Sarajewo oder der Disput um Danzig sollten endgültig Vergangenheit sein. Ein gut Teil der Deutschen, darunter einige der Besten unter ihnen, übersättigt von nationalistischer Propaganda, enttäuscht und des Ganzen müde, glaubte ehrlichen Herzens, daß im Lauf der Nachkriegsentwicklung die Bürger der Staaten Europas zu Europäern werden würden; auch die Deutschen würden dann Europäer sein, gleichberechtigt in der neuen Gemeinschaft, und was würden Grenzen dann noch bedeuten?

Aber der Glaube, so schön er war, trog. Gewiß, es gibt die Europäische Wirtschaftsgemeinschaft und, auf der anderen Seite, den RGW, den Rat für gegenseitige Wirtschaftshilfe. Es scheint jedoch, als verdeutlichten diese Körperschaften die Gegensätze zwischen den ihnen jeweils angehörenden Staaten noch und als bestünde ihre Haupttätigkeit in einer Umverteilung der Krisenlasten von den Schultern des einen auf die des anderen Mitglieds. Und selbst wenn die Bewohner der westlichen Gemeinschaft deren innere Grenzen ohne größere Formalitäten überschreiten können, es achtet nach wie vor ein jeder der Staaten höchst eifersüchtig auf seine Souveränität – außer der jeweiligen Schutzmacht gegenüber, die bissig knurrend ihren Tribut einfordert von ihrer Klientel und ihre Waffensysteme aufstellt, wo immer ihre Generalstäbe es für nötig erachten. Und sonst, wohin Sie auch Ihr Auge richten auf dem Globus, ein jedes, auch das kleinste Völkchen strebt danach, sein Schicksal selbst zu bestimmen, seine Grenzen selbst festzulegen; sie stehen in dumpfer Opposition zu dem Herrschervolk oder kommen, falls bereits vom Joche befreit, einander ins Gehege, führen Kriege miteinander und geraten dabei erst recht in Abhängigkeit von den Großen; und überall, ob West, ob Ost, tauchen Gruppen auf, die plötzlich ihre nationale Identität entdecken oder wiederentdecken, und Terroristen, ungleich gefährlicher als der Dilettant Princip, der 1914 seine Pistole auf den österreichischen Thronfolger richtete, machen sich auf, um vermeintlich oder auch wirklich erlittene Unbill zu rächen. Und in diesem ganzen Wirrwarr, in dem alles in Bewegung ist und nichts bleibt, wie es gestern war, soll just die Zweiteilung Deutschlands mit der zweigeteilten Stadt Berlin auf immer festgeschrieben sein? Welch unmarxistischer Gedanke!

Der Schrägstrich durch Deutschland markiert eine offene Wunde; wir können noch soviel Antibiotika darauf streuen, sie wird weiter eitern. Zur Zeit wird nicht viel davon geredet, ob aus Denkfaulheit oder Furcht oder aus Gründen der Staatsraison, aber die Frage steht im Raum und wird dort stehen, solange zu beiden Seiten der Elbe die gleiche Sprache gesprochen wird. Wir mögen die Angelegenheit vor uns herschieben, wir mögen sagen, jetzt sei nicht der rechte Moment dafür und andere Dinge seien wichtiger, aber auf Dauer außer acht lassen können wir sie nicht – oder sie wird uns entrissen werden von Gruppen, mit denen keiner von uns gern zu tun haben wird, und zu einem Zeitpunkt, da wir am wenigsten darauf vorbereitet sind. Mit dem Kampf um die Raketen, der ein Kampf ums nackte Überleben ist, und mit den krisenhaften Entwicklungen im Wirtschaftsgefüge, Ost wie West, stehen uns Komplikationen ins Haus, deren Richtung und Ausmaße wir nicht einmal ahnen, die aber, weil dieses Deutschland nun einmal im Zentrum Europas liegt, im Kontext gesehen werden müssen mit der unerledigten deutschen Frage.

Einen großen Vorteil jedoch hat die deutsche Teilung: Keiner der zwei deutschen Staaten ist, von sich aus und auf sich allein gestellt, mächtig genug, noch einmal einen Krieg vom Zaun zu brechen; allerdings hat auch keiner der beiden, von sich aus und auf sich allein gestellt, die Kraft, einen Krieg zu verhindern; das könnten, bestenfalls, nur beide zusammen.

Die Teilung Deutschlands als ein vorübergehendes Phänomen betrachten heißt, sich Gedanken darüber machen, wie denn diese Teilung zu überwinden wäre und wie denn das Deutschland, das in irgendeiner Zukunft wiedervereinte, auszusehen hätte. Eine gewaltsame Wiedervereinigung, das weiß jeder, bedeutet Krieg, unter den gegebenen Umständen Atomkrieg, in dem die Deutschen wohl wiedervereint wären, aber im Tode. Die Wiedervereinigung kann also nur stattfinden durch Übereinkunft, und zwar Übereinkunft nicht nur der beiden deutschen Staaten und ihrer Bevölkerung, sondern auch aller anderen betroffenen Staaten, West wie Ost, und es ist klar, daß einer solchen Übereinkunft ein langer Prozeß der Annäherung vorausgehen müßte. Heute, wo die zwei Großmächte sich verhalten, als wollten sie einander demnächst an die Gurgel gehen, mag das utopisch klingen, aber es gibt Entwicklungen, unabhängig vom Willen einzelner, die eine Annäherung herbeiführen könnten.

Diese Entwicklungen stehen in logischem Zusammenhang mit der Frage, was das für ein Deutschland sein würde, das uns, ein strahlendes Montsalwatsch, aus weiter Ferne zublinkt. Soll es eines im Gleichnis der Bundesrepublik sein, nur vergrößert um das Territorium und die Bevölkerung der DDR? Oder ein nach dem Muster der DDR organisiertes, nun aber auch die Bundesrepublik umfassend? Beides ist offensichtlich absurd. Aber irgendwo und irgendwann muß doch ein Leitbild sich finden, eine Perspektive, auf welche die Menschen in Deutschland und die andern Völker alle, die durch das deutsche Problem in Mitleidenschaft gezogen werden, sich einigen können.

Ich glaube nicht zu irren, wenn ich sage, daß sowohl die Form, die ökonomische und politische, in der die Bundesrepublik Deutschland heute existiert, als auch der real existierende Sozialismus in der Deutschen Demokratischen Republik vergänglich sind. Und man muß kein Hellseher sein, um zu erkennen, daß die Entwicklungen, von denen ich soeben sprach, bereits im Gange sein könnten und daß es Anzeichen gibt für Wandlungen in beiden deutschen Staaten.

Nehmen Sie als Beispiel die strukturelle Arbeitslosigkeit in der Bundesrepublik, die ja nichts anderes ist als gesellschaftlich erarbeitete Freizeit, mit der Sie nur leider nichts anzufangen wissen und die Sie höchst ungerecht verteilen. Die Wirtschaft der Bundesrepublik, ähnlich der anderer westlicher Industriestaaten, ist jetzt schon produktiver als nötig, um die Güter zu schaffen, die die Menschen brauchen, um ihre Arbeitskraft, ihre körperliche wie geistige, zu erneuern. Was wird erst werden, wenn die Geister von Silicon Valley, die Sie riefen, sich voll auszuwirken beginnen? Was wird, wenn die denkenden Roboter, deren Modelle an englischen und amerikanischen Universitäten bereits ausprobiert werden, in das wirtschaftliche Geschehen eingreifen? Was wird, wenn eines Tages, und der Tag muß kommen, der Rüstungswettlauf gestoppt wird und jener Teil der Produktion ausfällt, der nur hergestellt wird, um am Ende verschrottet zu werden? Mit all dem werden Sie sich in naher Zukunft auseinanderzusetzen haben, und mit Mitteln der freien Marktwirtschaft allein werden Sie das Problem nicht lösen können. Schon heute, wo Sie auch hinhören in Ihren Landen, erschallt der Ruf nach dem Retter Staat, das heißt, nach gesellschaftlichen Maßnahmen. Solche Maßnahmen aber wirken systemverändernd.

In der DDR, ähnlich den übrigen Staaten des real existierenden Sozialismus, liegt die Sache anders. Zwar gibt es auch dort eine Arbeitslosigkeit, doch ist sie prozentmäßig geringer als bei Ihnen im Westen, und sie ist besser kaschiert, denn die Mehrzahl unserer Arbeitslosen ist vollbeschäftigt – im Leerlauf unserer bürokratischen Apparate. Unsere ökonomische Misere hat andere Gründe als die Ihre: Sie ergibt sich aus der mangelnden Effizienz unserer Wirtschaft, aus ihrer Rückständigkeit auf vielen Gebieten und aus dem gesunden Gedanken der Arbeiterklasse, daß es besser ist, gemächlich zu arbeiten, und daß man seinen Job nicht durch übertriebenen Eifer überflüssig macht. Nimmt man das alles zusammen mit der Unfähigkeit der Bürokratie, rasch zu reagieren, und ihrer Unlust, Entscheidungen zu treffen, so haben Sie ein Bild, ein wenn auch unvollkommenes, der real existierenden Schwierigkeiten des real existierenden Sozialismus.

Und dennoch ist dieser Sozialismus gezwungen, mit dem Westen zu konkurrieren: aus politischen, ökonomischen, sozialen und psychologischen Gründen, kürzer gesagt, aus Gründen der Selbsterhaltung. Er ist gezwungen, so manchen über die Jahre liebgewonnenen Brauch aufzugeben und andersgeartete Methoden zu adoptieren, nämlich marktwirtschaftliche.

Auf der einen Seite also, der westlichen, eine Hinwendung zum Gesellschaftlichen, auf der anderen zum Marktwirtschaftlichen. Ein Gott, der das Ganze von oben betrachtete, würde feststellen, daß die beiden Entwicklungslinien sich nicht erst, wie der Mathematiker von den Parallelen sagt, im Unendlichen treffen werden, sondern möglicherweise schon etwas eher. Und wenn jetzt der eine oder andere meiner Zuhörer sich denkt: Ha, da ist sie ja, die alte Konvergenztheorie! – dem sage ich: Herr Franz Josef Strauß, gewiß kein Sympathisant, eine Milliardenanleihe für die Regierung des Genossen Honekker einfädelnd, Herr Berthold Beitz, der kapitalistische Manager par excellence, den Doktorhut einer DDR-Universität in Empfang nehmend, das sind nicht die Träume eines Konvergenzlers, das ist bereits Wirklichkeit.

Nun könnte einer einwenden, so etwas sei eher unbedeutend, denn angesichts der ständig sich vertiefenden Krisen in beiden Deutschland handle es sich hier höchstens um einen Fall von einem Blinden, der einen Lahmen stützt. Aber jedenfalls stützen sie einander. Über alle weltanschaulichen Gegensätze hinweg, über alle bösen Worte in den Medien reicht die warme, brüderliche Hand der Bankiers, der schwarzen wie der roten.

Und das gibt Anlaß zu Hoffnung.

Vorausgesetzt immer, daß die Menschheit sich nicht selber ausgerottet hat, bevor die Keime einer deutsch-deutschen Annäherung einen ersten grünen Trieb hervorbringen konnten. Ein irrendes Flugzeug, ein irrender Computer, ein irrender Staatsmann – das genügt schon. Oder ein Divisionär, der den Gegner gerade in seinem Frontabschnitt durchbrechen sieht und seiner Artillerie den Befehl gibt, ein paar Runden mit atomarem Sprengkopf zu feuern.

Danach – die Hölle.

Und diese beiden Deutschland, von deren Vergangenheit und

möglicher Zukunft hier die Rede war und die wenigstens dieses eine gemeinsame Interesse haben: zu überleben – diese beiden Deutschland liegen genau in der Mitte des Theatre of War, jener Bühne also, auf der, nach der Vorstellung gewisser Militärs, der Atomkrieg stattfinden soll. Diese beiden Deutschland, getrennt und doch vereint in dem einen Interesse, könnten sie, ja müßten sie nicht, ein jedes in dem Block, dem es zugehörig ist, darauf hinwirken, daß sie frei werden von Atomwaffen? Zwei atomwaffenfreie Deutschland – das wäre ein Anfang für vieles.

Zwei Deutschland aber, die von Atomwaffen starren... Ich und Sie alle, wie Sie hier sitzen, sind Ziel des Erstschlags; der zweite Schlag wird schon nicht mehr viel zu treffen haben. Und da gibt es Narren, die glauben, ein solcher Krieg ließe sich begrenzen und sie selbst würden schon überleben irgendwo in Nebraska oder in Sibirien. Besonders Militärs neigen zu dieser Ansicht. Aber lassen Sie mich dagegen einen anderen Militär zitieren:

»Ich habe mein Leben damit verbracht, militärische Macht als Mittel der Abschreckung zu studieren und mich mit der Art der militärischen Mittel zu befassen, die notwendig sind, einen Krieg zu gewinnen. Das Studium der ersten dieser beiden Fragen mag immer noch nützlich sein, aber wir steuern rapide auf den Punkt zu, wo kein Krieg mehr gewinnbar ist. Krieg beinhaltet eine Art Wettstreit; wenn man so weit gekommen ist, daß der Krieg kein Wettstreit mehr ist, sondern die totale Zerstörung des Gegners bedeutet und den eigenen Selbstmord – eine Aussicht, die keine der beiden Seiten außer acht lassen kann –, dann ist das Gerangel um die genaue Menge der eigenen Kampfmittel im Vergleich zu denen der anderen Seite nicht mehr von Wichtigkeit.

Wenn wir einen Punkt in der Entwicklung erreicht haben, wie es eines Tages der Fall sein wird, an dem beide Seiten wissen, daß bei einem Ausbruch von Feindseligkeiten, überraschend oder nicht, die allgemeine Zerstörung gegenseitig und vollständig sein wird, dann werden wir hoffentlich genug Verstand haben, uns an den Konferenztisch zu setzen in der Überzeugung, daß die Ära der Waffen zu Ende gegangen ist und daß das Menschengeschlecht seine Handlungen dieser Erkenntnis anpassen muß, oder es wird untergehen.«

Der General, der diese Zeilen im März des Jahres 1956 niederschrieb, hieß Dwight D. Eisenhower und war zu der Zeit Präsident der USA.

Nie wieder, so lautete der Schwur, nie wieder soll ein Krieg von deutschem Boden ausgehen.

Das Wort wird sich nur erfüllen lassen, wenn die Deutschen, West wie Ost, die dumpfe Untertänigkeit ablegen, die Thomas Mann ihnen nachsagte, und wenn sie, ein jeder in seinem Staat und dennoch gemeinsam, endlich handeln.

Nachdenken über Deutschland

Gespräch mit Günter Grass in Brüssel

NOVEMBER 1984

Im Herbst 1984 organisierte das Goethe-Institut Brüssel anläßlich seines fünfundzwanzigjährigen Bestehens eine über zwei Monate dauernde kulturelle Veranstaltungsreihe mit dem Titel »Berlin–Brüssel«, Begegnungen zwischen »Europas verlorener Mitte« und der »heimlichen Hauptstadt Europas«.

Günter Grass und Stefan Heym diskutierten am 21. November in dem überfüllten Palais des Beaux Arts über »Berlin und Berlin, Deutschland und Deutschland«. Die Gesprächsleitung übernahm der Direktor des belgischen Fernsehens (BRT) Karel Hemmerechts.

KAREL HEMMERECHTS: Ich hätte erst eine Frage an Sie, lieber Stefan Heym. Wenn ich Ihre Vita richtig studiert habe, sind Sie im Jahre 1952 aus den Vereinigten Staaten in die andere Hälfte Deutschlands, damals noch in Anführungszeichen »SBZ« genannt, zurückgekehrt. Aus welchem Grunde haben Sie sich für jenen Teil des geteilten Vaterlandes entschieden?

STEFAN HEYM: Nun, das ist ein sehr einfacher Entschluß gewesen. Da ich aus Amerika wegwollte, konnte ich mich nicht gut in eine amerikanische Dépendance begeben (Applaus). Außerdem interessierte mich natürlich, mehr als das kapitalistische Leben im Westen, das ich ja bereits gründlich kennengelernt hatte, der Sozialismus, der da aufgebaut werden sollte. Das war etwas ganz Neues und ein interessantes Thema für einen Schriftsteller, der sich selber für einen Sozialisten hielt. Das waren kurz gesagt die Gründe.

HEMMERECHTS: Genau wie bei Anna Seghers und Bertolt Brecht.

HEYM: Das auch. Und auch die Abreise aus Amerika erfolgte aus dem gleichen Grunde bei Charles Chaplin und Thomas Mann und wie sie alle hießen. Das war die Zeit von McCarthy, und es war zu erwarten, daß die Dinge doch ziemlich übel ausgehen würden, ein Dutzend meiner amerikanischen Kollegen ist ja auch damals ins Gefängnis gekommen.

HEMMERECHTS: Sie waren 1945 aus München, wo Sie bei der »Neuen Zeitung« arbeiteten, in die USA zurückbeordert worden.

HEYM: Ich war nicht zurück*beordert* worden, sondern es kam in der Frage, von der wir heute sprechen werden, nämlich, was aus Deutschland werden soll, zu einer Auseinandersetzung zwischen meinem damaligen Chefredakteur und kommandierenden Offizier, dem Major Hans Habe, und mir wegen eines Leitartikels. Ich sagte ihm, den werde ich nicht schreiben, und er sagte: »Wenn ich Ihnen aber den militärischen Befehl gebe?« Darauf antwortete ich: »Dann muß ich den Befehl verweigern.« Dann bin ich im Dezember 1945 in die USA zurückgekehrt und habe mich demobilisieren lassen.

HEMMERECHTS: Ein Jahr später, das war im Jahre 1953, lieber Günter Grass, sind Sie von Düsseldorf nach Berlin umgezogen. Gab es auch da eine Erklärung für diesen Entschluß?

GÜNTER GRASS: Ich habe nach dem Krieg in Düsseldorf meine Steinmetz- und Steinbildhauerlehre gemacht, ging dann auf die Akademie der Künste und war Zeuge des Ausbruches des sogenannten deutschen Wirtschaftswunders; dies war in Düsseldorf, einer Stadt, in der sich das Geld sofort ansammelte, besonders sichtbar. Nach meinem Gefühl und der Erfahrung, die ich gemacht hatte – ich war damals fünfundzwanzig Jahre alt –, war mir dieser Ausbruch unheimlich. Meine Generation war mit 1945 noch lange nicht fertig; es zeichnete sich nämlich sowohl in der Bundesrepublik als auch in der DDR eine Staatswerdung ab, die wir angezweifelt haben. Und ich glaube, daß diese Zweifel berechtigt waren. Meine Einschätzung damals, die pauschal war, mehr gefühlsmäßig, läßt sich heute besser begründen. Ich glaube, daß beide deutsche Staaten in der Hastigkeit, in der sie entstanden sind als Reflexe auf die gesamte politische Entwicklung, auf Sand gebaut sind. Das Wirtschaftswunder und eine im Vergleich zu anderen osteuropäischen Ländern gewisse Stabilität der DDR täuschen darüber hinweg. Es zeigt sich doch mehr und mehr, wie substanzlos sie sind und deshalb wie unsicher.

Das waren Gründe, die mich dazu brachten wegzuziehen. Es kamen auch praktische Gründe hinzu, ich suchte einen neuen Lehrer als Bildhauer, und den fand ich in Karl Hartung in West-Berlin auf der Hochschule für Bildende Künste. Und so bin ich von Januar 1953 an dort sein Schüler gewesen.

HEMMERECHTS: Also es war das Unbehagen an der Entwicklung in der Bundesrepublik unter Adenauer.

GRASS: Ja, sicher. Und dann natürlich die Faszination, die von diesem damals noch sehr kaputten Berlin ausging, diesem dennoch nach Ost und West hin offenen Berlin mit den Möglichkeiten, die sich dort boten. Und auch die Hoffnung und später Bestätigung, daß man dort – im Grunde trifft das bis heute zu – der politischen Realität näher ist als anderswo, wenn man der besonderen Konstellation Berlins nicht ausweicht. Man kann sich natürlich auch dort vergraben, aber das hatte ich nicht vor.

HEMMERECHTS: Sie wollten sich diesen deutschen Realitäten stellen, sozusagen am Orte selbst, und am eigenen Leibe spüren, was diese Zweiteilung bedeutet?

GRASS: Ja. Die Tendenz in beiden deutschen Staaten war ja die, sich aus der Verliererrolle herauszuschwindeln, herauszustehlen. Im Grunde sind beide Staaten in diesem Sinne Fälschungen. Ein Falschgeld, das in Umlauf gebracht wurde und sich merkwürdigerweise auf dem Markt hielt, bis heute.

Meine Generation war sehr skeptisch, sehr mißtrauisch. Ich bin im Nationalsozialismus aufgewachsen, war Mitglied der Hitlerjugend und ein gebranntes Kind. Ich traute dem Schwindel nicht und viele andere auch nicht.

Man stahl sich jeweils ins Siegerlager hinein, mit den aberwitzigsten Wortschwindelmanövern, so daß immer jeweils die schlimmen Deutschen im anderen Teil Deutschlands gesucht wurden. Das war die Sprachregelung zwischen den beiden Staaten, und das führte natürlich von den Wirklichkeiten, von der Realität weg. – In Berlin gab es die Chance, auf diese Wirklichkeit zu stoßen und sich mit ihr auseinanderzusetzen.

HEMMERECHTS: In diesem Zusammenhang ist immer wieder die Rede von der berühmt berüchtigten Stalinnote vom 10. März 1952. Das ist eine Frage an die beiden Gesprächspartner: Sind Sie der Ansicht, daß dort eine Chance vertan worden ist, nämlich die Verfestigung der Zweiteilung abzubauen?

HEYM: Schauen Sie, es ist nicht ganz klar, wieweit Stalin seine Note zur Einheit Deutschlands auch durch Taten dann unterstützt hätte. Genauso wie Walter Ulbricht noch nach 1953 immer von der Wiedervereinigung Deutschlands gesprochen hat. Er hat sogar in seinen Erklärungen damals im Juni 1953 gesagt, daß die Reformen, die nun in der DDR folgen sollten, zur Wiedervereinigung beitragen würden. Aber was da 1953 geschah, war ja eine Umkehrung in der politischen Haltung.

Bis dahin waren es unsere Leute im Osten, die DDR und ihre Regierung, die nach Wiedervereinigung riefen. Die große Losung hieß: »Deutsche an einen Tisch«, wenn Sie sich vielleicht noch erinnern wollen. Nach dem Juni 1953 stellte sich für die führenden Leute in Westdeutschland, die vor dieser Kraft der DDR Angst gehabt hatten, heraus, daß die DDR gar nicht so stark war, wie sie bis dahin dagestanden hatte, auch propagandistisch nicht, und daß eine Entfremdung eingetreten war zwischen den führenden gesellschaftlichen Kräften, wie es so schön heißt bei uns, und dem Volke, in dessen Namen sie zu sprechen und zu handeln behaupteten. Und diese Entfremdung bildete jene Schwäche, die es dann dem Westen erlaubt hat, mit der Wiedervereinigungspropaganda offensiv zu werden, während sich unsere Leute einzuigeln begannen, bis hin zu der großen Einigelung mit der Mauer. Das war die Wasserscheide vom Juni 1953.

Aber ich möchte noch etwas sagen. Als ich hierherkam, überlegte ich mir natürlich, was das für eine Situation sein würde: zwei deutsche Schriftsteller, der eine aus der Bundesrepublik, der andere aus der DDR, die hier in Belgien über eine deutsche Frage diskutieren. Und natürlich ist das sehr gut. Ich halte es sogar für symbolisch, daß das in einem Lande geschieht, in das Deutschland zweimal innerhalb eines einzigen Menschenlebens, meines nämlich, eingefallen ist. Und daß wir hier diese Diskussion führen können, ist – glaube ich – etwas Großes und vielleicht auch etwas Verheißendes. Das wollte ich nur sagen (Applaus).

HEMMERECHTS: Ich danke Ihnen, und ich kann das verstehen, lieber Stefan Heym, denn in dieser Beziehung sind auch wir ein zweigeteiltes Land. Sie kennen ja alle zumindest durch Schiller den Abfall der Niederlande (Lachen), wir haben vor drei, vier Jahrhunderten das gleiche erlebt. Wir sind eine SBZ geblieben, eine »Spanisch Besetzte Zone« (Lachen), auch wir haben eine Abwerbung gekannt: Der führende niederländische Dramatiker Vondel stammte aus Antwerpen, seine Eltern sind auf dem Fluchtweg über Köln und Emden nach Amsterdam gekommen, und dort ist dann Vondel geboren worden. Das alles ist hier schon einmal vorexerziert worden. Man könnte sich einmal in der Bundesrepublik und in der DDR darüber Gedanken machen, ob das alles nicht vorprogrammiert war (Lachen).

Aber, Günter Grass, entspricht das, was Stefan Heym gesagt hat, auch Ihrer Beurteilung der Lage?

GRASS: Es wird natürlich immer hypothetisch bleiben, was man als Reaktion Stalins aufgrund seiner Note annimmt, ob er das ernst gemeint hat oder nicht. Tatsache ist hingegen, daß Adenauer als damaliger Bundeskanzler die Ernsthaftigkeit der Note gar nicht erst geprüft, sondern sich auf solche Vorschläge von vornherein nicht eingelassen hat; und das aus seiner Sicht sicher mit guten Gründen: Adenauer war von seiner politischen Herkunft her ein rheinischer Separatist. Er hatte gar nicht vor – allenfalls am Sonntag in einer Sonntagsrede – über Wiedervereinigung zu sprechen. Seine praktische Politik zielte von Anfang an auf einen westlichen Teilstaat, auf ein Integrieren dieser drei Zonen der westlichen Region in den Westen hinein.

Und für meine Generation ist es ein prägendes Erlebnis gewesen, wie ein damaliger CDU-Minister, Innenminister in Adenauers erstem Kabinett, Gustav Heinemann, aufgrund dieser separatistischen Politik Adenauers 1950 seinen Rücktritt erklärt hat. Das ist in der Bundesrepublik selten geschehen, daß ein Politiker aus *politischer* Überzeugung seinen Rücktritt erklärt hat (Applaus); meistens sind sie gezwungen worden. Und zur Zeit haben wir ja wieder ein paar Minister, die eigentlich zurücktreten müßten (Applaus). Aber diese Haltung von Heinemann Adenauer gegenüber zeigte auch an, wie wenig Verständnis mittlerweile in der Bevölkerung vorhanden war. Heinemann hat dann zusammen mit anderen eine Gesamtdeutsche Volkspartei gegründet, die nicht über 1,1 Prozent hinauskam. Er ist später dann zu den Sozialdemokraten gegangen, genauso wie die damals jungen Leute meiner Generation um ihn, Erhard Eppler zum Beispiel und Johannes Rau, heute Ministerpräsident in Nordrhein-Westfalen.

Aber ausgelotet wurde Stalins Angebot nie. Es gab dann in den fünfziger, sechziger Jahren, bis in die siebziger Jahre hinein – und jetzt sieht es schon wieder so aus – diese ewigen und verlogenen Sonntagsreden. Einmal wird von den Grenzen von 1937 gesprochen, dann nimmt man es wieder ein Stückchen zurück und wundert sich darüber, daß unsere Nachbarn in West und Ost unruhig reagieren, wenn etwas eigentlich Normales geschieht: ein neues Nachdenken über Deutschland.

Gerade die Friedensbewegung und die Betroffenheit in beiden deutschen Staaten über das Stationieren von Raketensystemen mit Atomsprengköpfen hat dazu geführt, daß wir näher beieinanderstehen und daß ein Gespräch begonnen hat, zumeist an den führenden Politikern vorbei, denen diese Dreinrede nicht so sehr paßt. Und es gibt eine Beunruhigung im Ausland, in erster Linie in Frankreich, über dieses neue Gespräch in Deutschland über die Nation, über die Schwierigkeiten der Deutschen, sich selbst zu definieren. Aber ich glaube, daß man im Ausland, und hoffentlich auch hier in Belgien, Verständnis dafür aufbringt. Es kann ja nicht Aufgabe unserer Nachbarn sein, die geeignete Definition für uns zu finden. Wir müssen sie selber finden, und wenn wir sie nicht finden, wenn wir nicht danach suchen, entsteht ein gefährliches Vakuum, und das ist nach deutscher Tradition immer von rechts aufgefüllt worden. Deswegen meine Forderung, ich glaube, da stimme ich mit Stefan Heym überein, daß die Definition der Nation diesmal von links her formuliert werden sollte.

HEYM: Ja, das Problem bei einer solchen Diskussion, wie sie jetzt stattfindet, ist ja, daß die beiden Disputanten in so vielen Punkten eigentlich übereinstimmen (Lachen, Applaus). Es stimmt völlig, was Grass gesagt hat, daß unter der Bedrohung zwar nicht die Regierung der beiden deutschen Staaten, aber die Menschen in ihnen näher aneinandergerückt sind. Sie haben nämlich gemerkt, daß es im Grunde wenig Unterschied macht, ob man von einer Pershing-Rakete mit Atomsprengkopf oder von einer SS 20 ausgelöscht wird. Die Vorwarnzeit, erzählte mir Grass heute nachmittag, sei genau anderthalb Minuten. Ich hatte mich früher immer damit getröstet, daß man, wenn die Atombomben kommen, bis sie landen, wenigstens noch eine Flasche Cognac trinken kann. Auch das ist nicht mehr drin, so daß uns also nur bleibt, Wege und Möglichkeiten zu erforschen, diese Gefahr zu verhindern. Denn verhindert werden kann sie nicht und wird sie nicht, wenn die Menschen passiv bleiben, wenn sie nicht erkennen, was da auf dem Spiele steht. Und ich meine, daß gewisse Anfänge gemacht worden sind und daß in dieser Entwicklung natürlich auch die Schriftstellergespräche, die wir seinerzeit in Ost- und West-Berlin hatten, eine Rolle spielen.

Das Wichtige ist ja nicht nur – wenn wir über diese Annäherung sprechen – die gegenwärtige harte Situation, diese erfordert Handeln, sondern man muß auch irgendwie eine Perspektive im Sinne haben. Ich glaube, auf die Länge – à la longue – ist der gegenwärtige Zustand nicht dauerhaft. Alles auf der Welt verändert sich, Marx hat das auch gesagt und Heraklit. Und warum soll diese deutsche Zweiteilung, die doch eigentlich ein Provisorium war, allerdings ein Provisorium, das schon länger gedauert hat als die Weimarer Republik und das Dritte Reich zusammen, warum soll das ewig dauern, es kann nicht ewig dauern. Völker und Staaten sind zwei verschiedene Dinge. Aber die Völker sind da, und damit ist die nationale Frage da. Sie läßt sich auf die Dauer nicht unter den Teppich kehren (Applaus).

Natürlich hat Grass recht, es gibt das Mißtrauen im Westen wie im Osten, und recht haben sie. Wenn ich mir überlege, wer heute, besonders in Westdeutschland, dauernd von Wiedervereinigung und von Grenzen und so weiter redet, dann kann ich das nur unterstützen, was Grass gesagt hat, die Linke, und zwar die Linke bei Ihnen in der Bundesrepublik wie bei uns in der DDR – denn auch bei *uns* gibt es eine Linke (Applaus) –, wir müssen uns mit dieser Frage beschäftigen, und wir müssen zu neuen Lösungen kommen. Sehen Sie, aus dem Grundgesetz geht ja hervor, daß die Bundesrepublik annimmt, das einzig wahre und richtige Deutschland zu sein, und daß sie daher auch für die Deutschen in der DDR sprechen muß. Und wenn ein DDR-Deutscher in den Westen kommt, wird er automatisch Bürger der Bundesrepublik, wenn er es wünscht. Die Bundesrepublik betrachtete sich als der eigentliche Verschlinger der DDR, und umgekehrt glaubte die DDR, die Bundesrepublik werde kaputtgehen und eines Tages könne man sie übernehmen. Inzwischen hat sich herausgestellt, daß das eine Deutschland das andere nicht schlucken kann. Wir müssen uns überlegen, wie soll denn ein gemeinsames Deutschland, wenn es das einmal geben wird, aussehen; weil wir ja wissen müssen, in welcher Richtung Sie sich in der Bundesrepublik und wir in der DDR uns eine Zukunft vorstellen. Und ich meine, daß die Zeit gekommen ist für solche Überlegungen.

HEMMERECHTS: Es war die Rede von Staaten, von Völkern. Aber es gibt auch noch den Begriff der Nation, der Kulturnation. Wie würden Sie heute im ausgehenden 20. Jahrhundert diesen Begriff der Kulturnation deuten, Günter Grass?

GRASS: Die Deutschen haben ja beim Suchen einer Eigendefinition als Nation lange Zeit Schwierigkeiten gehabt. Aber es gab ja, bevor Bismarck zum Zuge kam und die politische Einigung des Staates und damit auch den Nationbegriff geschaffen hat, in der Paulskirche lange und erschöpfende Debatten, darunter, wenn man es nachliest, interessante Gedanken zum Teil von deutschen Schriftstellern formuliert, von Uhland zum Beispiel, die den Begriff der Kulturnation in den Vordergrund stellten und nicht den der politischen Einigung. Sicher, die Zeiten haben sich geändert und damit auch der Kulturbegriff. Aber wenn wir davon ausgehen, daß wir in Deutschland zweimal mit unserem *politischen* Nationbegriff gescheitert sind, zu unserem Nachteil und zum Nachteil unserer Nachbarn, dann böte sich doch ein Rückgriff auf diesen nichtgemachten Versuch an.

Zumal sich gezeigt hat, daß man alles teilen konnte, geographisch, politisch, wirtschaftlich, und ausgerechnet die Kultur, der sensible Bereich, hat sich am zähesten dem Teilungsprozeß widersetzt. Wenn ich nur das Beispiel Literatur nehme, läßt sich zu meiner eigenen Überraschung nachweisen, daß es in der DDR eben nicht gelungen ist, eine Nationalliteratur zu schaffen. Und es ist trotz der Ignoranz im Westen, dem langen Abblocken der DDR-Literatur, nicht gelungen, das Interesse an der Entwicklung drüben zu stoppen. Es gibt seit einem Jahrzehnt und länger deutlich nachprüfbar ein Miteinanderreden von Buch zu Buch, ohne daß es eine Absprache, ohne daß es Verlagsprogramme gibt, geschweige denn eine gemeinsame Kulturpolitik. Vorbei an der jeweils herrschenden Kulturpolitik sind die Autoren miteinander ins Gespräch gekommen.

Deswegen ist die Tatsache, daß wir beide heute hier sitzen, in diesem Zusammenhang kein Wunder. Vergleichbare Ministerialbeamte aus dem einen oder anderen Staat hätten größere Schwierigkeiten, bis in die Sprache hinein, miteinander umzugehen. Wir gehen immerhin davon aus, daß es eine deutsche Literatur gegeben hat, bevor es die Bundesrepublik und die DDR gab. Im Grunde ein Gemeinplatz, den aber viele Politiker, die jeweils ihren Staat für das A und O halten, nicht einsehen wollen. Und so glaube ich, daß der Kulturbegriff, erweitert um unseren gemeinsamen Geschichtsbegriff, eine tragfähige Grundlage wäre für den Versuch, den Begriff Nation neu zu definieren, bis ins Praktische hinein.

Es wird hier nicht so bekannt sein, daß es seit Jahren einen Streit zwischen beiden deutschen Staaten um den sogenannten Preußischen Kulturbesitz gibt. Was spricht dagegen, diesen Preußischen Kulturbesitz gemeinsam zu verwalten? So könnte von Punkt zu Punkt etwas Gemeinsames, etwas Gesamtdeutsches entstehen, ohne daß es zu einer Machtzusammenballung wirtschaftlicher oder gar militärischer Art in der Mitte Europas käme. Wenn es dann noch gelingen sollte – was Stefan Heym sagte und dachte –, daß die beiden Staaten auch ihre politische Aufgabe wahrnehmen könnten, in der Mitte Europas und ihren Nachbarn gegenüber, wäre das für mich eigentlich schon als Definition eines neuen Nationbegriffes genug. Gemeinsame Aufgabe heißt: Nach der Erfahrung zweier von Deutschland ausgelöster Weltkriege gehört es zu den Aufgaben beider Staaten, weitere Kriege zu verhindern, mehr als andere Länder dazu beizutragen, Spannungen abzubauen, also erst einmal Spannungen im eigenen Haus, zwischen den Deutschen. Und ich könnte mir einen beginnenden Dialog zwischen den beiden Staaten, sei es erst einmal im Bereich der Kultur, als eine Art Entspannung vorstellen, so daß unsere Nachbarn nicht – wie gegenwärtig – Angst haben müßten vor einer neuen Machtzusammenballung in der Mitte Europas.

HEMMERECHTS: Ich glaube, daß Sie sich für die Gründung einer Kulturstiftung für Deutschland ausgesprochen haben. Was ist daraus geworden, und wie stehen die Chancen für die Verwirklichung dieser Idee?

GRASS: Ja, Willy Brandt hat in seiner Regierungserklärung von 1973 nach der Wahl 1972 diese Forderung aufgestellt, und dabei hat er meiner Meinung nach einen Fehler gemacht. Er hatte federführend für die Nationalstiftung den Innenminister eingesetzt, das war damals Herr Genscher. Und Herr Genscher hat zugelassen, daß das zu einem Ländergezänk wurde, Standortfragen wurden hochgespielt, nach Berlin sollte sie, damit war sofort der Widerspruch der Alliierten gegeben. Bevor man überhaupt über die Substanz dieser Sache sprach, ging sie unter im Ländergezänk. Jetzt sollen es die Länder als eine Art Länderstiftung übernehmen, und auch dort herrscht bei der Diskussion um diesen guten und großen Gedanken reiner Provinzialismus. Meiner Meinung nach hätte diese Nationalstiftung von vornherein in ihrer Gründung etwas Offenes sein müssen, offen für beide deutsche Staaten, nicht mit zugeschlagener Tür den Separatismus eines Adenauer verlängernd. Mittlerweile sind alle Parteien in diesem Trend drin, auch die Sozialdemokraten, die gar nicht mehr begreifen, daß ihr erster Vorsitzender nach dem Krieg, Kurt Schumacher, mit seinem im Bundestag gerügten und auf Konrad Adenauer gemünzten Ruf »Kanzler der Alliierten« die Wahrheit gesprochen hatte.

Ich glaube, zu diesen Einsichten muß man heute kommen, um ein Selbstbewußtsein zu entwickeln, das stark genug ist, die Eigenverantwortung an den deutschen Gebietsverlusten mitaufzunehmen, das auch stark genug ist, die Verantwortung mitzutragen, die entstanden ist, weil dieser Krieg und die Teilung Europas durch deutsche Schuld verursacht worden ist. Aber das ist, glaube ich, nicht mit Wegducken und sich in das eine oder das andere Siegerlager Hineinschwindeln getan, sondern mit einem Sichbewußtmachen der nach wie vor wirkenden Hypothek. Und das meine ich mit einem neuen Selbstbewußtsein, das auch erlaubt, die Diskussion über die Nation zu entfesseln.

HEMMERECHTS: Aber wäre es möglich für eine Nation wie die deutsche, die immer so dynamisch gewesen ist in der Geschichte, sich auf Dauer – es ist immer von einer Perspektive die Rede – mit einer solchen Rolle abzufinden?

HEYM: Ich glaube, daß die Äußerungen von Günter Grass über die Kultur eine gewisse Richtigkeit haben. Natürlich ist es nicht gelungen, zwei deutsche Kulturen, zwei deutsche Literaturen zu schaffen, obwohl es deutliche Unterschiede gibt zwischen der Literatur in der DDR und der Literatur in der Bundesrepublik. Aber wenn diese – sagen wir – einheitliche Kultur dazu führt, daß sich viele unserer Kollegen aus der DDR in die Bundesrepublik begeben, dann bin ich natürlich traurig darüber. Aber das nur nebenbei.

Ich glaube nicht, Günter Grass, daß sich die deutsche Frage von der Kultur her aufdröseln läßt. Und zwar glaube ich das deshalb nicht, weil bei uns in der DDR die Kultur als ein Teil des ideologischen Überbaus und der Ideologie angesehen wird, die bekanntlich das Monopol der Leute ist, die bei uns die Macht haben. Und da werden die Blockierungen auftreten, wenn Sie da kommen und wollen, daß von der Kultur her eine gewisse Einheit oder Vereinheitlichung geschaffen wird. Natürlich soll man dafür arbeiten, natürlich soll man gemeinsame Veranstaltungen haben, gemeinsame Veröffentlichungen von Büchern. Ich freue mich, von Ihnen zu erfahren, daß jetzt endlich zwei Bücher von Ihnen bei uns gedruckt werden, und ich freue mich, daß unsere führenden Leute erkannt haben, daß dadurch nicht die DDR stürzen wird. Und wenn sie eines Tages erkennen werden, daß auch die Bücher von Heym die DDR nicht stürzen werden, dann werden sie die vielleicht auch veröffentlichen (Applaus).

HEMMERECHTS: Darf man wissen, welche Bücher?

HEYM: Bei mir? Bei ihm? Das soll *er* Ihnen doch sagen (Lachen).

GRASS: Die ersten Titel, die in diesem Jahr veröffentlich werden, sind »Katz und Maus« und »Das Treffen in Telgte«. Wahrscheinlich, weil in beiden Büchern die DDR noch nicht vorkommt (Lachen). Aber vielleicht kommen noch einmal Bücher heraus, in denen auch dieser Staat zumindest geahnt werden könnte.

HEYM: Na, das ist eben der Fall bei den Büchern, die ich geschrieben habe (Lachen).

Aber darf ich vielleicht auf unsere ernsthaften Punkte zurückkommen. Grass hat etwas sehr Wichtiges angesprochen, nämlich die Frage von Krieg und Frieden und was das mit den beiden deutschen Staaten zu tun hat. Eines ist sicher, und hier gebe ich jenem Franzosen recht, der gesagt hat, er liebe Deutschland so sehr, daß er froh ist, daß es zwei davon gibt (Lachen).

HEMMERECHTS: Das war François Mauriac. »J'aime tellement l'Allemagne, que je sui ravi, d'en avoir deux.«

HEYM: Es ist so: Keiner der beiden deutschen Staaten allein und für sich gesehen ist in der Lage, heute einen Krieg anzufangen. Aber beide deutsche Staaten zusammen können darauf hinwirken, daß der Frieden erhalten bleibt. Und hier möchte ich einmal, und das ist selten, etwas zum Lobe unserer DDR und ihrer Führung sagen. Nämlich, Honecker hat erklärt, daß er die Raketen auf dem Boden der DDR durchaus nicht liebt. Und Honecker hat erklärt, daß er bereit ist, das Gebiet der DDR einzubringen in eine atomwaffenfreie Zone. Diese beiden Erklärungen fehlen mir noch aus dem Munde von Helmut Kohl (Applaus). Und wenn sich das erreichen ließe, dann wären wir einen großen Schritt weiter. Und ich glaube, daß damit auch ein Anfang gemacht wäre zum Abbau des Mißtrauens, des durchaus berechtigten Mißtrauens gegen die Deutschen und gegen die vereinigten Deutschen erst recht. Denn was sind das eigentlich für Leute? Ich habe etwas mitgebracht – das ist das einzige, was ich vorlesen werde –, was Thomas Mann über die Deutschen geschrieben hat:

»Der deutsche Freiheitsbegriff war immer nur nach außen gerichtet. Dieser Freiheitsbegriff meinte das Recht, deutsch zu sein, nur deutsch und nichts anderes, nichts darüber hinaus. Er war ein protestierender Begriff selbstzentrierter Abwehr gegen alles, was den völkischen Egoismus bedingen und einschränken, ihn zähmen und zum Dienst an der Gemeinschaft, zum Menschheitsdienst anhalten wollte. Ein vertrotzter Individualismus nach außen, vertrug er sich im Inneren mit einem befremdenden Maß von Unfreiheit, Unmündigkeit, dumpfer Untertänigkeit.«
Ich möchte, daß Sie diese drei letzten Begriffe im Gedächtnis behalten, denn nur allzuoft, bei uns in der DDR wie in der Bundesrepublik, gilt das heute noch. Und diese Menschen, diese Menschen müssen wir versuchen zu ändern, diese Menschen müssen frei werden, kritisch werden, und wenn das der Fall ist, wird ein zweiter Block weggenommen werden von dem großen Mißtrauen gegen die Deutschen, die man immer nur kennt mit den Händen an der Hosennaht.
Ich möchte noch erzählen, daß ich vor wenigen Tagen in dem Schaufenster einer Bahnhofsbuchhandlung in Göttingen eine Serie von sehr schönen Bildbänden gesehen habe, »Aus deutschen Landschaften«, und all diese deutschen Landschaften waren gar nicht mehr deutsch. Und zwar waren sie verloren worden durch Hitler. Einer dieser Bildbände trug den Titel »Breslau, eine deutsche Stadt«. Solange es so etwas noch gibt, kann man sich nicht beschweren, wenn man den Deutschen nicht viel Vertrauen entgegenbringt.

HEMMERECHTS: (Zu Grass) Wie würden Sie da reagieren, weil Sie doch in Danzig geboren wurden?

GRASS: Ja, ich bat Sie darum, jetzt gleich etwas dazu sagen zu dürfen. Ich glaube, daß nur jemand, der durch diese deutsche Schuld seine Heimatstadt oder seine Heimat verloren hat, genau darüber sprechen kann. Denn das Ganze ist und bleibt ein Verlust. Aber ein Verlust, der akzeptiert werden muß. Für mich ist es mit ein Grund gewesen, neben der Schreibarbeit, neben der Bildhauerei und der Grafik, mich in die Politik hineinzubegeben und die SPD zu unterstützen, und zwar zu einem Zeitpunkt, als diese Partei bereit war, in diese Richtung hinzuwirken. Für mich war es mit ein Grund, im Dezember 1970 zusammen mit Siegfried Lenz nach Warschau zu reisen, als der deutsch-polnische Vertrag unterschrieben wurde;

Siegfried Lenz aus Ostpreußen, ich aus Danzig. Wir sind dafür beschimpft worden, das gehört sicher dazu.

Aber wenn heute schon wieder Politiker, nicht zurückgerufen von dem derzeitigen Bundeskanzler, Töne in diese Richtung riskieren: das sei noch gar nicht gesagt, daß diese Grenze für alle Zeit anerkannt sei, darüber müsse noch gesprochen werden, dann fallen wieder diese verlogenen Floskeln der fünfziger und sechziger Jahre, »friedliche Wiedervereinigung in den Grenzen von 1937«, das schließt also Ostpreußen, Schlesien und Pommern ein, dann wird es gefährlich. Ich kann verstehen, wenn man in Polen heute wieder neu beunruhigt ist durch Äußerungen dieser Art. Es hat ja eine Reihe von Politikern gegeben, die frühzeitig erkannt haben, daß wir auch in der deutsch-deutschen Sache nur weiterkommen, wenn wir den Polen gegenüber das Selbstverständliche tun. Es sind Deutsche und die Sowjetunion gewesen, das Dritte Reich unter Hitler und die Sowjetunion, die einen Pakt zuungunsten Polens geschlossen haben. Polen hat seine Ostprovinzen verloren, es ist insgesamt nach Westen gerückt worden, dadurch haben die Deutschen ihre Ostprovinzen verloren. Das sind die geographischen Fakten mit schrecklichen Folgen, bis in eine Vertreibung hinein, die grausam war, mit unnötigen Grausamkeiten, die man vielleicht zum Teil verstehen kann, aber die dennoch Grausamkeiten bleiben. Es ist ein Faktum, daß Polen durch unser Verschulden seine Ostprovinzen verlor und daß dadurch auch chauvinistische Bewegungen in Polen Auftrieb bekamen, die lange Zeit davon gesprochen haben – ähnlich chauvinistisch wie deutsche das in die umgekehrte Richtung taten –, die Grenze Polens liege an der Elbe, so weit gingen die sogar. Diese Fakten haben wir geschaffen, wir müssen sie anerkennen, und wir haben sie durch Vertrag anerkannt.

Aber ich wollte noch ein Wort zu Ihren berechtigten Zweifeln sagen, ob über Kultur ein Nationbegriff definiert werden könnte.

HEYM: Definieren sicher, ja, aber ist es politisch wirksam?

GRASS: Es liegt sicher auch daran, daß beide deutsche Staaten in ihrer Art der Neugründung nach 1945 in erster Linie vulgärmaterialistisch sind. Die Kultur spielt entweder eine bestätigende oder eine schmückende Rolle oder soll jeweils diese Rolle spielen, sie ist in ihrer Brisanz nicht erfaßt worden. Es kann allerdings sein, daß wir durch eine ganz andere Entwicklung noch einmal auf die Kultur zurückgreifen müssen. Das betrifft übrigens nicht nur die beiden

deutschen Staaten. Wenn wir sehen, daß sich menschliche Existenz bei zunehmender Arbeitslosigkeit aus einem Strukturwandel heraus nicht mehr ausschließlich durch Arbeit definieren läßt, als sei nur die Arbeit dazu geeignet, den Menschen zu realisieren, dann wird die Frage nach dem zweiten Bein gestellt werden müssen. Und es könnte sich herausstellen, daß die Kultur in einem neuen Verständnis dieses Bein sein könnte, und somit also ein neues Kulturverständnis entstünde, das jenseits von diesen schmückenden oder bestätigenden Postulaten in Deutschland vertreten wird.
Ich meinte auch nicht, als ich sagte, es gäbe eine Annäherung, einen Dialog zwischen den beiden deutschen Literaturen, daß nun durch einen Nation-Kultur-Begriff eine Vereinheitlichung stattfinden sollte. Ich glaube, daß die deutsche Kultur ihre Stärke immer aus der Vielfalt bezogen hat. Wie ja auch der Föderalismus in Deutschland eine politische Tradition ist, die man nicht einebnen sollte. Sicher, das macht manches Verhandeln schwierig, aber der Kulturföderalismus in der Bundesrepublik hat auch seine Vorteile. Und wenn es einen solchen in der DDR gäbe, wäre das zum Vorteil der DDR. Dort hat man auf preußische Art und Weise vereinfacht, sicher nicht zum Nutzen der Kultur. Und wenn es hier dann zwischen den vielen Vielfalten beider Staaten, aber auch den Unterschieden zwischen den einzelnen Regionen zu einem Konzert käme, kultureller Art, wäre auch für die Kultur viel gewonnen.
Es gibt auch Unterschiede, rein vom Herkommen oder von der Struktur her, zwischen nord- und süddeutscher Literatur. Es gibt Unterscheidungen politischer Art bis heute – die Mainlinie etwa –, die in manchen Bereichen tiefer wurzeln als im Vergleich die Teilung zwischen DDR und Bundesrepublik. Also, wir haben verschiedene politische Stränge, die ihre Wirkungen und Nachwirkungen haben, und ich glaube, daß man mit einem so offen diskutierten Kulturbegriff zu einem Nationverständnis käme, das Vielfalt erlaubte und nicht unbedingt Einigung zur Folge hätte.

HEMMERECHTS: Noch kurz eine Nebenfrage: Wird Ihnen der Verzicht auf die Heimat durch den Umstand erleichtert, daß Sie, wie jeder, der Ihre Bücher gelesen hat, weiß, eine kaschubische Großmutter und eine polnische Mutter hatten?

GRASS: Ja, sicher. Ich fahre alle zwei, drei Jahre nach Gdansk, suche Danzig, finde Reste davon und einen Teil meiner kaschubischen Verwandtschaft, die dageblieben ist und auch gute Gründe dafür hatte. Und das erinnert mich natürlich auch daran, daß in erster Linie die Deutschen – im Gegensatz zu den aberwitzigen und mörderischen Theorien der Nazizeit – ein herrliches Mischvolk sind mit Einflüssen aus allen Richtungen, gerade weil sie in der Mitte liegen; der slawische Einfluß in den einzelnen Familien schlägt sich bis in den bundesdeutschen Fußball nieder. Sehen Sie sich die Namen an…

HEMMERECHTS: Schiwalowski (Lachen).

GRASS: Ja, es gibt berühmte Namen darunter, die das belegen. Und diese Wechselbeziehung hat mich auch in meiner literarischen Arbeit geprägt.

Es kommt noch eins hinzu, und das betrifft nicht nur mich, das könnte ich auch für Siegfried Lenz und für Bienek und viele andere Autoren sagen, die geographisch ihre Heimat verloren, aber die mit Hilfe der Literatur etwas geschaffen haben, was Politiker selten leisten: Sie haben endgültig verlorene Provinzen oder Städte literarisch gerettet, indem sie in der Literatur Zustände, Zeitläufe dargestellt haben, Menschen in einer Zeit des Umbruchs, des Versagens und des Scheiterns. Damit haben sie etwas hinübergerettet, was fortleben, sich weiterentwickeln kann und was meiner Meinung nach mehr zählt als die rhetorischen Versuche von Politikern, jeweils auf Treffen von Flüchtlingsverbänden Dinge zu beschwören, die nicht mehr da sind. Ich habe das bei meinen Großeltern erlebt, die in den fünfziger Jahren in Lüneburg, wo sie wohnten, nicht ankommen konnten, weil sie auf den Koffern saßen. Konrad Adenauer versprach ihnen Mal um Mal, Ihr müßt mich nur wählen, dann kommt Ihr demnächst in eure alte Heimat zurück. Also haben diese Leute gar nicht erst den ernsthaften Versuch unternommen, im Westen Fuß zu fassen. Sie dachten, demnächst – mit dem Koreakrieg im Rücken und mit dem kalten Krieg – werde es wieder zurückgehen.

Für mich ist eigentlich immer ein Satz meiner Großtante entscheidend gewesen, die als Kaschubin auch aufgefordert wurde, in den Westen zu gehen. Und da hat sie gesagt: »Weißt, im Westen is besser, aber im Osten is scheener.« (Lachen) Sie ist geblieben und hat richtig gehandelt, glaube ich, aus ihrer Sicht.

HEYM: Ich muß noch einmal auf den Punkt Kultur zurückkommen. Ich glaube nicht, daß wir von der Kultur her allein die Sache lösen können. Kollege Grass, Sie haben auch von diesen Kräften in der

Bundesrepublik gesprochen, die den Drall nach Osten haben. Das kommt natürlich auch daher, daß bei Ihnen eine Gesellschaftsordnung herrscht, die einen solchen Drall nach Osten nicht nur duldet, sondern auch noch fördert.

Sie sprachen von 1945, von der Vergangenheitsbewältigung. Das war bei mir etwas anderes, ich habe meine Heimat 1933 überhaupt verloren und kam dann 1945 in einer ganz anderen Rolle zurück, nämlich als Eroberer, und sah die ganze Sache von einer anderen Seite her und auch die Gefahr.

Die Frage ist: Wo ist denn diese Spaltung hergekommen? Wie hat sich denn das ergeben? Grass und ich sprachen heute nachmittag darüber, und Grass sagte, das gehe zurück auf 1945. Ich würde sagen, es geht noch ein Stückchen weiter zurück; im Jahre '44 schon hatte ich als amerikanischer Offizier Verhöre durchzuführen mit deutschen Offizieren. Und da sprach ich mit einem Stabsmajor, der mir sagte, ihr Amerikaner seid ja völlig verblödet, warum zerschlagt ihr unsere Armee? Ihr braucht uns doch, und in allernächster Zeit, gegen die Russen. Hier war also bereits eine politische Konzeption, die dann in einer etwas anderen Form in der deutschen Spaltung ihren Ausdruck fand.

So ist die Sache leider entstanden. Und wir müssen uns heute mit der Situation auseinandersetzen. Und da ist die Frage: wie? Wie soll das geschehen, wie sollen diese Gesellschaftsordnungen – lassen Sie mich diesen Ausdruck gebrauchen, denn ich will nicht wieder von Staaten reden – aussehen, die es dann ermöglichen werden, eine wirkliche Klammer zu schaffen zwischen den beiden deutschen Teilvölkern.

Es ist völlig klar: Weder der real existierende Kapitalismus in der Bundesrepublik – ich benutze die Worte »real existierende«, Sie werden wissen, warum – mit seiner Arbeitslosigkeit, seinem Rauschgift, seinen Barzels und und und, ist etwas, was man dem gesamten deutschen Volke zumuten kann. Aber ebensowenig ist der real existierende Sozialismus zumutbar, mit seiner Mauer und mit seinen Frustrationen und und und. Wir werden etwas finden müssen, was von beiden vielleicht ausgehen und Elemente benutzen kann von beiden: das Gute im Sozialismus, und da ist allerhand Gutes drin, und auch im Westen gibt es Dinge, die durchaus erhaltenswert sind und die von unserer Seite aus immer als kapitalistisch dargestellt worden sind, die einfach auch menschlich sind, nicht?

Die Initiative, die einer entwickeln möchte, die Freiheit zu reisen und so weiter und so fort. Das alles muß bleiben.
Es wäre vermessen von mir, irgendwelche Rezepte zu geben. Ich habe nur angefangen, nachzudenken: Wie sollte so ein Deutschland aussehen. Und ich weiß, daß mit mir zusammen viele Leute darüber nachdenken. Im Herbst 1983 gab es in München eine Reihe von Reden, in denen diese Fragen angeschnitten wurden. Es ist eine merkwürdige Sache, daß sich das gerade in diesen Jahren entwickelt. Es kommt sicher auch daher, daß sich eben – wie wir vorhin schon sagten – die beiden deutschen Bevölkerungen gleicherweise bedroht sehen und sagen, also wiedervereinigt werden möchten wir nicht im Tode.

HEMMERECHTS: Oder haben Sie auch den Eindruck, daß sich die beiden Staaten doch in einer gewissen Weise aufeinander zubewegen, wenn wir feststellen, daß der Franz Josef Strauß einem Milliardenkredit für die DDR das Wort redet? Das ist an sich ziemlich merkwürdig, nicht?

HEYM: Ja, sehen Sie, es gibt bei uns Entwicklungen auf dem Gebiet der Wirtschaft in Richtung Marktwirtschaft. Und es gibt bei Ihnen angesichts Ihrer Arbeitslosigkeit starke Entwicklungen, Tendenzen, zu gesellschaftlichen Lösungen, also zu sozialistischen mit anderen Worten. Hier bahnen sich neue Dinge an. Das ist nicht nur eine deutsche Entwicklung, das ist in anderen Ländern auch so. Sie haben Strauß erwähnt. Ich habe ihn damals in München auch erwähnt. Strauß, der eine Anleihe vermittelt an die DDR. Und Sie müssen doch wissen, was der Strauß immer über die DDR gesagt hat. Das sind eigentlich Hoffnungsschimmer. Und so unsympathisch Ihnen, lieber Kollege Grass, der Strauß auch ist, auch mir ist er nicht gerade geheuer... (Lachen)

HEMMERECHTS: Sie sind bereit, mit dem Teufel zu paktieren, um das voranzubringen?

HEYM: Na, ich hab' Gott sei Dank nicht mit ihm zu paktieren (Lachen), aber ich weiß, daß es notwendig ist, in allen Dingen, die zum Frieden führen, auch mit Leuten zu reden, mit denen ich nicht so sehr übereinstimme wie mit Grass, sondern auch eben mit wirklichen Gegnern. Es geht um größere Dinge, es geht um Kopf und Kragen.

HEMMERECHTS: Welche Bedeutung würden Sie in diesem Prozeß der offiziösen DDR-Friedensbewegung und der Kirche beimessen?

HEYM: Das ist die – wie man so sagt – 64-Dollar-Frage...

HEMMERECHTS: Deswegen sind wir hier, nicht?

HEYM: Ja, lauter 64-Dollar-Fragen. Die offizielle Friedensbewegung ist ja an sich nichts Schlechtes. Unsere Regierung behauptet, sie sei für den Frieden, das ist sie sicher auch. Und alles, was sie tut, und all ihre Institutionen sind in diesem Sinne Friedensbewegungen, nicht? Das macht unseren Armeegeneral Hoffmann zum obersten Friedensengelchen (Lachen). Ich hoffe, er ist es, ich hoffe es wirklich, vielleicht kann man sich dazu durchmausern.

Aber ich bin doch der Meinung, daß auch unsere offizielle Friedensbewegung – das sind sehr solide Herren, die da ein Büro unterhalten und als offizielle Sprecher der DDR-Friedensbewegung auftreten – noch ein bißchen Druck von unten vertragen könnte. Und dieser Druck von unten entsteht natürlich bei uns, wie er auch im Westen in der Bundesrepublik entstanden ist und dort ganz große politische Folgen gehabt hat. Eine letzte Frage in diesem Zusammenhang: Wenn ich sage, was für ein Deutschland? Ja, soll das zum Beispiel ein Deutschland sein, das keine Wälder mehr hat? Soll das ein Deutschland sein, das völlig verkarstet ist? Ein Deutschland, in dem es sich gar nicht mehr zu leben lohnt? Das ist auch eine Frage, die eine Rolle spielt und die im Zusammenhang damit gesehen werden muß. Denn die Wälder gehen natürlich kaputt, weil im Sozialismus – ich war im Erzgebirge, ich möchte niemandem diese Ansicht zumuten. Ich bin über eine Brücke bei Bernburg gefahren, der ganze Fluß hat ausgesehen wie Rasierschaum. Aber Rasierschaum ist noch etwas Edles im Vergleich zu dem, was da herumgeschwommen ist. Also, die Wirtschaft im Sozialismus schafft ebensoviel Umweltdreck und Vernichtung – was sie nicht tun sollte, dafür haben wir den Sozialismus nicht – wie die Wirtschaft im Kapitalismus, und auch das muß weg, wenn wir ein gesundes Deutschland wollen, ein einheitliches eines Tages, das man mit Stolz seinen Kindern und Kindeskindern hinterlassen kann (Applaus).

HEMMERECHTS: Es ist mir aufgefallen, Günter Grass, daß das Thema, das hier angesprochen worden ist, auch in Ihren Betrachtungen einen immer breiteren Raum einnimmt. Stimmt es, daß Sie auch ein bißchen grüner geworden sind? (Lachen)

GRASS: Ich weiß nicht, ob das mit der Partei gleichzusetzen ist. Bevor es die Grünen als Partei gab, war es der Sozialdemokrat Erhard

Eppler, der versucht hat, ökologische Vorstellungen in die SPD hineinzutragen, und er ist an Helmut Schmidt gescheitert. Helmut Schmidt ist jetzt nicht mehr Kanzler und macht sehr viele Reisen ins Ausland, dadurch hat Eppler größere Chancen, diese Ideen, die dringlicher geworden sind und die mit meinen eigenen Ansichten übereinstimmen, weiter in die SPD hineinzutragen. Von daher bin ich eigentlich sehr früh für eine solche Entwicklung offen gewesen.

Ich glaube auch nicht, daß man das, was sich heute als Grüne formiert, nur auf den Bereich Ökologie begrenzen sollte, so wichtig der ist. Die Friedensbewegung hat, glaube ich, in alle Parteien hineingewirkt, aber bei den Grünen hat sie besonders stark etwas in Bewegung gesetzt, dessen Wirkung noch gar nicht abzuschätzen ist. Momentan sieht es nicht gut aus, weil Aktionen, die während der Zeit vor der Stationierung richtig waren, zum Beispiel Großdemonstrationen und Menschenketten, Dinge sind, die man nicht endlos wiederholen kann. Und es ist weder der Friedensbewegung noch den Grünen bisher gelungen, zu kontinuierlichen Formen politischer Veranstaltungen zu kommen, die gleichgewichtig und gleich wirkungsvoll sind wie Großaktionen. Es setzt dann eine gewisse Resignation ein, wenn man an einem der zurückliegenden Termine eben nicht mehr zweihunderttausend Menschen auf die Straßen und Plätze bringt, sondern nur sechzig- oder siebzigtausend, und das führt zu falschen Anstrengungen.

Was noch hinzukommt: Für viele Politiker ist – wie man so auf Neudeutsch sagt – dieses Thema »Stationierung« gebongt. Die Raketen sind nun da, und damit müssen wir leben. Und andere Probleme schieben sich in den Vordergrund. Probleme, die es vorher schon gab, das Wäldersterben zum Beispiel nimmt in einem rapiden Tempo zu. Junge Menschen, die sich engagieren wollen, wissen schon gar nicht mehr, worauf sie ihre kleine Kraft, die oftmals eine große ist, konzentrieren sollen. Themen wechseln ganz rasch, und in all das hinein, in diese übergreifenden Themen, die ja nicht nur deutsche Themen sind, weiß Gott nicht, kommt da nun unser hausgemachter Flick-Skandal, besetzt die Schlagzeilen und zeigt auf, wieviel Dreck es in dieser Bundesrepublik gibt. Wie wenig Anlaß wir haben, uns über Korruption in der dritten Welt zu entrüsten, wenn wir eine kräftige hausgemachte haben. Und ich glaube, daß sich ein Großteil der Politiker bis heute keine Vorstel-

lung macht, wie viele junge Menschen durch diesen Flick-Skandal von der parlamentarischen Demokratie abgestoßen werden, entfremdet werden durch einen politischen Terrorismus ohnegleichen. Vor sieben Jahren haben wir hier unter anderem über die Baader-Meinhof-Gruppe gesprochen. Sicher, das war eine Infragestellung der Bundesrepublik. Eine Vielzahl von falschen übertriebenen Gesetzen hat unseren Freiheitsraum eingeengt. Diese Rote-Armee-Fraktion, weil sie ohne Basis war und auch gar kein Ansatz für so etwas da war, ist in sich zerfallen und hat auch rückblickend keine ernsthafte Gefährdung für die Bundesrepublik bedeutet. Aber das, was jetzt geschieht, bringt mich dazu zu sagen, die *wahren* Terroristen, die tragen Nadelstreifen (Applaus), sitzen in Chefetagen und scheuen sich nicht, eine Flick-Politik fortzusetzen, die vor 1933 ihren Anfang nahm (Applaus). Das Auszahlen von Regierungen, von Politikern für einen bestimmten Zweck, das hat eine ungute Tradition, die sich in der Bundesrepublik fortsetzt. Ich zähle das auf, weil, so wichtig diese Arbeit des Untersuchungsausschusses ist, ja die anderen wichtigen Themen dadurch nicht vom Tisch sind.
Wenn ich heute nachmittag in unserem Gespräch sagte, die Vorwarnzeit habe sich auf ein und eine halbe Minute verkürzt, so ist das geschehen durch sogenannte Nachrüstung und sogenannte Nachnachrüstung. Wir ließen uns die Pershing II-Raketen aufschwatzen, in einer Bundestagsdebatte, in der es in den meisten Redebeiträgen der Regierungsseite gar nicht mehr um die Richtigkeit und Wichtigkeit dieser neuen Systeme ging, sondern um Nibelungentreue dem Verbündeten gegenüber.
Dann geschah das, was Honecker bedauert hat: Ihm wurden im eigenen Land – das gleiche trifft auf die ČSSR zu – SS 20-Systeme stationiert, die jetzt in kürzester Zeit, nämlich in eineinhalb Minuten, die jeweiligen Stationierungsorte der Pershing II erreichen können. Auf diesem Pulverfaß leben wir, und das hört ja nicht an der deutsch-deutschen Grenze auf, das betrifft meiner Meinung nach Gesamteuropa. Nur ist dieses Thema verdrängt worden durch viele gleichzeitige Skandale wie eben den Flick-Skandal oder durch katastrophale Entwicklungen, die für sich genommen genauso gravierend sind wie das Wettrüsten und die Gefahr eines Atomkrieges, den weder die eine noch die andere Seite will, das setze ich einmal voraus.
Es ist die Umweltverschmutzung, das Sterben der Wälder, es ist

aber auch gleichzeitig die zunehmende Verelendung der dritten Welt, die kaum noch wahrgenommen wird, es sei denn, es kommt zu einer größeren Hungerkatastrophe wie zur Zeit in Äthiopien. Das macht eine Zeitlang Schlagzeilen, und dann werden diese Schlagzeilen wieder durch andere verdrängt. Aber der gesamte Prozeß, die Auspowerung der dritten Welt, die Gründe, warum es in Ländern, die sich noch vor zehn, fünfzehn Jahren selbst ernähren konnten, heute nicht mehr reicht, die werden kaum noch untersucht. In irgendwelchen Fachblättern kann man das lesen, daß wir hier – ich meine, das ist ein vergleichbarer Wahnsinn zum Rüstungswahnsinn – mit unserer Überproduktion an Rindfleisch, Schweinefleisch, Butter und Milch auch noch die afrikanischen Länder im Sahelbereich gezwungen haben, Futtermittel für Mitteleuropa anzubauen und dadurch die eigenen Feldfrüchte zu verdrängen, die noch vor zehn Jahren zur Eigenernährung beigetragen haben. Das sind die Dinge, die gleichzeitig auf einen jungen Menschen einstürmen – auf jeden von uns, aber auf einen jungen Menschen besonders –, und da steht er vor der Frage: »Wo kann ich mich engagieren?« Vorgestern tat er es, da hatte er noch die Hoffnung, es kommt nicht zur Stationierung der Pershing II-Raketen; die sind jetzt da, das ist kein Thema mehr, das ist gebongt, im Politikerjargon. Und jetzt kommen die anderen Themen, und er ist hin und her gerissen, bis er sich eines Tages abwenden wird, resigniert oder zynisch wird. Diese Entwicklung hatten wir schon mehrmals. Es wird also auch darauf ankommen, daß es uns, der älteren Generation, vielleicht gelingt, neben der bloßen Protestform, den großen Demonstrationen, den symbolischen Ketten durchs Land, eine politische Arbeit zu ermöglichen, die Zeit braucht. Und da bin ich bei meinen eigentlichen Zweifeln angelangt.
(Zu Hemmerechts) Sie haben mich vorhin gefragt, ob die Schnecke noch mein Wappentier sei. Ich wünschte, ich könnte das so bejahen, denn nach meiner Erfahrung hat es Veränderungen immer nur langsam gegeben, gewisse Schübe, und dann brauchte es auch nach Revolutionen ungeheure Zeit, bis sich Dinge gefestigt haben. In manchen Bereichen Deutschlands und vielleicht auch anderer europäischer Länder ist die europäische Aufklärung bis heute nicht angekommen, so lange dauert es gelegentlich. Ich wünschte, ich könnte das nach wie vor sagen, aber all diese Katastrophen, die ich aufgezeigt habe, die Gefahr einer atomaren Selbstvernichtung, die

Zerstörung der Umwelt, der Natur, und die Verelendung der dritten Welt sind Dinge, denen im Schneckentempo nicht mehr beizukommen ist.

Es kommt noch ein Viertes hinzu: Die technische Entwicklung hat sich so selbständig gemacht, ist uns so entlaufen, daß wir nicht mehr nachkommen. Wir beginnen, Verantwortung an Apparate zu delegieren. Was das für Auswirkungen hat, bis in die Ethik der verschiedensten Kulturen hinein, kann man sich gar nicht ausmalen. Ich glaube, das ist eine Problematik insgesamt, in der unsere deutschen Schwierigkeiten – das sollten wir auch sehen – marginal sind. Und sie wären noch marginaler, hätten wir eben nicht diesen Platz in der Mitte Europas und damit die Verpflichtung, hier für Entspannung zu sorgen, um zumindest die Gefahr der atomaren Vernichtung zu vermindern.

HEMMERECHTS: Es ist immer die Rede bei Ihnen von der Entspannung im Herzen Europas. Aber dann müßten die Alliierten im eigenen Lager wenigstens bereit sein mitzuziehen. Und wenn ich die Szene in Paris und London betrachte, habe ich nicht den Eindruck, daß man dort bereit ist, Ihnen in dieser Beziehung Schützenhilfe angedeihen zu lassen.

GRASS: Ich glaube, daß man in der Friedensbewegung schon ganz froh war, in Holland eine gewisse Unterstützung zu erfahren, was die Stationierung von Cruise-Missiles betrifft, nämlich durch das Aussetzen dieser Entscheidung. Und wenn gleiches in Belgien möglich wäre, wäre das schon ein Schritt vorwärts. Enttäuschend ist natürlich, daß in Frankreich ausgerechnet unter einer sozialistischen Regierung im militärischen Bereich ein ausgesprochener Chauvinismus betrieben wird. Und ich weiß nicht, was das Wort deutsch-französische Freundschaft soll, wenn man von französischer Seite ganz nackt und offen die Bundesrepublik als eine Art militärisches Vorfeld ansieht. Ich stelle diese Frage auch meinen französischen Freunden, und da hat sich ja merkwürdigerweise die Philosophie – wenn das Voltaire wüßte – in eine Richtung entwickelt, die Grausen erregt, jedenfalls bei mir.

HEMMERECHTS: Sie denken an Lévy und andere.

GRASS: Ja, sicher, an eine ganze Reihe.

HEMMERECHTS: Das ist an sich ein sehr finsteres Bild.

GRASS: Sicher, das ist ein finsteres Bild.

HEMMERECHTS: (Zu Stefan Heym) Und von Ihrer Warte aus?

HEYM: Ich bin dem Günter Grass sehr dankbar, daß er diesen Rundblick hier gegeben hat über die sehr schwierige Situation, in der wir uns auf jedem Gebiet befinden, und daß er auch die deutsche Frage in ihre eigentliche Proportion gesetzt hat. Sie ist nur eine von vielen Fragen, die in der Welt von Wichtigkeit sind. Und daraus hervorgehend: Sie wird überhaupt nur lösbar sein, wenn es in der Welt Entwicklungen geben wird, die diese Lösung ermöglichen und fördern. Und dazu gehört in erster Linie natürlich eine Verständigung der beiden großen Blöcke, der Führungsmächte, wie es so schön heißt, oder der Großreiche. Denn es ist ja so, sehen Sie, auch diese Großreiche werden nicht immer bestehen. Es gibt kein Großreich in der Weltgeschichte, das sich nicht eines Tages selber auflöste, entweder von allein oder unter dem Druck von anderen. Aber das sind natürlich Entwicklungen, die über Jahrhunderte gehen können, und so lange möchte ich doch nicht warten. Inzwischen müßte man versuchen zu erreichen – und auch da könnten die beiden Deutschland natürlich eine große Rolle spielen –, daß es zwischen Washington und Moskau zu gewissen Übereinkünften kommt, besonders über Europa. Und erst wenn das geschieht, können wir uns ernsthaft mit der Frage befassen: Deutschland, Deutschland – Berlin, Berlin. Und deshalb möchte ich noch einmal sagen, wie gut es ist, daß Günter Grass uns hier dies alles, was uns belastet, so präzise und deutlich gezeigt hat.

GRASS: Aber, Stefan Heym, sind Sie nicht auch der Meinung, daß es möglich sein müßte, trotz des begrenzten Spielraums, den die beiden deutschen Staaten haben, mal als Verbündete, mal als Satelliten der einen wie der anderen Großmacht – das Wort Satellit benutze ich auch im Verhältnis zur Bundesrepublik –, mehr zu wagen und mehr zu versuchen? Es hat ja doch der von mir vorhin kritisierte Helmut Schmidt immerhin den Mut besessen, bei seinen Auftritten in den Vereinigten Staaten die deutsch-deutschen Interessen darzulegen. Und ich glaube auch, vielleicht täusche ich mich, daß mit Honecker in der DDR ein Politiker Verantwortung trägt, der ähnliches bis zur äußersten Grenze versucht. Leider kann ich solches von unserem jetzigen Bundeskanzler nicht sagen. Da ist man immer schon froh, wenn er nach Hause kommt, ohne großen Schaden angerichtet zu haben (Applaus).

HEYM: Ich habe vorhin schon gesagt, wie wichtig die Rolle der beiden deutschen Staaten in dem Prozeß sein kann, eine – sagen wir einmal –

nicht Annäherung, aber eine Verständigung herzustellen zwischen den beiden Großmächten. Das ist absolut notwendig. Ich kann Ihnen keine präzisen Angaben darüber machen, weil ich zu diesen Kreisen keinen Zutritt habe, was Honecker irgendwo und irgendwann in Moskau gesagt hat und wie er gesprochen hat über die deutschen Interessen und die DDR-Interessen; aber ich bin überzeugt, daß er ein Mann ist, der so etwas tut, natürlich immer im Bewußtsein der Grenzen, die ihm selber gesetzt sind, einmal als Chef eines abhängigen Staates und zum zweiten als Parteikommunist, der ja auch auf seiner Ebene verpflichtet ist zur Disziplin, wenn Sie wissen, was das bedeutet.

Natürlich wäre es gut gewesen, wenn Honecker trotz aller Hindernisse – ich benutze das Wort Hindernisse, weil es mir als das neutralste erscheint – nach Westdeutschland gefahren wäre. Er hätte dort, weil er auch Zutritt zu den Medien gehabt hätte, sehr vieles bewirken können. Und ich bedaure, daß er das nicht getan hat; er wird seine Gründe gehabt haben, das sind ja auch Machtfragen. Das beweist aber nicht, daß es nicht möglich wäre, zwischen den beiden deutschen Staaten Vorgänge ins Leben zu rufen, die im Sinne des Friedens und der Annäherung der beiden Lager eine Rolle spielen könnten. Und sie haben natürlich recht, Herr Kohl könnte dazu erheblich mehr beitragen. Wenn er zum Beispiel damals dem Dregger über den Mund gefahren wäre, als der sagte, es hinge ja die Welt nicht davon ab, ob Honecker in die Bundesrepublik käme. Wenn man das einem erwarteten Gast sagt, ist das natürlich eine Frechheit, und Kohl wäre verpflichtet gewesen, den Dregger zu korrigieren. Er hat das nicht getan, hat dadurch den Vorwand für eine Ablehnung geliefert, die sicher nicht allein diesen Grund hatte.

HEMMERECHTS: Günter Grass, hat sich diese schöne Harmonie zwischen den beiden deutschen Schriftstellern, wie wir sie hier heute abend erleben, bei ähnlichen Begegnungen immer eingestellt, oder hat es vielleicht hier und da auch Mißklänge gegeben? Es haben ja noch andere Leute am Tisch gesessen, nicht nur Stefan Heym, Leute wie Hermann Kant, Stephan Hermlin und so weiter.

GRASS: Sie sprechen jetzt von den beiden Begegnungen, die es in Ost- und West-Berlin gegeben hat, und in erster Linie von dem ersten Treffen. Das Neue daran war ja, daß da nicht Westschriftsteller mit ihren vielen verschiedenen Meinungen auf der einen Seiten saßen und – so wie man es zu wissen glaubte – Ostschriftsteller als geschlossener Block auf der anderen. Auf einmal waren dort innerhalb des Ostlagers verschiedene Meinungen und Einschätzungen. Da waren Autoren darunter, die noch vor zwei, drei Jahren Gründe hatten, die DDR zu verlassen, in West-Berlin lebten und zu dem Treffen gekommen waren...

HEMMERECHTS: Thomas Brasch, Günter Kunert...

GRASS: ...Jurek Becker, Sarah Kirsch zum Beispiel. Da waren Autoren darunter, die innerhalb der DDR einen kritischen Standpunkt einnahmen, Günter de Bruyn, Stefan Heym und andere. Da gab es dann wieder einen abgesetzten Standpunkt von Hermlin, der in der politischen Beurteilung der drohenden Stationierung von Mittelstreckenraketen mit vielen übereinstimmte, aber was die Menschenrechte betraf, meinte, das könne nicht gleichzeitig verhandelt werden. Es gab sogar im Lager der Linientreuen – ich nenne sie einmal so – doch zumindest einen Niveau-Unterschied zwischen Kant und seinen Gefolgsleuten, also verschiedenen Gruppierungen.

Und im Bereich der westlichen Autoren natürlich genauso; auch dort gibt es Freunde, Schriftsteller, mit denen ich mich streite, Hartmut Lange zum Beispiel, der sagt, das gehe alles nur, wenn wir aus der NATO austräten und selbstverständlich die DDR aus dem Warschauer Pakt. Ich weiß gar nicht einmal, ob das ein schöner Traum ist, und wenn es einer ist, er läßt sich nicht realisieren. Das sind in der Regel jüngere Kollegen. Ich kann dann nur daran erinnern, daß wir einen *Krieg* verloren und daran zu tragen haben und in Bündnissen sind, die wir eingegangen sind. Über diese Entwicklung sprachen wir hier zu Beginn, und das einzige, was man versuchen kann, ist, die beiden Bündnisse in ihrer Qualität zu ändern. Da gibt es eine Menge Ansatzpunkte.

Ich beginne bei dem, was die NATO zur Zeit unglaubwürdig macht. Sie ist – zu Recht oder zu Unrecht – in den sechziger und siebziger Jahren von dem westlichen Konzept der gleichen Stärke von System zu System ausgegangen und darauf basierend von der Wirkung der Abschreckung. Seit einigen Jahren verfolgen die Vereinigten Staaten eine Politik, die sich vorgenommen hat, stärker zu werden als der Ostblock. Sie machen ungeheure Anstrengungen und haben das auch zum Teil schon erreicht. Es gibt mehr und mehr Militärs und mittlerweile auch US-Papiere, Heeresdienstverordnungen, die von einem führbaren und gewinnbaren Atomkrieg ausgehen. Beides sind Dinge, die dem NATO-Konzept widersprechen, die natürlich auch der Bundeswehr widersprechen, die in die NATO eingebunden ist. Wir haben nun, seitdem Adenauer seine Bundeswehr durchgesetzt hatte, im Grundgesetz einen Artikel, der dieser Bundeswehr ausschließlich Verteidigungsaufgaben zuschreibt und ihr verbietet, sich an Dingen zu beteiligen, die einen Krieg ermöglichen könnten. Alles, was zur Zeit läuft in dieser Richtung, widerspricht der NATO-Auffassung und gleichzeitig unserem Grundgesetzartikel. Deshalb ist den jungen Soldaten Dienst in der Bundeswehr derzeit nicht zuzumuten. Das hat zur »Heilbronner Erklärung« geführt, bei der leider Autoren aus der DDR nicht dabeisein konnten aus den verschiedensten Gründen. Ich stehe nach wie vor zu diesem Text, der vor etwa einem Jahr verabschiedet wurde und der dann, in vielen Medien mißinterpretiert, falsch zitiert oder unzulänglich zitiert, Furore gemacht hat. Es handelt sich hier nicht um eine Beleidigung der Bundeswehr, gar des einzelnen Soldaten, sondern um den Versuch, ihn vor Mißbrauch zu schützen.

Wir müssen uns das auch mal in der Praxis vorstellen. Im Grunde müssen wir uns vorwerfen, daß wir nicht früher aufgeschrien haben, als die taktischen Atomwaffen in der Bundesrepublik stationiert wurden. Auch das sind schon Waffensysteme, schlimm genug, atomarer Art. Außerdem werden sie zwar teilweise von deutschen Bedienungsmannschaften versorgt, aber die Befehlsgewalt liegt ausschließlich auf amerikanischer Seite. Auch das sind Dinge, die eigentlich dem Verständnis der Bundeswehr und auch dem Grundgesetzartikel widersprechen. Um so schlimmer ist es jetzt mit den Pershing II-Raketen, die auf einen Daumendruck reagieren, den wir nicht einmal im Ansatz beeinflussen können. Dies bewußtzumachen, war der Versuch von Heilbronn. Und ich bin darauf gekommen, weil es unter den Schriftstellern zu Pershing II-Raketen und zur Aufrüstung mit SS 20-Raketen, die ich genauso verurteile, gemeinsam mitverurteilte, doch in der politischen Einschätzung oft verschiedene Meinungen gab. Ganz aus der NATO raus können wir meiner Ansicht nach nicht, wir können die Bündnisse nicht einfach ignorieren, sie sind da, sie sind gewachsen, ob wir es wollen oder nicht...

HEYM: Die ganze Frage, die dort zu den Verschiedenheiten geführt

hat, war ja nicht, daß man für den Frieden ist und gegen Atomwaffen, sondern die Frage, die Sie als die Frage der Menschenrechte bezeichnen. Und wenn Hermlin sagt, man kann nicht alles gleichzeitig haben, so hat er in einem gewissen Maße ja recht. Er hat recht, wenn er sich beschränkt hat auf die Frage Atomwaffen, auch sowjetische, das ist schon sehr viel. Aber gleichzeitig muß man auch erkennen, was diese Tagungen bedeutet haben für die Entwicklung der Menschenrechte, des Rechts der freien Rede in der DDR. Denn hier war ja, und darüber müssen sich doch die führenden Leute der DDR klar gewesen sein, zum erstenmal die Gelegenheit, daß nicht nur Schriftsteller aus dem Westen, sondern auch aus dem Osten frei öffentlich reden und die Haltung der Regierung und der Sowjetunion und so weiter kritisieren konnten. So etwas hat es vorher in der DDR nicht gegeben, und ich weiß nicht, in welchem anderen Land des real existierenden Sozialismus es so etwas gegeben hat. Und das ist ja einmal abgedeckt worden von jemandem, nicht? Das müssen wir dankend anerkennen.
Und da gab es die Frage nach den Atomwaffen auf DDR-Boden. Ich erinnere mich, daß ich damals gesagt hatte, also die Atomwaffen müssen raus, auch und gerade aus der DDR. Und da stand der sowjetische Vertreter auf, ein Militärschriftsteller, Professor Projektor, er heißt so, ich habe das nicht erfunden, und erklärte, es gäbe keine Atomraketen der Sowjetunion auf DDR-Boden. Was ein bißchen Gelächter hervorrief. Ich ging dann in der Pause zu ihm und sagte: »Hören Sie zu, Genosse Projektor, wie sehen Sie denn die Sache nun wirklich, Sie haben doch die Raketen hier stehen. Was fahren wir denn am 1. Mai und im Oktober eigentlich auf der Karl-Marx-Allee spazieren, wenn das nicht Raketen sind?« – »Ja, aber ohne Atomsprengköpfe.« Die Atomsprengköpfe, sagte er, das ist sowjetische Militärdoktrin, bleiben, bis sie gebraucht werden, auf sowjetischem Territorium; Sie haben die Raketen, und die dürfen Sie spazierenfahren. Und er sagte, im übrigen brauchen wir ja nicht einmal Raketen. Sie können jede einigermaßen große Artilleriegranate mit einem Atomsprengkopf versehen – auch das wußte ich. Aber jetzt, und das ist die Veränderung, jetzt, nachdem die Pershing-Raketen dastehen, hat sich diese Lage verändert, und die Atomsprengköpfe sind jetzt auch auf den Raketen, die in der DDR stehen. Und das ist das Katastrophale. Aber darüber haben wir schon geredet.

HEMMERECHTS: Wenn ich noch einmal auf Honecker zurückkommen darf. Die »New York Times« hat im Herbst behauptet, daß es Moskau nicht gelingen werde, diesen Prozeß der gegenseitigen Annäherung aufzuhalten, weil nämlich die DDR daran interessiert sei, und zwar aus zwei Gründen: Es wäre sowohl im Interesse der inneren Stabilität der DDR als auch für den Wohlstand der Bevölkerung unabdingbar. Sie seien in der DDR davon abhängig, weil diese Verbindung mit der BRD sehr gewinnbringend sei. Immer wieder das wirtschaftliche Motiv, diese Klammer, Swing, Europäische Wirtschaftsgemeinschaft und so weiter. (Zu Stefan Heym) Glauben Sie, daß der Prozeß weitergeht, daß er nicht abgebremst werden kann von Moskau aus, daß er ein Eigengewicht, eine Eigengesetzlichkeit entwickelt hat?

HEYM: Also im Interesse von Moskau ist alles, was der Sowjetunion nützt, nicht? Das ist klar. Und es nützt natürlich der Sowjetunion, wenn die Wirtschaft der DDR Dinge produzieren kann, die man in der Sowjetunion braucht und die unsere Wirtschaft produzieren kann mit Hilfe von westdeutschem oder amerikanischem Know-how, mit Hilfe von westdeutschem Material. Wir werden jetzt ein Werk bauen für Volkswagenmotoren, zum einen für Volkswagen und zum anderen für Wartburgwagen. Das nützt natürlich der DDR, und diese Zusammenarbeit ist sehr gut. Ich bin dafür, und je mehr solcher Motoren, desto besser.

Aber es gibt natürlich nicht immer die Situation, wo solche Vorteile überwiegen. Und wenn es im Interesse von Moskau ist, abzuschotten und diese Entwicklung zumindest zeitweise zu stoppen, dann werden sie es durchaus tun. Es ist doch interessant, daß vor etwas mehr als zehn Jahren diese Öffnung auch und gerade auf wirtschaftlichem Gebiet im Interesse der Sowjetunion lag und daß man sie auch bei uns durchführen sollte und daß sich der Genosse Ulbricht dagegen gesperrt hat, was dann einer der Gründe dafür war, daß er gehen mußte. Er hat gesehen, daß das Gefahren mit sich bringt, er ist ja kein Dummkopf gewesen. In jeder Annäherung von einander entgegengesetzten Systemen besteht die Gefahr der Infektion, wenn man es so nennen darf. Und man muß dann eben abschätzen, was vorteilhafter ist, diese Infektion zu verhüten oder vielleicht eben Volkswagenmotoren bauen zu können.

HEMMERECHTS: Daher wird immer gleichzeitig die Parole Abgrenzung ausgegeben.

HEYM: Das ist richtig, aber es gibt ja auch wechselhafte Entscheidungen. Zum Beispiel die Entscheidung, daß der Genosse Honecker nicht nach Westdeutschland fahren sollte, ist ja die gegenteilige von der vor dreizehn Jahren, als der Genosse Honecker an die Macht kam. Das sind Dinge, die man sehen muß, mit denen man sich abfinden muß, das ist eben die Machtfrage, die ich ja vorhin schon erwähnt habe. Und dennoch hat die »New York Times«, die Sie zitiert haben, recht: Auf die Dauer, und da sind wir wieder am Anfang unserer Unterhaltung, auf die Dauer läßt sich die nationale Frage – und ich nenne das jetzt eine nationale Frage, weil es ja nicht nur eine deutsche Frage ist – nicht unter den Teppich kehren. Sie ist da, man muß sich mit ihr auseinandersetzen. Die Tschechen waren dreihundert Jahre – vom Jahre 1618 an – eine Nation, aber kein Staat. Die Polen waren wer weiß wie lange kein Staat und so weiter und so fort. Diese Fragen werden aber eine Rolle spielen, und wer sich ihnen gegenüber blind stellt, macht einfach schlechte Politik. Und wenn in Moskau eine solche Politik gemacht wird, dann ist sie auch schlecht. Aber ich glaube nicht, daß man sich in Moskau diese Frage nicht auch vorlegt.

Natürlich wird es irgendwann zur Lösung dieser Frage kommen, und dann wird es eben ein wiedervereintes Deutschland mit gewissen Charakteristika geben, die wir heute noch nicht bestimmen können, die die Zeit ergeben wird, aber auf die wir vielleicht gemeinsam, ich meine im Westen und im Osten...

HEMMERECHTS: Im größeren Maßstab.

HEYM: ...und vielleicht nicht nur ein paar Schriftstellerkollegen, einen gewissen Einfluß nehmen können.

HEMMERECHTS: (Zu Grass) Und Ihre Antwort auf diese Gretchenfrage: Wird diese Entwicklung jetzt abgebremst oder läuft sie weiter, trotz der Septemberereignisse?

GRASS: Es gibt eine immer größere Schicht, besonders in der jungen Generation, die Fragen stellt. Es ist nicht einfach für einen jungen Menschen, in einem Land zu leben, das sich selbst nicht definieren kann. Ich führe ihn einmal auf Reisen, er macht eine Reise durch West- oder Osteuropa, er trifft Leute seines Alters, und die meisten dieser neugewonnenen Freunde sind in einem Gespräch durchaus in der Lage, mit zwei, drei Sätzen klarzumachen, zu welchem Land sie gehören, was sie daran aussetzen, was sie mögen etc. Es ist etwas Selbstverständliches für sie. Die Deutschen werden dann immer ins

Stottern geraten, sie haben Schwierigkeiten, sich selbst zu definieren, und dadurch entsteht das von mir gefürchtete Vakuum, wenn man es politisch nicht behandelt.

HEMMERECHTS: Diese Verklemmungen...

GRASS: Und wenn wir jetzt von Möglichkeiten sprechen, möchte ich eigentlich das Wort Wiedervereinigung vermeiden, weil es ja einschließt, daß etwas geschieht, was es schon einmal gegeben hat. Und ein politisch wiedervereinigtes Deutschland, einmal abgesehen von den Grenzen von 1937, aber auch selbst ohne diese Grenzen, halte ich nicht für wünschenswert. Es würde wieder, selbst wenn es keine Bedrohung sein wollte, so aufgefaßt werden und unter entsprechendem Druck und entsprechender Beobachtung stehen.

Wenn wir aber von einer Föderation sprechen würden in der Mitte Europas und damit auch die Möglichkeit hätten, innerhalb eines föderierten Europas eine Variante zu bilden, gäbe ich diesem Modell mehr Zukunft. Dieses föderierte Verhältnis zwischen den beiden deutschen Staaten würde auch ein Verhältnis zum Beispiel zu Österreich erlauben, das nichts an dem Zustand Österreichs ändert. Vielleicht kommen wir verspätet auf die Idee zu sagen, na, so schlecht beraten waren die Österreicher nicht...

HEMMERECHTS: Mit dem Staatsvertrag...

GRASS: ...mit ihrem Staatsvertrag; vielleicht sollten wir etwas nicht Ähnliches, etwas Vergleichbares, spät aber dennoch versuchen. Ich habe keine Angst vor dem Wort »Finnlandisierung«, ich habe vor diesem finnischen Volk einen ungeheuren Respekt und finde es schäbig, wenn gerade in der Bundesrepublik das Wort »Finnlandisierung« als Schimpfwort benutzt wird, als diffamierendes Wort, der will »finnlandisieren«. Dieses kleine Land mit einer sehr langen Grenze zur Sowjetunion hat seine Selbständigkeit bewahrt und legt eine Demokratie an den Tag, tagtäglich, von der sich manche Demokraten in der Bundesrepublik eine Scheibe abschneiden könnten. Mit anderen Worten: Man muß, glaube ich, von alten Vorschlägen ausgehen, beim Rapacki-Plan angefangen bis zum Palme-Plan, das atomwaffenfreie Europa, das sich immer wieder erweitern ließe, und für Deutschland eine Lösung erarbeiten, die kann man nicht einfach vorschlagen, in der – meiner Meinung nach – auf der vorhandenen Grundlage der Kultur ein Nationbegriff geschaffen wird, der die politische Einheit nicht mehr nötig hat. Der durchaus auch im Sinne eines Wandels durch Annäherung – nennen wir es einmal so, wie Egon Bahr es genannt hat – die Föderation zweier deutscher Staaten erlaubte, die mittlerweile auch ihre eigene Geschichte haben, die wir auch nicht wegstreichen können, auch wenn sie kurz ist. Aber die andere Geschichte ist länger, und sie könnte dann auch die Grundlage der beiden Staaten im Verhältnis zueinander sein.

Also, um es zusammenzufassen: nicht Wiedervereinigung, weil das sofort zu Recht Befürchtungen erweckt, falsche Inhalte provoziert, aber doch Föderation der deutschen Staaten und deutschen Länder. Das wäre eine Möglichkeit, die für die Deutschen befriedigend sein könnte und unseren Nachbarn keine Angst machen müßte.

HEMMERECHTS: (Zu Stefan Heym) Wären Sie damit einverstanden?

HEYM: Ich freue mich, daß wir durch diesen letzten Beitrag von Günter Grass zu der Diskussion gekommen sind, die ich eigentlich schon seit einer Stunde vorgeschlagen habe, nämlich wie dieses Deutschland aussehen soll. Hier ist eine Möglichkeit angegeben, die ich übrigens für eine sehr gute halte und die – jetzt, bitte, lachen Sie nicht und werten Sie damit den Grass'schen Vorschlag nicht ab – von Ulbricht stammt. Der Genosse Ulbricht hat zuerst von der Föderation gesprochen, schon vor vielen, vielen Jahren, und es ist damals abgetan worden; wie sollte der etwas sagen, was für uns Gültigkeit hat. Vielleicht hat es damals auch gar keine Möglichkeit dafür gegeben, und Ulbricht hat es in die Diskussion geworfen, wie er es oft getan hat; wenn er es aufgreift, dann weiß er, es ist verloren, und darum macht er es, nicht? Er war ein sehr listiger Politiker.

GRASS: Wie Adenauer...

HEYM: Ja, die beiden haben sich sehr gut auf dem Gebiet ergänzt.

HEMMERECHTS: Zwei Füchse...

HEYM: Ja, und es ist vielleicht auch einmal gut, wenn Deutschland zwei gescheite Köpfe zugleich hat, auch wenn sie nicht immer die richtige Politik gemacht haben; das nebenbei. Ich meine, was Günter Grass vorgeschlagen hat, ist durchaus diskussionswürdig, und man sollte diese Diskussion, die dadurch angeregt worden ist, nicht abbrechen lassen – ich meine nicht heute abend, irgendwann müssen wir nach Hause –, sie sollte weitergeführt werden an anderem Orte und nicht unbedingt nur von Schriftstellern.

Das ist ja überhaupt das Komische, daß die Schriftsteller in dieser

Zeit in Westdeutschland wie bei uns immer dazu aufgerufen werden, irgend etwas zu vertreten und plötzlich zu Leitfiguren werden, die wir gar nicht sein wollen oder sein können. Ich wünschte, daß uns die Politiker, die eigentlich dafür bezahlt werden, die Aufgabe abnähmen, einmal über neue Entwicklungen nachzudenken, einmal über Grundsätzliches nachzudenken und das auch in der Öffentlichkeit zu sagen, anstatt sich immer nur opportunistisch von einem Tag auf den anderen durchzuwinden. Das wäre vielleicht eine Sache. Nicht, daß wir uns deshalb aus dem öffentlichen Leben zurückziehen sollten, aber man soll nicht mehr von uns fordern, als wir liefern können.

HEMMERECHTS: Diese Lösung käme eigentlich einem radikalen Neuanfang gleich, und ich nehme an, daß dies auch Rückwirkungen bis nach Osteuropa hinein hätte...

HEYM: Aber sicher.

HEMMERECHTS: ...daß dort eine Entkrampfung möglich würde.

HEYM: Es ist ja heute so, daß alles, was Leute wie Günter Grass und ich und andere sagen, die Öffentlichkeit erreicht. In diesem Zeitalter des Fernsehens und so weiter sind wir eigentlich zurückgekehrt in die Zeit der griechischen Agora, wo man auf dem Marktplatz stand, und die Leute haben einem zugehört, und dann wurde darüber debattiert. Das Fernsehen ist nichts anderes als eine unheimlich vergrößerte Agora, auf der wir heute gesprochen haben. Und ich meine, daß die Anregung, die Günter Grass jetzt gegeben hat, vielleicht aufgegriffen wird, jedenfalls sollte sie das. Man müßte darüber reden. Ob man es ablehnt oder nicht, ist eine andere Frage, aber man soll es nicht unter den Teppich kehren.

GRASS: Es kommt noch eins hinzu: Es klingt jetzt so, als sei das so eine Idee von mir, die ich nun wiederholt geäußert habe, aber ich sehe mich da in Tradition, ich sehe uns beide auch in Tradition. Die deutschen Schriftsteller der Aufklärung befanden sich zu ihren Landesfürsten ja nicht nur aus Gründen der Aufklärung im Gegensatz, sondern auch als Patrioten. Das patriotisch aufgeklärte Verständnis von Deutschland ging zum Beispiel auf Kultur und auf eine gewisse Einigkeit aus und widersprach dem Separatismuswunsch der Landesfürsten. Diese Tradition hat angehalten, sie geht über Lessing und Heine, ja bis hin zu Biermann, der mir in seiner Zeit in der Chausseestraße, wenn ich ihn gelegentlich besuchte, wie ein direkter Nachfahre genau dieser Richtung vorkam. Und so ist es mir auch ergangen bei den Gesprächen, die wir in den siebziger Jahren in Ost-Berlin geführt haben. Einige Autoren aus West-Berlin fuhren so alle sechs, acht Wochen dorthin, wir trafen uns dann in wechselnden Privatwohnungen, lasen uns aus Manuskripten vor und führten unter anderem Gespräche über die unterschiedliche Entwicklung der Lyrik in beiden deutschen Staaten und über das, was die Manuskripte hergaben oder nicht, mit harter Kritik zum Teil.

Sicher, es stimmt, daß wir kein geschriebenes Mandat haben, uns in politischer Sache wie Wortführer aufzuführen. Aber es stimmt auch, daß wir als Autoren in Deutschland Erfahrungen gemacht haben, und es waren immer zuallererst die Autoren, die außer Landes getrieben wurden, die Schriftsteller. Das waren auch in der Regel Autoren, die sehr früh Entwicklungen zum Schlimmen vorausgesagt haben und denen niemand zugehört hat. Wie gut wäre es gewesen, wenn sich die Linke auf den Kandidaten Heinrich Mann geeinigt hätte, wenn es nicht zur Wiederwahl von Hindenburg gekommen wäre. Bei der zweiten Wahl Hindenburgs gab es dann leider keine Einigung. Ich weiß nicht – es ist auch hypothetisch, was man jetzt sagt –, ob das genug gewesen wäre, um Hitler aufzuhalten, wahrscheinlich nicht. Aber es wäre etwas anderes gewesen als das, was dann unter Hindenburg in seiner zweiten Periode lief.

Und vielleicht noch eine kleine Korrektur: Aufgrund der Teilung Europas reden wir immer so gerne von West- und Osteuropa, am liebsten reden wir von Europa und meinen nur Westeuropa und machen uns – glaube ich – keine Vorstellungen davon, wie bitter das in der Tschechoslowakei, in Ungarn, in Polen aufgenommen wird.

HEYM: Auch in der Sowjetunion.

GRASS: Auch in der Sowjetunion, natürlich. Auch das ist Europa und gehört dazu. Und in Prag versteht man sich nicht in Osteuropa, nach wie vor nicht, sondern in Mitteleuropa. Vielleicht ist das in einer Stadt wie Brüssel ganz nützlich zu sagen (Applaus).

HEMMERECHTS: Meine Damen und Herren, liebe Freunde, die Zeit vergeht schnell, und ich möchte abschließend die Frage an meine Gesprächspartner richten, ob sie die Gelegenheit nutzen möchten, von Brüssel aus, immerhin der provisorischen Hauptstadt eines Teileuropas, ein paar abschließende Worte an die belgische Nation zu halten (Lachen). Und da würde ich Sie einladen, Stefan Heym, als lieber Gast aus der DDR das Schlußwort zu sprechen.

GRASS: Ich habe mich ja als ein Freund der Vielfalt und des Föderalismus gerade in Sachen Kultur ausgesprochen, und ich frage mich, warum die Belgier ihre Sprach- und Kulturvielfalt nicht als ein Positivum begreifen, anstatt sich dauernd deswegen zu streiten (starker Applaus). Ich glaube, daß Belgien ärmer wäre, wenn es nur flämisch oder nur wallonisch wäre, genau wie wir in Deutschland ärmer wären, wenn wir nur sächsisch oder bayerisch wären (Lachen, Applaus).

HEYM: Ich war das erste Mal in Belgien während des Krieges 1944. Ich bin dabeigewesen, als der südliche Teil von Belgien befreit wurde, als die Nazis zurückgetrieben wurden von den Amerikanern. Ich war in mehreren belgischen Städten, bevor ich dann nach Aachen ging, die erste eroberte deutsche Stadt. Ich muß sagen, daß ich damals unter den Belgiern, mit denen ich Kontakt hatte, viele Freunde gefunden habe, die ich heute noch in guter Erinnerung habe. Und ich möchte hoffen, daß wir heute, Grass und ich, wieder unter den Belgiern Freunde gefunden haben und daß diese Freunde bleiben werden (lang anhaltender Beifall).

Zum geteilten Deutschland

Interview mit Hans Willauer, »Südkurier«

FEBRUAR 1985

SÜDKURIER: Als der Krieg am 8. Mai 1945 zu Ende ging, waren Sie amerikanischer Offizier. Welche Empfindungen hatten Sie damals?

STEFAN HEYM: Die Empfindungen waren natürlich ziemlich kompliziert. Man hat zu jeder Zeit im Leben nicht immer nur eine einzige Empfindung, sondern sie sind immer gemischt. Was ich zunächst einmal empfand, ist eine ungeheure Erleichterung. Jetzt war's vorbei. Es war nicht nur dieser Krieg, der vorbei war, sondern für mich eine Zeit, die 1933 begonnen hatte, vielleicht auch schon vorher, und die jetzt, wie ich hoffte, endgültig vorbei war. Von jetzt an, dachte ich, wird es keinen Faschismus mehr geben, keine Gewalttätigkeit, keine Diktatur derart, wie es die Hitlerdiktatur gewesen war.

Meine Hoffnungen bezogen sich auch auf Deutschland, auf das deutsche Volk. Denn damals hatte ich auch als amerikanischer Offizier sehr stark mit ihm zu tun. Von meiner Landung in der Normandie 1944 an hatte ich ja direkt oder indirekt nichts anderes getan, als mit deutschen Soldaten zu verkehren, teils direkt im Gefangenenlager, teils indirekt über Flugblätter, über Radio, über Zeitungen, die aus der Luft abgeworfen wurden, und auch mit der deutschen Zivilbevölkerung. Jetzt also hoffte ich, daß wir zusammen mit den Russen beginnen würden, ein neues – und wenn ich so sagen darf – ein besseres Deutschland zu schaffen. Das war meine Hoffnung.

Ein anderes Gefühl, das mich beherrschte, war ein Gefühl der Trauer, daß Präsident Roosevelt – er war im April schon gestorben – das nicht miterlebt hat, der ja einer der Architekten der Niederlage Hitlers gewesen war und es verdient hätte, das zu erleben und teilzunehmen an der Rekonstruktion Europas und der Welt. Aber trotzdem übergroß das Gefühl der Hoffnung.

SÜDKURIER: Inzwischen hat sich ja einiges geändert, bei Ihnen persönlich, aber auch in der Politik und in der Geschichte. Der Lorbeer ist, so der Titel eines Ihrer ersten Bücher, die nach 1945 bei uns übersetzt worden sind, bitter geworden. 8. Mai 1985, was ist das heute für Sie, was ist dieses Datum für die Deutschen in der DDR und in der Bundesrepublik?

HEYM: Wenn Sie das Buch gelesen haben, werden Sie feststellen, wie kompliziert dieser Krieg war, wie viele verschiedene Momente eine Rolle gespielt haben. Der Krieg war ja zugleich, von der amerikanischen Seite aus gesehen, ein imperialistischer Krieg zur Vergrößerung der amerikanischen Macht, Wirtschaftsmacht usw., auf der anderen Seite war er aber auch ein antifaschistischer Krieg aus edlen Motiven geführt, nicht aus egoistischen. Diese beiden Momente gerieten dauernd einander ins Gehege. Und ich war damit konfrontiert, weil ich mit meiner Arbeit in der psychologischen Kriegsführung Politik machen mußte. Ich mußte ja nachdenken über die Kriegsziele. Ich habe dazu das grundlegende Flugblatt der Amerikaner geschrieben. Beim Einmarsch der ersten amerikanischen Truppen auf reichsdeutsches Gebiet haben die Amerikaner ein Flugblatt verteilt, das sich mit den Kriegszielen befaßt hat. Was wollen wir wirklich in Deutschland? Warum marschieren wir in Deutschland ein? Und was soll werden? Dieses Flugblatt mußte ich schreiben, obwohl es zu der Zeit keinerlei offizielle Information darüber gab, welches die Kriegsziele der Amerikaner gewesen wären. Ich mußte sie erfinden. Ich hatte schon dauernd mit der Frage zu tun, was soll werden. Und das ist dann durch mein ganzes Leben so weitergegangen, diese Frage und die Entscheidungen, die ich zu treffen hatte.

SÜDKURIER: Was ist nach Ihren Erfahrungen aus diesen Kriegszielen, die Sie erfunden haben, und aus den offiziellen Kriegszielen geworden?

HEYM: Das sind zwei sehr verschiedene Fragen. Wollen wir mal anfangen mit der zweiten Frage. Sie wissen, daß sich schon Ende 1945 abzuzeichnen begann, woran wir heute noch leiden: die Teilung Europas, die Teilung der Welt in zwei Einflußzonen, die in den Händen der beiden Großmächte sind und daß damit der neue Konflikt gegeben war. Ich habe versucht, das seinerzeit zu bekämpfen. Mein Gedanke war, daß die Koalition, die während des Krieges zusammen gearbeitet und zusammen gekämpft hatte, die Faschisten zu schlagen, daß die auch nach dem Kriege gemeinsam arbeiten sollte, um diese neue Welt, diese bessere, demokratische, fortschrittliche, wie man auch immer sagen will, antifaschistische Welt zu schaffen. Aber dazu waren offensichtlich die beiden Gesellschaftsordnungen, die kapitalistische und die »sozialistische«, zu divergent.

Die Kriegsziele pervertierten sich bald. Und daraus entstand eine vollkommen andersartige Stellung den Deutschen gegenüber. Die Deutschen wurden das, was mir einige von ihnen schon während des Krieges vorausgesagt hatten, nämlich Hilfstruppen auf der jeweiligen Seite der betreffenden Großmacht. Schon ein paar Jahre später waren die Anfänge der Bundesarmee da und die Anfänge der Volksarmee – und damit das, was nie wieder sein sollte, nämlich Waffen für die Deutschen. Wie hieß damals der Slogan in Deutschland: »Ohne mich.« Aus »Ohne mich« wurde sofort »Mit mir«, und in dem Moment ernannten sich dieselben Deutschen, die vorher in die Hosen gemacht hatten, zum Mitsieger auf der jeweiligen Seite. Unsere hier hatten mit den Russen zusammen gesiegt – gegen wen, möchte ich wissen, wenn nicht gegen sich selber. Und genauso im Westen. Auch die hatten mit den Amerikanern zusammen gesiegt und standen nun ganz tüchtig da. Die waren also herrlich dran, auch wenn sie eben noch Nazis gewesen waren. Sie waren ja immer für den Westen gewesen, und unsere waren immer für den Sozialismus gewesen. Ein groteskes Bild, wenn man sich das überlegt, und so ist das bis heute weitergegangen. Sie brauchen nur daran zu denken: bei uns die Raketen, die wir nun haben leider aufstellen müssen; bei Ihnen sind auch welche, wenn ich mich nicht irre. Ich denke auch an einen Hupka...

Die große Änderung kam fast direkt nach 1945 schon, und seither hat sich in der Hauptlinie kaum etwas geändert. Das ist die nicht ungefährliche Teilung Deutschlands. Da liegt der Ursprung der Mauer, da liegt alles, was heute uns nicht sehr glücklich macht und worüber aber doch, und das ist eine große Hoffnung, heute Menschen anfangen, nachzudenken.

SÜDKURIER: Dieser 8. Mai führt zwangsläufig zu der deutschen Frage, wobei die einen sagen, die deutsche Frage ist offen, die anderen, die deutsche Frage ist nicht offen. Was ist Ihre Meinung?

HEYM: Es gibt überhaupt nichts auf der Welt, was nicht offen wäre. Und die Leute bei uns wie bei Ihnen drüben, die glauben, die Dinge sind statisch, sie machen lauter politische Fehler. Die Politiker oder überhaupt die Menschen, die nicht glauben, daß alles sich verändert und daß alles offen ist, sind nichts anderes als eine Bremse an den Rädern der Entwicklung, aber die Räder laufen weiter. Nun zur Offenheit der deutschen Frage. Die ist selbstverständlich offen. Aber was heißt hier offen, die entwickelt sich. Es geht weiter, man weiß nicht, wohin und wie, aber es entwickelt sich. Sie ist deshalb offen, weil, wie alle nationalen Fragen, die nicht gelöst sind, sie zu irgendeiner Zeit auf eine Lösung drängt. Nur muß man darüber nachdenken, wie das überhaupt zu lösen wäre, in einer Zeit und in einer politischen Situation, wo die ganze Welt eingeteilt ist in Machtblöcke, wenn wir mal absehen von der sogenannten dritten Welt, weil da beide Machtblöcke dabei sind, kräftig mitzumischen. Aber lassen wir das mal beiseite.

Hier in Europa sind zwei Machtblöcke, und beide Deutschland haben das Unglück, der Vorposten eines der beiden Machtblöcke zu sein. Und weder die amerikanischen Militärs noch die sowjetischen Generäle sind dafür bekannt, daß sie ohne Zwang, da wo sie einmal mit ihrem eisernen Hintern sitzen, aufstehen und weggehen. Zwang in einer Zeit der atomaren Waffen bedeutet aber den atomaren Winter, bedeutet das Ende der Menschheit. Also kann man auf diese Art nicht vorgehen. Ich könnte mir aber zum Beispiel denken, daß eine Zeit kommt, wo die beiden Machtblöcke sich miteinander vertragen und wo man dann vielleicht einmal bescheiden anklopfen kann, ob diese Teilung unter diesen Vorbedingungen notwendig sein wird. Aber vergessen Sie nur nicht, daß es sich da nicht allein um die Interessen der beiden Großmächte handelt. Es handelt sich auch um die Interessen von etablierten Apparaten und von Millionen von Menschen, die davon leben, daß sie auf diese Art und in auf diese Art geformten und gestalteten deutschen Staaten an der Macht sitzen. Ein auch nur einander angenähertes Deutschland von zwei Staaten würde bedeuten, daß dieser Regierungsapparat gründlich geändert werden müßte, sich ändern müßte. Ich weiß nicht, wie viele von diesen Kerlen dann zurücktreten müßten. Wahrscheinlich würden wir einen riesenhaften Pensionsfonds haben müssen für all diese Leute, deren Namen ich nicht nennen möchte, die aber in einer Zeit, wo in Deutschland eine ganz anders geartete Demokratie – nicht so wie in der Bundesrepublik und nicht so wie bei uns, sondern etwas Neues – entstünde, nichts mehr zu reden hätten. Die müßten dann abgerümpelt werden. Aber, wie gesagt, das ist noch lange bis dahin, im Augenblick brauchen diese Leute noch nichts zu befürchten, und sie können in ihren Sesseln klebenbleiben.

SÜDKURIER: Soll man nun den 8. Mai feiern, begehen oder seiner gedenken?

HEYM: Die Deutschen haben dank der beiden Schutzmächte sich nie wirklich auseinandersetzen müssen mit sich selber. Sowohl die Entnazifizierung auf der einen Seite wie das, was hier bei uns im Osten gemacht wurde, war nicht wirklich eine innere Beschäftigung mit dem, was gewesen war. Es wären da einige Fragen zu stellen, die heute noch nicht beantwortet sind. Die Frage: Wie kommt es, daß ein Großteil der Deutschen mit Lust oder ohne Lust bei der Sache mitgemacht hat? Was ist da psychologisch oder psychisch vorgegangen? War es nur eine Art Zwang, daß man Karriere machen wollte, oder waren da auch Lustgefühle dabei? Und wieviel konnte man unterdrücken, ich meine innerlich unterdrücken, sich selber absichern gegen unangenehme Fakten? Was wäre gewesen, wenn Hitler den Krieg gewonnen hätte? Sie hätten mitgejubelt, möchte ich doch wohl annehmen; dann wär's doch hervorragend gewesen, trotz aller Konzentrationslager und was man heute den Nazis ankreidet. Man hätte das geflissentlich übersehen, und alles wäre herrliche Freude gewesen, und das wäre dann wahrscheinlich für diese Leute ein wahrhafter Feiertag gewesen.

Also, wie ist das, soll ein Land, das seinen Krieg verloren hat, das feiern? Ich meine, dieser Krieg mußte ja verloren werden, damit überhaupt aus Deutschland etwas Anständiges werden kann. Wir haben's ja noch gar nicht erreicht. Aber die jungen Leute, die nach 1945 geboren sind, und das ist schon beinahe die Mehrheit des deutschen Volkes, die können zu den Ereignissen von damals kein inneres Verhältnis mehr haben. Was sie davon wissen, haben sie in der Schule gelernt, und davon haben sie drei Viertel vergessen. Was erwarten wir von ihnen? Da müßten Leute kommen, die ihnen wirklich und gut Bescheid sagen, was damals gewesen ist und wie weit das auch eine Sache, sagen wir mal, des deutschen Nationalcharakters, wenn es so etwas gibt, gewesen sein könnte. Ich betone, wenn es so etwas gibt.

Und die Älteren? Die Älteren sind damit beschäftigt, im Englischen sagt man to live down – wie soll man das auf deutsch sagen? – hinunterzuleben, das von sich abzuweisen, sich bloß um Gottes willen nicht ernsthaft damit zu beschäftigen. Denn das würde zu Konsequenzen führen, zu denen eigentlich keiner bereit ist. Seelische Mühe ist die schwerste Mühe, die man auf sich nehmen kann. Es ist also sehr schwer zu sagen, man soll feiern. Aber sie sollen wenigstens einen Anlauf dazu nehmen, nachzudenken, zu bedenken, ob und wie man ein neues, geeintes Deutschland überhaupt haben will. Es gibt in Europa einige Völker, die möchten überhaupt nicht, daß ein solches Deutschland entsteht – aus sehr verschiedenen Gründen, die man alle unter der Überschrift »Historische Erfahrungen« katalogisieren könnte. Ob es überhaupt die Möglichkeit gibt? Ich glaube, es muß möglich sein, ein solches Deutschland zu schaffen. Denn ein geteiltes Deutschland ist eine ewig eiternde Wunde in der Mitte von Europa. Und ist einer der Gründe, die zu der Spannung in der Welt beitragen.

Ich meine, daß in beiden deutschen Staaten nicht nur ein paar Schriftsteller, sondern auch ein paar führende Politiker endlich von dem Pferd, auf dem sie nämlich verkehrt herum sitzen, versuchen sollten abzusteigen und mal miteinander zu reden. Sowohl der Genosse Honecker sollte das unternehmen wie auch Ihr Bundeskanzler Kohl. Ich persönlich würde sagen, daß es vielleicht politisch gescheiter wäre und besser für die deutschen Hoffnungen, wenn Herr Kohl weniger bei der schlesischen Landsmannschaft aufträte und dafür mehr in einem Gespräch mit führenden Leuten der DDR. Im Augenblick ist es so, daß das eine vielleicht das andere ausschließt.

Dichtung und Wirklichkeit

Gespräch mit Günter Gaus in Gravenbruch, Frankfurt am Main

OKTOBER 1985

GÜNTER GAUS: Stefan Heyms Lebensgeschichte macht ihn zum kompetenten Zeitzeugen. Sein literarischer Gestaltungswille, seine literarische Gestaltungskraft berechtigen ihn darüber hinaus, über Dichtung und deren Beziehung zur Realität auszusagen.

STEFAN HEYM: Ich glaube, Herr Gaus, wir beide lieben es, uns als große Zeitgenossen darstellen zu lassen. Ich hoffe trotzdem, daß meine Befürchtung, heute abend möchte kein kontroverses Gespräch zwischen uns zustande kommen, sich nicht bewahrheiten wird. Ich hoffe, wir werden uns richtig streiten.

GAUS: Sie hatten mir schon beim Kaffee vorgeschlagen, wir sollten uns nicht nur Nettigkeiten sagen. Also: Stefan Heym hat fast nur Bücher geschrieben, die einen unmittelbaren politischen Bezug hatten. Seine Dichtung hat zweifellos politische Absichten. Und auf Ihrem Notizzettel, den Sie mir vor unserm Gespräch zeigten, las ich, Dichtung, im Gegensatz zu Non-fiction, verdichte politische Zustände in einer Weise, daß sie die Veränderung dieser politischen Zustände befördert – und zwar stärker befördert, als Nonfiction dies tun kann. Ist das korrekt so?

HEYM: Bevor ich zur Beantwortung Ihrer Frage komme, würde ich gern ein paar Worte sagen zum Verhältnis von Fiction und Realität. Realität existiert in millionenfacher Vielfalt und ist mit ihren unzähligen Verflechtungen dem menschlichen Geist in ihrer Totalität unfaßbar. Fiction aber, dem Diktionär zufolge etwas Erdichtetes, Erfundenes, ist beschränkt in ihrem Thema wie in ihren Mitteln und schon daher a priori irreal. Irreal aber auch im Detail: Nehmen wir als Beispiel etwa die in der erzählenden Prosa so häufige Einfügung »er (oder sie) dachte«, worauf dann der Gedanke der Person folgt, von der gehandelt wird. Woher will ich denn wissen, ich, der Autor, was diese Person, die notabene gleichfalls meiner Phantasie entstammt, sich dachte? In Wahrheit sind es meine Gedanken und niemandes sonst, die da von meiner erdachten Person gedacht werden; aber der Leser akzeptiert sie als die realen Gedanken eines realen Menschen, als Wirklichkeit also, doch eine nun, die transparent ist und die er imstande ist zu begreifen. Dabei weiß er natürlich, daß ihm da etwas vorgegaukelt wird und daß er sich verführen ließ, wie schon am andern Tag von den Schatten auf der Leinwand, den schwarzen oder farbigen oder den bunt-beweglichen Figürchen in der nach einer Seite hin offenen Schachtel, die Bühne heißt. Irgend etwas in seinem Kopf ist bereit, die ihm über Buch, Bühne, Leinwand dargebrachte Fiktion als Realität wahrzunehmen, eine Realität übrigens, die ihm realer erscheint als die Welt, in der er sich sonst bewegt, da sie anderen, ihm begreiflicheren Gesetzen gehorcht. In dieser fiktiven Welt folgt eines aus dem anderen, Zufälle sind tabu; selbst das Unvollkommenste ist perfekter als im wirklichen Leben; von der Kartoffel gar nicht zu reden, die viel kartoffeliger ist als das verschrumpelte Ding auf unserm realen Teller. Es ist, als bestünde ein augenzwinkernder Kontrakt zwischen Publikum und Dichter: Du, Autor, gibst mir dein Erdichtetes, und ich, dein Leser, dein Zuschauer, obwohl ich's besser weiß, glaube daran.

GAUS: Es ist also die Macht der Fiktion, die beweist: Es gibt noch Richter in Preußen! Denn die Geschichte des Müllers von Sanssouci hat sich in Wirklichkeit ja ganz anders abgespielt als nach dem Klischee von der Großzügigkeit des großen Friedrich.

HEYM: Mein Beispiel wäre Richard III. Dieser Schurke, der sogar die armen kleinen Prinzen ermorden ließ im Tower von London, wie tief sitzt er in unsern Köpfen! Dabei war der Mann in Wahrheit gar nicht so gewesen, aber Shakespeare arbeitete nach einer Vorlage, die in bestimmter politischer Absicht verfaßt war und die, durch den Dichter zur fiktiven Wirklichkeit erhoben, bis heute uns beeinflußt.

GAUS: Sie sagen also, daß Fiktion das Bewußtsein der Leute stärker prägt als die politische Berichterstattung?

HEYM: Mehr noch als das. Dichtung macht die Wirklichkeit transparent und schafft dadurch einen Anreiz zur Veränderung der Wirklichkeit.

GAUS: Mein Einwand – das kann so sein. Es kann aber auch sein, daß die Dichtung, in der Absicht, etwas zu verändern, nur ein Ausweg, eine Halbheit bleibt. In Ihrem »Ahasver« haben Sie geschrieben – dies ist kein wörtliches Zitat –: Alle mißglückten Revolutionen entschuldigen ihr Versagen mit der Unvollkommenheit des Menschen. Nach einer solch guten Metapher ist man versucht, nicht weiterzudenken; politische Wirkung setzt jedoch erst ein, wenn man dann folgert: Also der Mensch ist unvollkommen, deshalb glücken Revolutionen nicht, was kann ich trotzdem bewirken. Gerade das muß Non-fiction bringen, im Gegensatz zur Dichtung.

HEYM: Ich frage mich, ob der Dichter, der an ein neues Werk herangeht, nicht zunächst einmal, noch bevor er an irgendwelche politischen Absichten denkt, sich sagen sollte: Ich will von Menschen schreiben, ihren Gefühlen, ihren Schicksalen. Und wenn dann, aus des Dichters Erleben und den Gedanken seiner Zeit, sich etwas Politisches herausschält, dann wird es auch auf die Leute wirken. Ich habe das schon bei »Hostages« erfahren, meinem ersten Roman, der in Deutschland jetzt »Der Fall Glasenapp« heißt. 1933 hatten die Nazis meinen Vater als Geisel verhaftet, als Geisel für mich. Das gab mir den Vorwurf zu diesem Buch, in dem ich, neben der kriminellen Seite der Sache, vor allem die Vorgänge in der Psyche einer Gruppe von Menschen unter dem Streß der Geiselhaft behandeln wollte. In der Zeit jedoch, in der ich das schrieb, machte sich im europäischen Untergrund der erste Widerstand gegen die Nazis manifest und verlangte nach Darstellung; zugleich entwickelten die amerikanischen Leute ein Interesse für derart Konflikte, und so wurde »Hostages« auf einmal auch politisch brisant.
Weiterer Vorteil des Dichters: Er kann sich der Utopie hingeben, viel eher als ein Autor von Non-fiction das vermag. Dem obliegt, sich strikt an die nüchterne Realität zu halten. Ich aber als Romancier kann mir leisten, ein »Schwarzenberg« zu schreiben, das zwar auf Fakten beruht – kurz nach dem Krieg existierte wirklich in einem Landkreis im Erzgebirge sieben Wochen lang ein unabhängiger deutscher Staat –

Zwischenruf aus dem Publikum: Herr Heym, davon weiß hier doch keiner! Aber Gott sei Dank haben Sie das Buch geschrieben...

GAUS: Ich bestreite Herrn Heyms These entschieden. Aus unsrer Gegenwart ist die Kraft zur Utopie überhaupt verschwunden, aus der Dichtung wie aus der Non-fiction. Das ist einer der schweren Mängel unserer Zeit. Da, wo es noch Utopie gibt, ist sie zum Klischee entartet. Sehen Sie sich doch die sozialistischen Staaten an: Sie entsprechen in der Tat nicht der Utopie, welche die Menschen einst unter dem Begriff Sozialismus verstanden. Und hier im Westen wird sogar die Utopie verdammt, während man zugleich den real existierenden Sozialismus an der Utopie, die man gar nicht wahrhaben will, mißt.

Schwarzenberg war eine Sekunde der Weltgeschichte, und Sie haben, indem Sie den historischen Vorwurf aufarbeiteten, daraus Dichtung gemacht. Ein utopischer Entwurf ist es dennoch nicht. Sie sagen, Dichtung vermöge mehr zu bewegen als Non-fiction; ich sage, Dichtung kann auch zur Verlegenheit werden. Die Dichtung kann meinetwegen Restbestände von Utopie noch aufarbeiten, die Non-fiction aber muß Fragen stellen auf der Basis der Realität, was Sie, Herr Heym, auch sehr scharf, korrekt und erkenntnisreich getan haben, wenn Sie über die DDR schrieben.

Die Dichtung kann mit der Metapher enden und das, was danach kommt, im Dunkel belassen. Ist es daher vielleicht ein Ausweichen, wenn Sie Romane schreiben, statt den Versuch zu machen, ein politisches Programm für eine Utopie zu entwerfen?

HEYM: Da bringen Sie mich in Verlegenheit... Ich glaube, ich habe immer ein Doppelleben geführt, eines als Dichter und eines als Journalist. Das wurde mir auch oft genug angekreidet. Im Dichter fand man zu viele journalistische Züge, und den Journalisten nahm man nicht ernst, weil er ja eigentlich ein Dichter wäre. Aber das ging schon dem Heinrich Heine so und dem Dickens und vielen anderen.

Nein, ich benutze die Dichtung nicht als eine Art Ausweichgleis. Ich habe mich immer, wo nötig, ohne poetische Ziererei den Problemen gestellt, in Amerika als Redakteur, dann in Luxemburg, wo es darum ging, über den Sender zu den deutschen Soldaten zu sprechen, oder auch 1953, nach den Junitagen in der DDR, als ich mit »Offen gesagt«, meiner Kolumne in der »Berliner Zeitung«, mich ebenfalls direkt an die Leute wandte, die von der Partei publizistisch im Stich gelassen worden waren. Erst als mir die Möglichkeit genommen wurde, in der Presse zu veröffentlichen oder in der Öffentlichkeit aufzutreten, zog ich mich zurück, der Not gehorchend und keineswegs dem Wunsche, auszuweichen, und wurde wieder hauptamtlicher Romancier.

GAUS: Karl Marx hat Non-fiction geschrieben und dennoch eine Utopie definiert. Kann Dichtung vergleichbar wirken?

HEYM: In der DDR hat man eine lange Zeit von der Literatur gefordert, daß sie Antwort auf die verschiedensten politischen Fragen

gibt und Lösungen anpreist – am besten den von der Parteizentrale verkündeten analoge.
Ich habe das seit je für Unsinn gehalten. Der Genosse Stalin hat den Begriff »Ingenieur der menschlichen Seele« geprägt. Als ob die Seele eine Maschine wäre! Schreibe Vorbilder, wurde dem Autor gesagt, schreibe einen musterhaften Arbeiter, und alle Arbeiter werden musterhaft arbeiten. Ein Schriftsteller, der sich dazu hergibt, verprellt nur sein Publikum, und außerdem funktioniert die Methode nicht. Erinnern Sie sich an die Szene in Mark Twains »Tom Sawyer«, wo die zwei Buben, Tom und Huck, aus dem Faß in Tante Pollys Laden saure Gurken stehlen – oder waren es Heringe? Hätte die Literatur wirklich Vorbildwirkung, dann müßten alle DDR-Knaben, die »Tom Sawyer« gelesen haben, saure Gurken stehlen.

GAUS: Es sind bei Mark Twain, glaube ich, saure Heringe, und die haben sie in der DDR nicht immer im Angebot.

HEYM: Wenn bei uns gestohlen wird – und es wird reichlich gestohlen –, dann meistens von Erwachsenen. Mein Beispiel sollte nur zeigen, daß es mit der verändernden Wirkung der Literatur nicht ganz so einfach ist.

GAUS: Aber was tut die Dichtung dann eigentlich? Ruft sie Emotionen hervor, wo eigentlich Ratio angebracht wäre?

HEYM: Sie wirkt ja auch auf die Ratio; sie regt zum Denken an. Aber viel mehr noch bewegt sie den Menschen, indem sie, primär, Gefühle erzeugt. Dabei kann ihre Wirkung gut ebenso sein wie übel – nur eine direkte wird sie kaum je sein.

GAUS: Ich frage Sie jetzt: Wenn Sie die Dichtung als das Bewegendere bezeichnen, ist das nicht eine Art von Selbsttröstung, weil in manchen Herrschaftssystemen, dem in der DDR zum Beispiel, die dichterische Metapher das einzige ist, was dem Autor bleibt? Aus der persönlichen Situation heraus zwischen den Zeilen zu schreiben und Leser für Zwischen-den-Zeilen-Texte zu suchen – ein Trost für Sie?

HEYM: Seit je habe ich mich danach gesehnt, endlich ein Buch schreiben zu können, in dem alles nur erdichtet ist. Das Schicksal hat mir einen Strich durch die Rechnung gemacht: Es hat mir immer Themen serviert, denen ich mich nicht entziehen konnte – ob es der Krieg war, in den ich zog, oder der 17. Juni, den ich miterlebte, oder anderes –, bis ich auf den König David kam. Dessen Geschichte, dachte ich, liegt wohl genügend lange zurück, da wird man so richtig drauflosdichten können; aber dann schlich sich doch, unvermeidlich, die Gegenwart ein.

Beim »Ahasver« war es nicht anders. Das Buch beginnt mit dem Engelsturz kurz nach der Erschaffung des Menschen, also wahrhaftig weit genug in der Vergangenheit, und endet mit Armageddon, jener Schlacht, in der alles enden wird und die nahe genug bevorstehen mag in unserer atomgeprägten Zeit. Und dann hat's mich doch gejuckt, und ich habe die Gegenwart wieder eingeführt in Gestalt des Professor Dr. Dr. h. c. Siegfried Beifuß, den der Teufel direkt in den Westen holt. Der Witz ist: Man muß so schreiben, daß auch einer, der nicht den ganzen Hintergrund der Story kennt, kapiert, worum es geht. Was mir vorschwebt, ist so etwas wie ein integrierter Schaltkreis zwischen Realität und Dichtung. Auch Dichtung lichtet die Wirklichkeit irgendwie ab, wird sie aber, durch ihre überhöhte Sicht, so darstellen, daß der Leser daraus Erkenntnisse gewinnt, Erkenntnisse oftmals auch ganz anderer Art, als er aus Non-fiction gewinnen könnte.

GAUS: Ist die Dichtung nicht vielleicht die völlige Freisetzung der Subjektivität? Und ist nicht die Reduzierung aller Probleme auf die eigene subjektive Sicht die wirkliche Chance der Dichtung?

HEYM: Ich frage mich, ob in der Non-fiction die Subjektivität sich nicht ebenso stark zeigt. Und überhaupt meine ich, daß die objektive Wirklichkeit, obwohl sie existiert, unserm Auge so ganz nie erkennbar sein wird.

GAUS: Jetzt zitiere ich aus einem Buch, an dem ich gerade arbeite: »Die Subjektivität der Mehrheit ist die herrschende Objektivität.« Ich will damit unterstreichen, daß ich den Begriff Subjektivität als etwas Positives sehe.

HEYM: Das ist ein hübsches Aperçu, das man wünscht, selber geschrieben zu haben. Wenn Ihnen aber eine Dichtung gelingt, die so dicht ist, wie Dichtung sein sollte, dann wird sie als objektive Wirklichkeit erscheinen.

Bei der »Schmähschrift«, einer längeren Novelle, die auf einem wahren Ereignis beruht, ist mir das, glaube ich, einmal geglückt. Da wurde doch, 1703, der Schriftsteller Daniel Defoe, in späteren Jahren Autor des Robinson Crusoe, wegen eines Pamphlets, das er anonym gegen kirchliche Doktrin und amtliche Tyrannei veröffentlichte, an den Pranger gestellt. Nun ist der Pranger, wenn das

Volk sich gegen den Angeprangerten wendet, der da steht, Kopf und Hände in den breiten Balken geklemmt, und wartet, daß der stinkende Fisch und die faulen Tomaten und härtere Geschosse noch, zu fliegen beginnen, tödlich. Im Falle Defoe aber nahm das Volk des Autors Partei – es jubelte ihm zu und schmückte den Pranger mit Blumen, und am Fuß des Prangers wurden eine Neuauflage seines Pamphlets verkauft und Exemplare eines Gedichts, von ihm im Gefängnis verfaßt, worin er die korrupten königlichen Beamten aufzählte, die eigentlich an den Pranger gehörten an seiner Statt.

Ich schrieb die Geschichte in der Form von Aufzeichnungen eines gewissen Josiah Creech, der den Auftrag hatte, den Autor des anonymen Pamphlets dingfest zu machen und vor den Richter zu bringen, und ich schrieb sie auf Englisch, dem Englisch Defoes; beim Studium seiner Arbeiten hatte ich mir seine Sprache so zu eigen gemacht, daß mir ihr Ton und Rhythmus wie von allein in die Feder kamen und sogar in der deutschen Übersetzung, die ich selber anfertigte, noch durchklangen. Und siehe, ein Professor an der Universität Oklahoma, ein Geschichtswissenschaftler, sandte mir einen Brief, in dem er anfragte, ob ich ihm nicht eine Fotokopie des Originalmanuskripts des Josiah Creech überlassen könnte; hätte ich doch in der Einleitung zu meiner »Schmähschrift« angegeben, dieses sei mir von einer Dame namens Agnes Creech nach einer während des Londoner Blitzes gemeinsam mit ihr verbrachten Nacht leihweise anvertraut worden und ich hätte es nur deshalb nicht retourniert, weil das Haus, in dem sie logierte, am Abend darauf schon nicht mehr da war.

Hier, scheint mir, erreichte Dichtung einen solchen Grad von Wirklichkeit, daß ein leibhaftiger Professor glaubte, er habe mit einem fiktiven Werk ein historisches Dokument vor sich.

GAUS: Wenn Sie die Wahl hätten, würden Sie dann lieber Leitartikel im »Neuen Deutschland« schreiben oder Romane?

HEYM: Wenn man mir eine wöchentliche Kolumne im »Neuen Deutschland« anböte, würde ich akzeptieren, denn das hieße doch, daß sich im Staate DDR etwas ganz Entscheidendes verändert hätte, das man sichern muß. Natürlich hätte ich, zur Zeitung zurückgekehrt, weniger Muße für meine literarische Arbeit, so wie damals, als ich »Offen gesagt« schrieb. Wie es jetzt ist, kann ich mich mit den Bürgern der DDR nur über das Westfernsehen verständigen; aber auch diese Auftritte reißen mich ja von meinem Arbeitstisch.

GAUS: Sie tun das, um politisch zu wirken?

HEYM: Ein Dichter soll auch das tun dürfen. Ich verweise auf den bereits erwähnten Heinrich Heine.

GAUS: Ich glaube, wir haben einen gewissen Punkt in unsrer Diskussion über Dichtung und Realität erreicht. Ich rekapituliere, was ich an einer Stelle bereits sagte: daß die Fähigkeit zur Utopie aus der Welt gegangen ist, in Dichtung wie Non-fiction. Aber wo ist denn der Utopieentwurf in der Dichtung?

HEYM: Utopie ist ein Traum. Die Menschheit muß ihre Träume haben. Ich habe meinen Traum, Sie haben Ihren – oder vielleicht auch nicht, aber das möchte ich nicht annehmen.

GAUS: Deshalb sage ich ja, daß der Verlust der Fähigkeit zur Utopie einer der schwersten Mängel unserer Zeit ist. Ihr Roman »Schwarzenberg« ist für mich der entwaffnende, mich zutiefst rührende Versuch, sich an einer Utopie festzuklammern, die dort, wo sie den Schritt in die Realität getan hat, enttäuschen mußte. Das Schwarzenberg, das Sie geschildert haben, war für mich ein Nachtrag, ein subjektiver, traurig stimmender Nachtrag zu einer Utopie, die bei der Umsetzung in die Wirklichkeit Ihren Ansprüchen nicht standgehalten hat.

HEYM: Natürlich bin ich enttäuscht, daß die Träume meiner Jugend in der Form, in der meine Gesinnungsgenossen und ich sie einst träumten, nicht Wirklichkeit geworden sind. Auch die Männer, die heute bei uns an der Macht sind – ein paar von ihnen wenigstens –, hatten am Beginn ihrer politischen Bemühungen, vermute ich, Ideale.

Doch Ihre letzte Aussage, Herr Gaus, spielt wohl auf das Ende des Romans »Schwarzenberg« an – die Szene in dem Seminarraum der Universität Leipzig, da es um just den Punkt Utopie geht. Der Utopist im Buche, Wolfram heißt er, ist, rehabilitiert nach dem zwanzigsten Parteitag, aus einem sowjetischen Lager in der DDR zurückgekehrt und hat einen Posten als Dozent erhalten, und in dem Seminar, das er abhält, kommt die Rede auf die Ereignisse in Schwarzenberg, an denen er als Mitglied des Aktionsausschusses, der zeitweiligen Regierung dort, beteiligt war. Und nun, Jahre später, deswegen von einem Studenten befragt, muß er entscheiden: Sagt er dem jungen Mann, wie wenig seine, Wolframs, Utopie in der Realität taugte – oder was rät er ihm? Schließlich sagt er, halt dich an deine Träume. Das ist die Weitergabe der Stafette, die wir alle einmal getragen haben, Herr Gaus; und wenn es Sie rührt, um so besser.

GAUS: Und Sie glauben an die Veränderbarkeit des Menschen?

HEYM: Im »Ahasver« ist dies sogar das zentrale Thema. Ahasver, der ewig wandernde Jude – er glaubt daran.

GAUS: Aber glaubt es auch Stefan Heym?

HEYM: Ich habe erlebt, wie Menschen sich verändern – nicht alle, und völlig kaum einer von ihnen, aber manche doch, ein wenig. Genug, um ins Gewicht zu fallen.

GAUS: Genug, um die Wirklichkeit zu transformieren? Genug zur Durchführung der Utopie?

HEYM: Genug... Wieviel ist genug? Wie viele Menschen, die die Dinge verändern möchten, werden gebraucht, um sie verändern zu können? Hängt das nicht auch von der Zeit ab, in der etwas geschieht? Als die Französische Revolution kam, waren plötzlich genügend viele solcher Veränderer da, und sie stürmten das große Gefängnis. Umsprung von der Quantität in die Qualität. Hegelsche Dialektik – wir erfahren es immer wieder.

GAUS: Aber die wirkliche Frage stellt sich doch erst danach. Nach dem Sturm auf die Bastille und der Freilassung der Gefangenen kam der Bonapartismus, kam der Kaiser, und dann wieder, bis 1830, die eher konterrevolutionär gesinnte Bourgeoisie. Gründet sich Ihr Glaube an die Veränderbarkeit des Menschen nur auf den Bastillesturm oder auch auf die Zeit danach und daß auch da noch die Kraft da war, um Utopie zur Wirklichkeit werden zu lassen?

HEYM: Lesen Sie nach in »Rouge et Noir«; Stendhal wird Ihnen bezeugen, daß trotz der regierenden Reaktion die durch die Revolution geänderten gesellschaftlichen Strukturen blieben.

GAUS: Wenn Sie soweit gehen, dann frage ich Sie nun doch: Vorausgesetzt, es gibt keinen Krieg, wo wird sich nach Ihren Vorstellungen die DDR in zwanzig Jahren befinden?

HEYM: Da ich das kaum mehr erleben werde, kann ich mir jede Prophetie leisten. Aber ich will trotzdem vorsichtig sein. Ich würde sagen: Bei allem, was dagegen spricht, es könnte aus der DDR doch noch etwas werden. Es haben sich bei uns neue Strukturen gebildet, nützliche, aber natürlich auch solche, die man raschestmöglich wieder beseitigen sollte; und auch bei Ihnen in der Bundesrepublik hat sich mancherlei geändert. Jawohl, ich bin der Meinung, es geht vorwärts in der Geschichte. Und nun können Sie mir sagen, ich sei ein Utopist.

GAUS: Ich möchte wissen, in welcher Richtung es geht. Was für Chancen sehen Sie da?

HEYM: Nehmen wir an, Sie hätten mich vor zwanzig Jahren befragt. Hätte ich Ihnen voraussagen können, was allein die Mikroelektronik und die sogenannte High-Tech heute leisten würden und was es noch alles an neuen Entwicklungen geben und wie das die Ökonomie beeinflussen würde und die menschliche Arbeit und die Stellung des Menschen in der sozialen Ordnung – und das Militärische? Wie soll ich Ihnen da heute prophezeien, was in weiteren zwanzig Jahren sein wird? Aber eines läßt sich sagen: Die Veränderungen der objektiven Faktoren – als da sind Technik, Wirtschaft, Kommunikation – werden soziale Veränderungen erzwingen. Welches die sein und wie sie aussehen werden, weiß der Teufel, aber daß die Dinge in zwanzig Jahren anders sein werden als heute, erscheint mir als sicher.

Frage aus dem Publikum: Herr Gaus, glauben Sie denn gar nicht an die Veränderbarkeit des Menschen?

GAUS: Nein, daran glaube ich nicht. Ich beklage das, denn ich würde gern daran glauben. So muß ich ohne die Utopie auskommen, die mir wohltäte, wenn ich an sie glauben könnte.

Frage aus dem Publikum: Wie etwa könnte denn die DDR in zwanzig Jahren aussehen?

GAUS: Erheblich anders als jetzt. Die DDR ist ja heute schon nicht mehr dieselbe wie im Jahre 1974, als ich die Ständige Vertretung der Bundesrepublik dort eröffnete. Die Menschen, besonders in der evangelischen Kirche, trauen sich heute vieles, was sie sich damals zu sagen und tun nie getraut hätten. Vorausgesetzt, es gibt in Europa keine schweren Verwerfungen – aber ich befürchte, es wird sie geben, ich bin da Pessimist –, dann wird die DDR sich den Menschenrechten des 19. Jahrhunderts stärker als bisher angenähert haben. Aber Stefan Heym sollte die Frage doch besser beantworten können als ich.

HEYM: Das weiß ich nicht. Sie hatten Gelegenheit, den Staat DDR zugleich von außen und von innen zu beobachten; mein Hauptblickfeld lag innen. Doch meine auch ich, es wird mehr Freiheit geben – und nicht nur Reisefreiheit –, sobald die Ernennung der

Beamten kein Akt der Willkür mehr ist und die Machtorgane durch das Volk kontrolliert werden können und Presse, Funk und Fernsehen ihren eigentlichen Zwecken entsprechen. Es gibt bei uns, glaube ich, sogar auch im Apparat Leute, die in dieser Richtung drängen. Aber vergessen Sie nicht: So wie Sie hier in der Bundesrepublik von Ihrem großen Bruder abhängen, sind auch wir abhängig von unserem. Verändert sich in der Sowjetunion etwas, und es gibt deutliche Anzeichen dafür, dann könnte es auch bei uns zu größeren Änderungen kommen – nur sollte man tunlichst vermeiden, daß dabei etwas explodiert.

GAUS: Ich möchte hinzufügen: Was auch in der DDR sich verändert, eines wird es, glaube ich, nicht geben – eine Mehrheit der Bevölkerung, welche die alten kapitalistischen Eigentümer und deren Erben in ihre früheren Rechte wieder eingesetzt sehen will. Dieser Illusion sollte sich niemand in der Bundesrepublik hingeben. Das Verlogene bei der Diskussion, die bei uns über das Selbstbestimmungsrecht beiderseits der Elbe geführt wird, ist ja gerade, daß man stets vermeidet, Farbe zu bekennen: Sollen die alten Besitzverhältnisse wiederhergestellt werden oder nicht? Erst wenn man in dieser Frage ganz klar Stellung bezieht, kann aus dem in erster Linie für westdeutschen Hausgebrauch bestimmten Gerede von Wiedervereinigung ein Beitrag zu einem ernst zu nehmenden Gespräch über die beiden Deutschland werden.

Das ist, glaube ich, kein schlechter Gedanke zum Ende unsres Gesprächs. Wenn das Publikum einverstanden ist, dann haben Sie jetzt das Schlußwort, Herr Heym.

HEYM: Ich würde lieber auf ein Schlußwort verzichten. Nur noch eine Frage – an Sie, Herr Gaus: Warum schreiben Sie nicht auch einmal einen Roman?

GAUS: Ich schreibe gerade ein Buch über die Bundesrepublik.

HEYM: Fiktion – oder Realität?

Über »Wege und Umwege«

Interview mit Hartmut Panskus,
»Börsenblatt des Deutschen Buchhandels«

JANUAR 1986

FRAGE: Stefan Heym, die Ausgabe Ihrer Werke schreitet voran, nun liegen mit »Wege und Umwege« und dem Roman »Ahasver« bereits der zwölfte und dreizehnte Band vor. Meine erste Frage ist sehr direkt: Schmerzt es Sie, daß die Gesamtausgabe nur in der Bundesrepublik erscheint und nicht in der DDR, in dem deutschen Staat, den Sie als Heimat wählten, dessen Bürger Sie sind?

STEFAN HEYM: Das schmerzt mich natürlich. Diese Gesamtausgabe müßte selbstverständlich auch bei uns in der DDR erscheinen; dort gehört sie sogar in erster Linie hin. Es ist zwar nicht so, daß meine Bücher spezifisch für die DDR geschrieben wurden, ein Teil meiner Romane – »Der bittere Lorbeer« (»Kreuzfahrer von heute«), »Die Augen der Vernunft«, »Der Fall Glasenapp« zum Beispiel – sind noch in Amerika entstanden, zu einer Zeit, als es noch gar keine DDR gab. Aber meine Bücher haben durch ihre geistige Haltung für die Menschen in der DDR eine besondere Bedeutung, vor allem die letzten …

FRAGE: … »5 Tage im Juni«, »Collin« und »Ahasver«?

HEYM: Ja, eine Bedeutung, die im Grunde für die DDR-Leser schwerer wiegt als für die Leser in der Bundesrepublik. Aber es ist um Gottes willen nicht so, daß ich ein »Heimatautor« bin, sondern einer, der über die Grenzen hinweg schreibt und über die Grenzen hinweg, so glaube ich, auch wirkt, so daß das, was ich schreibe, auch für die Leser hier in der Bundesrepublik einiges Gewicht hat. Ich bemerke das immer wieder, wenn ich in die Bundesrepublik komme und irgendwo eine Lesung mache. Aus den Fragestellungen ersehe ich, daß ich hier ein Publikum vor mir habe, das mindestens so einfühlsam ist wie das in der DDR. Natürlich können die Menschen in Westdeutschland die DDR-spezifischen Anspielungen und das Atmosphärische zwischen den Zeilen nicht so deutlich mitbekommen.

FRAGE: Heinrich Böll wurde, es war auch in allen Nachrufen zu lesen, als moralische Instanz, als das Gewissen und das Gedächtnis der Bundesrepublik empfunden. Die Rolle, in die er hineinwuchs, hätten Sie in Ihrem Staat wohl ebenso innegehabt, hätten Sie in der DDR ungehindert publizieren dürfen. Die zweite, sehr direkte Frage: Schmerzt es Sie, daß Ihnen diese Möglichkeit, Stellung zu nehmen, verwehrt wird?

HEYM: Diese Frage läßt sich nicht so direkt beantworten. Denn wir leben ja in *einem* Deutschland; das ist zwar geteilt, hat zwei verschiedene soziale Systeme, aber es handelt sich doch um dasselbe Volk, um dieselbe Sprache. Durch die elektronischen Medien – Fernsehen, Rundfunk und so weiter – sind die beiden deutschen Staaten auf eine intensive Art miteinander verbunden, so daß meine Stimme auf dem Umweg über das westliche Fernsehen, über das westliche Radio das Publikum in der DDR auch erreicht, und vielleicht stärker erreicht, als wenn ich in den DDR-Medien wirken könnte. Die meisten Leute in der DDR stellen doch Westfernsehen ein und hören auch Westradio. Das ist völlig klar, darüber gibt es überhaupt keine Debatte, das spürt man jederzeit. Es ist interessant, zu beobachten, wie das Vokabular der westlichen deutschen Sprache eindringt in das DDR-Deutsch. Natürlich gibt es ein spezielles DDR-Deutsch, Wörter aus dem sozialen Bereich, Fachausdrücke, die zu unserem Deutsch gehören, aber dazu kommt, wie es so schön heißt, der Duft der weiten Welt. Dieser Billardeffekt, den ich über die Westmedien benutze – man spielt den Ball an die Bande, der Ball prallt im Winkel zurück –, funktioniert nicht nur bei der Elektronik, er funktioniert bei den Büchern ebenso. Ich weiß zum Beispiel, daß »Schwarzenberg«, mein letzter Roman, von dem es bisher nur die Hardcoverausgabe gibt, bei uns in der DDR mit zweihundert Mark gehandelt wird. Das Merkwürdige daran ist, daß es sich dabei um neuwertige Exemplare handelt, die noch in Plaste verpackt sind...

FRAGE: ...darf ich das ins Westdeutsche übersetzen: in Folie eingeschweißt...

HEYM: Sehen Sie, da haben Sie schon den Sprachunterschied... Es muß also Leute geben, die solche Marktlücken kennen und diese Marktlücken ausfüllen. Wie das geschieht, das kann ich Ihnen nicht sagen. Ich weiß es einfach nicht.

FRAGE: Was bedeutet es für Sie, daß Ihnen die Kolumne »Offen gesagt« in der »Berliner Zeitung« nicht mehr zur Verfügung steht?

HEYM: Natürlich empfinde ich das als einen Mangel. Denn was ich benutze, sind Ersatzmittel. Aber es ist immerhin so, daß das, was die Behörde wollte, nämlich mir einen Knebel in den Mund stekken, nicht erreicht wurde. Und gerade weil mein Wort nun seltener ertönt, als wenn ich in der DDR reden könnte, wird es um so mehr gehört, und um so mehr wird darüber nachgedacht, um so stärker wirkt es. Aber es wäre besser, wenn ich noch meine Kolumne in der »BZ« hätte.

FRAGE: Sie begannen als politischer Journalist.

HEYM: Nicht ganz so ausschließlich, ich habe auch Gedichte geschrieben. Als die Taschenbuchausgabe von »Wege und Umwege« bereits imprimiert war, habe ich ein paar Gedichte von mir wiederentdeckt, übrigens auf merkwürdige Art. Ich habe darüber nachgedacht, wie meine Anfänge waren, und erinnerte mich, daß eines der Blätter, für die ich damals in Berlin arbeitete, die »SAZ« war, die »Sozialistische Arbeiterzeitung«, das Organ jener »SAP«, in der auch Willy Brandt Mitglied war. Ich fragte in der Staatsbibliothek in Ost-Berlin an, wo man in die »SAZ« einsehen könnte. Man sagte mir, die einzige Stelle, wo die »SAZ« komplett aufbewahrt würde, wäre das Archiv der »Sozialistischen Internationale« in Amsterdam. Sie selbst hätten nur die Ausgaben der Monate Oktober und November 1931, aber das waren genau die beiden Monate, in denen ich, achtzehn Jahre alt damals, für die Zeitung gearbeitet habe. Als ich in die Staatsbibliothek kam, sagte mir ein Bibliothekar, er hätte unter den Initialen meines Namens, »H. F.«, nur zwei Sachen gefunden, die sich jedoch um Lübeck drehten...

FRAGE: ...nicht Helmut Flieg, sondern Herbert Frahm alias Willy Brandt?

HEYM: Ja, genau, und ich habe die beiden Artikel fotokopieren lassen und sie Willy Brandt geschenkt, als er neulich in der DDR war. Dann habe ich mir die Ausgaben der beiden Monate selbst angesehen, und plötzlich entdeckte ich auf der Kulturseite ein Gedicht, das mir vertraut vorkam. Der Autor nannte sich Melchior Douglas. Da fiel mir ein, daß das mein Pseudonym speziell für die »SAZ« gewesen war. Dann habe ich noch vier andere Gedichte von mir gefunden, die mehr oder weniger im Ton von Tucholsky geschrieben waren.

FRAGE: Hatte nicht Walter Mehring, ich denke da an jenes Gedicht (»Wir exportieren! Wir exportieren! Wir machen Export in Offizieren!«), das Ihnen den Schulverweis in Chemnitz einbrachte, einen Einfluß auf Sie?

HEYM: Tucholsky, Kästner, Mehring, alle drei. Wenn Sie mich nach meinen Vorbildern fragen: Ja, Tucholsky war schon so eine Art Vorbild für mich, hatte einen Einfluß. Aber es gab damals in den zwanziger und dreißiger Jahren überhaupt eine große Feuilletonkultur, die heute, ich bedauere das sehr, fast völlig verlorengegangen ist, und es gab eine ganze Reihe von Autoren, die jene leichte Hand hatten, die dazu gehörte. Solche Feuilletons, die berühmten Artikel unter dem Strich, sind bekanntlich eine Art Kleinkunst, ähnlich dem Kabarett, das auch damals in Blüte stand. Ich habe das seinerzeit immer mit großem Vergnügen gelesen, aber wer da alles geschrieben hat, das kann ich Ihnen heute nicht mehr sagen. In dieser Zeit habe ich auch schon von den englischen und amerikanischen Autoren gelernt.

FRAGE: Die Reportage »Berliner Hofmusik«, die jetzt erstmals in der Taschenbuchausgabe von »Wege und Umwege« abgedruckt ist, gehört auch zu den Wiederentdeckungen?

HEYM: Ja. Ich erinnerte mich, daß ich in der Berliner Zeit auch für die »Welt am Morgen«, eine der Zeitungen von Willi Münzenberg, geschrieben habe. Der Bibliothekar in der Staatsbibliothek forschte unter dem Schlüsselwort »Hinterhof« nach, und so wurde auch die Sache aufgefunden. Ein Manuskript gab es nicht mehr, ich hatte wirklich nur nebelhaft in Erinnerung, daß ich so etwas gemacht hatte.

FRAGE: Haben Sie damals auch an der »AIZ«, der »Arbeiter Illustrierte Zeitung«, von Münzenberg mitgearbeitet?

HEYM: Nein, für die habe ich erst in Prag geschrieben, da erschien sie jedoch schon unter einem anderen Titel, der mir nicht mehr in Erinnerung ist.

FRAGE: Prag – das ist das Stichwort. Nach Berlin war es die zweite Station und die erste in der Emigration. Wie erging es Ihnen da?

HEYM: Ich war wohl einer der wenigen Emigranten, die nicht einen Pfennig von irgendeinem Hilfskomitee in Anspruch genommen haben. Obwohl ich noch sehr jung war und es nur niedrige Honorare gab, konnte ich mich durch meine schriftstellerische Arbeit über Wasser halten. Ich habe in Prag unter einer ganzen Anzahl von Namen für die verschiedensten Zeitungen, tschechische wie deutsche, gleichzeitig geschrieben.

FRAGE: In Prag wurde aus Helmut Flieg auf diese Weise Stefan Heym.

Aber das geschah auch, weil Sie Ihre Familie schützen wollten, die in Deutschland geblieben war?

HEYM: Genau das war der Grund, weshalb ich als Hauptpseudonym den Namen Stefan Heym annahm. Als ich in Prag angekommen war und meine Familie benachrichtigen wollte, mußte ich ja irgendeinen Absender angeben, und in Prag, auf der Hauptpost, fiel mir dieser Name ein, urplötzlich. Warum es gerade dieser Name war, weiß der Kuckuck.

FRAGE: Sie schrieben deutsch, weil Prag zum großen Teil eine deutschsprachige Stadt war.

HEYM: Es gab zwei deutsche Elemente in Prag. Das eine waren die Sudetendeutschen, die zum großen Teil nazistisch infiziert waren. Und dann gab es die zu achtzig Prozent deutschsprachigen Prager Juden. Dieses Prager Judentum hatte eine Tradition, die über Jahrhunderte ging.

FRAGE: Zwischenfrage: Sagten Sie vorhin, Sie hätten tschechisch geschrieben, ist das richtig?

HEYM: Nein, ich habe alles auf deutsch geschrieben, die tschechischen Zeitungen haben es übersetzt. Einer meiner Übersetzer war Karel Capek, wohl der berühmteste tschechische Autor jener Jahre. Als ich ihm, der auch Redakteur der Zeitung »Lidové Noviny« war, sagte, daß ich das Honorar für einen Artikel, den ich ihm brachte, mit dem Übersetzer teilen müßte, antwortete er: »Nein, nein, das übersetze ich selbst.« Er war ein liebenswürdiger Mensch und sehr hilfsbereit.

FRAGE: Von Ihren Arbeiten aus der Prager Zeit ist nichts in »Wege und Umwege« enthalten.

HEYM: Doch, die »Geschichte vom Selbstmörderclub« und einiges, was ich später für tschechische Zeitungen schrieb. Ich ging 1935 schon nach Amerika, weil ich ein Stipendium erhielt, um mein Studium fortsetzen zu können. Die Überfahrt mußte ich aber selbst bezahlen. Da ich kein Geld hatte, bin ich zu den verschiedenen Zeitungen gegangen, für die ich gearbeitet hatte, und ließ mir Geld vorschießen für Artikel, die ich über Amerika schreiben wollte. Ich habe sie auch geschrieben und nach Prag geschickt, zum Beispiel den Artikel über Huey Long, den Diktator von Louisiana, und sie sind dann in tschechischen Zeitungen veröffentlicht worden. Über amerikanische Themen habe ich aber auch für amerikanische Zeitungen geschrieben.

FRAGE: Mit dem 1937 gegründeten »Deutschen Volksecho«, dessen Chefredakteur Sie waren und das Sie fast ganz allein füllten, begann dann die Phase Ihres publizistischen Kampfes gegen den Faschismus in Deutschland.

HEYM: Nein, die begann schon vorher. Artikel gegen die Nazis schrieb ich für die antifaschistische Presse in Europa, als in Amerika noch kaum jemand die Gefahr erkannte, die durch Hitler entstanden war. Aber, um auf das »Volksecho« zurückzukommen, ich war nicht ganz allein, ich hatte schon ein paar Mitarbeiter. Aber erstens war ich verantwortlich für das Blatt, und zweitens konnte ich leider kaum Honorare zahlen, so daß ich die Kleinarbeit selber machen mußte. Die Arbeit am »Volksecho« war sehr widersprüchlich, auf der einen Seite waren wir ein recht weltoffenes Blatt, auf der anderen schrecklich provinziell. Wir lebten nämlich davon, daß die fortschrittlichen deutsch-amerikanischen Vereine gegen Bezahlung ihre Veranstaltungskalender bei uns veröffentlichten, und wenn die ihre Meetings oder irgendwelche anderen Veranstaltungen hatten, mußte ich darüber berichten. Auf diese Weise bin ich mit diesen Leuten in Verbindung gekommen. Das waren brave deutsch-amerikanische Arbeiter, die zumeist nicht erst nach 1933 aus politischen Gründen emigriert sind, sondern als deutsche Einwanderer vorher schon nach Amerika gekommen waren.

FRAGE: Ihr Kampf gegen den Faschismus und später, nach Kriegsende, für die Demokratie ist in dem Buch »Wege und Umwege« durch Aufsätze und Aufrufe, Reportagen und Flugblätter dokumentiert; die prägenden Kriegsjahre haben Sie in dem Roman »Der bittere Lorbeer« aufgearbeitet. Das alles kann man nachlesen. Deshalb mache ich einmal einen Zeitsprung. Sie verließen 1952 das Amerika der McCarthy-Ära, weil Andersdenkende, Sozialisten und Kommunisten vor allem, verfolgt wurden. Seit dieser Zeit leben Sie in der DDR, einem Staat, der die Meinungen Andersdenkender unterdrückt, der die unbequemen Bücher seiner Autoren nicht druckt, und Ihre Bücher sind darunter. Macht das auf Dauer nicht doch mutlos?

HEYM: Diese Frage habe ich befürchtet. Ich habe befürchtet, Sie könnten sagen: Es ist doch heute in der DDR genauso erstickend, warum gehen Sie nicht von dort auch weg? Darauf könnte ich antworten: Ich bin in meinem Leben schon zweimal emigriert und habe nicht vor, es noch ein drittes Mal zu tun. Und außerdem, wir sprachen davon, bin ich eben zu einer Art moralischer Stimme in der DDR geworden. Auch nach den Lesungen, die ich in der DDR mache, in Kirchen vor Tausenden von Menschen, wird mir diese Frage oft gestellt, und ich antworte mit der Gegenfrage: Was würden Sie davon halten, wenn ich fortginge? Die Menschen erwidern dann: Wir würden es Ihnen nicht verdenken, wenn Sie gingen, aber wir wären doch sehr traurig darüber. Und das ist der eigentliche Grund, weshalb ich bleibe, ganz abgesehen davon, daß ich hier in der DDR seit dreißig Jahren in meinem Haus wohne, die Leute kenne, Freunde habe und meine zweite Frau eine gebürtige Berlinerin ist, die in der DDR aufwuchs. Diese Dinge halten mich fest. Ein letzter Grund ist, daß die Funktionäre, die mich in der Öffentlichkeit attackiert haben, in gelegentlichen Privatgesprächen deutlich werden lassen, welchen Respekt sie vor mir haben. Das sind doch ganz andere Voraussetzungen, als sie es in Amerika damals waren. Mit Funktionären meiner Generation, mit denen also, die zwischen sechzig und siebzig Jahre alt sind, Leuten wie Honecker etwa, nicht mit den jüngeren Funktionären, die nach 1945 aufgewachsen sind, habe ich etwas gemeinsam. Wir standen zusammen im antifaschistischen Kampf, und das verbindet, ganz gleich, wie wir uns heute unterscheiden, welche abweichenden Meinungen und welche Differenzen wir haben.

FRAGE: Das ist das Grundmotiv Ihres Romans »Collin«?

HEYM: Genau, genau, obwohl die beiden so verschiedenartig sind, der Schriftsteller und der Funktionär, Collin und Urack, sie haben eine gemeinsame Vergangenheit.

FRAGE: Weil Sie Ihre Bücher ohne Genehmigung der zuständigen Behörde der DDR in der Bundesrepublik verlegten, schuf man so eine Art »Lex Heym«.

HEYM: Nachdem ich für den »Collin« zu einer Geldstrafe von neuntausend Mark verurteilt wurde, haben die sich oben gesagt, das ist zu wenig, und haben von der Volkskammer ein Gesetz annehmen lassen, wonach dasselbe Vergehen, für das ich verurteilt wurde, nun mit fünf Jahren Zuchthaus bestraft wird. Ich habe daraufhin gedacht: Jetzt lassen wir es einmal darauf ankommen. Ich habe also das nächste Buch, den »Ahasver«, wieder ohne Genehmigung veröffentlicht und abgewartet, was geschehen wird. Aber nichts kam, nicht ein Wort, nur Schweigen. Die Behörden haben auch bei anderen Schriftstellern, die meinem Beispiel gefolgt sind, nichts unternommen. Dafür gibt es zwei Gründe. Zum einen: Unsere Obrigkeit hat genau dasselbe bemerkt, was ich mir überlegt habe – sie würden Märtyrer schaffen, und die können sie nicht brauchen. Zum anderen heißt das wohl auch, daß der Staat inzwischen etwas souveräner geworden ist und sich sagt: Gut, wenn die Leute so etwas schreiben, was wir bei uns nicht veröffentlichen, sollen sie es doch draußen veröffentlichen, das ist zwar nicht angenehm für uns, aber besser als ein Skandal.

FRAGE: Was in Ihrem erzählerischen Werk, in Ihren großen Romanen nur in der Summe zu erkennen ist, in Ihren politischen Schriften, die in dem Buch »Wege und Umwege« versammelt sind, formulieren Sie, was Sie zu sagen haben, sehr direkt, sehr prägnant und pointiert. Fürchten Sie wegen dieser Publikation keine neuen Repressalien?

HEYM: Das Buch enthält aber doch auch eine ganze Menge, was ich in sozialistischen und kommunistischen Zeitungen publiziert habe, also in der eigenen Presse unserer Oberen – wenn sie mich dafür bestrafen wollen, na bitte.

FRAGE: Immerhin enthält »Wege und Umwege« auch Aufsätze, Reden und Interviews aus jüngeren Jahren, Beiträge, die jetzt erst hinzugekommen sind. Beispielsweise das »Spiegel«-Gespräch über die Friedensbewegung in Ost und West oder das Gespräch, das ich mit Ihnen für das BÖRSENBLATT über den »Ahasver« führen durfte. Man könnte sich vorstellen, daß das von den Behörden Ihres Staates nicht gern gelesen wird.

HEYM: Sehr ungern, sehr, sehr ungern. Aber es ist anscheinend sehr schwer, dagegen aufzutreten. Ich wünschte schon, diese tapferen Löwen gäben ihr gschamiges Schweigen endlich auf und fingen an, im »Neuen Deutschland« diesmal gegen mich zu brüllen.

FRAGE: Die Taschenbuchausgabe von »Wege und Umwege« enthält viele bisher unbekannte Texte, Texte, die sich, wie es in der Anmerkung zur erweiterten Edition steht, »im immer noch ungeordneten Archiv des Autors fanden«, und zwar in einer schwarzen Klemmmappe. Ich könnte mir denken, daß sich in diesem »Archiv« noch mehr befand, das wert wäre, in einem Buch veröffentlicht zu werden. Ist das so, und werden wir das bald lesen können?

HEYM: Ja – und ich hoffe, daß dieses Buch schon seines Materials wegen Interesse erwecken wird. Aber nicht nur des Materials wegen, sondern auch wegen der von mir sonst nie benutzten literarischen Form der Beiträge; denn es sind Radioskripts, die ich in den letzten Monaten des Krieges für die Psychological Warfare der zwölften amerikanischen Armeegruppe geschrieben habe und die von Luxemburg aus über die deutschen Linien hinweg gesendet wurden und sich an die Angehörigen der Wehrmacht und an die deutsche Bevölkerung richteten.

FRAGE: Wann erscheint das Buch?

HEYM: Im Frühjahr bei C. Bertelsmann unter dem Titel »Reden an den Feind«.

FRAGE: Das Buch, um das sich unser Gespräch besonders gedreht hat, »Wege und Umwege«, umfaßt Ihre publizistischen, Ihre politischen Stellungnahmen aus fünf Jahrzehnten. Wann legen Sie Ihre Autobiographie vor?

HEYM: Ich werde Ihnen offen sagen, daß der Gedanke, so etwas zu machen, mich seit einiger Zeit beschäftigt. Aber ich habe noch Angst davor, Angst vor dem, was da hochkommen könnte. Die Frage ist doch, wie ehrlich man so etwas schreibt. Eine Autobiographie sollte sich nicht um die wirklichen Probleme eines Lebens drücken. Sie muß auch die Fehler und die bösen Sachen, die man gemacht hat, berücksichtigen. Mit all dem müßte man sich auseinandersetzen. Und der Punkt ist: Wie tut man das, wie weit geht man da? Ich weiß es nicht, noch nicht. Aber ich bin dabei, mich mit diesen Fragen zu beschäftigen.

FRAGE: Sie haben, letzte Frage, sich immer wieder zu politischen Anlässen publizistisch geäußert. Ist Ihnen nie der Gedanke gekommen, in die Politik zu gehen?

HEYM: Ob ich den Marschallstab im Tornister hatte – ich weiß es nicht. Aber es gab zwei bemerkenswerte Vorgänge, die auf eine solche Entwicklung hingedeutet haben. Nach 1945 erhielt ich von einer alten Genossin aus Prag unter anderem eine Liste, auf der die angeblich gefährlichsten Kommunisten unter den deutschen Emigranten in Prag aufgeführt waren. Diese Liste hatte der Polizeipräsident von Prag für den kommandierenden General der dort stationierten tschechischen Truppen zusammengestellt. Mein Name tauchte da an dritter Stelle auf, während Walter Ulbricht im Rang nur Nummer sieben hatte. Das Zweite: Nach einem Leitartikel in der »Neuen Zeitung« im September oder Oktober 1945, gezeichnet mit »S. H.« – es ging um das Thema Schwarzmarkt –, nach diesem Leitartikel also bekam ich einen Brief von der neugegründeten württembergischen Landesregierung mit der Anfrage, ob ich ihr nicht als Staatsminister beitreten könnte. Wenn Sie diese beiden Begebenheiten im Geiste weiterspinnen würden – vielleicht wäre ich da heute auf der einen Seite Mitglied des Politbüros und auf der anderen Altbundespräsident. Oder meinen Sie nicht auch?

Literatur und Zeitgeschichte

Rede auf dem PEN-Kongreß in Hamburg

JUNI 1986

Literatur ist nicht denkbar ohne Zeitgeschichte; Literatur ist nichts anderes als gestaltete Geschichte der Zeit, in welche der Autor hineingeboren wurde, der Erlebnisse, die er in dieser Zeit hatte, der Erfahrungen, die er machte, der Zustände, die er sah; er kennt nur seine Zeit, welche sonst sollte er gekannt haben, und selbst wenn er von einer anderen Zeit erzählt als der seinen, so ist es doch die seine, nur anders kostümiert und mit anderen Versatzstücken.

Nun spricht man vom Zeitlosen in der Kunst, in der Dichtung, und will damit die Behauptung untermauern, daß es eine Literatur außerhalb der Zeit gäbe, von Ewigkeitswert, mit ewig gültigen Mitteln geschaffen für die Ewigkeit. Aber ach, dieses Zeitlose in der Kunst ist nur das, was zeitlos ist am Menschen, Emotionen, die Homer schon schildert und die wir heute noch empfinden, Reaktionen, die schon vorkamen bei Hildebrand und Hadubrand und die heute erst recht zu beobachten sind. Gesehen jedoch ist das alles vom Autor in der Zeit, in der er lebte, und durch diese Zeit, und wenn es zeitlos wirkt, dann nur, weil er seine Zeit so dargestellt hat, daß wir sie und die Konflikte der Menschen in ihr noch immer miterleben können. Je besser ein Autor seine Zeit versteht, je mehr er weiß von ihrem Geschehen, desto zeitloser wird sein Buch sein, sein Stück, sein Film, sein Gedicht.

Natürlich wird es jetzt darauf ankommen, wie er diese seine Zeit sieht, von welchem Blickpunkt und in welcher Perspektive, und das wieder wird sich danach richten, was für ein Kerl er ist, wie und unter welchen Umständen er aufwuchs, was für Eltern und wie lange er sie hatte, welche Frauen und wie viele, wo er zur Schule ging und ob überhaupt, ob er nach Wahrheit sucht oder die Bequemlichkeit liebt, ob er das Maul aufmacht oder es vorzieht, leise zu treten. Machen Sie einmal das Experiment, lassen Sie ein halbes Dutzend Leute ein und denselben von ihnen allen beobachteten Vorfall beschreiben, und Sie werden erleben, daß Sie von sechs verschiedenen Ereignissen lesen. Wie dann erst, wenn es um Vorgänge geht, die sich über Jahre erstreckten, mit Konflikten aller Art, die in sie verwoben, und mannigfaltigen Charakteren, bekannten wie unbekannten, die in sie verwikkelt sind! Marlowes Faust lebt eben aus der Zeit und der in dieser Zeit geformten Persönlichkeit Marlowes, und der Goethesche ist eine Kreatur Goethes, undenkbar vor 1749 oder nach 1832; der Gott, zu dem Luther betet und den er bedichtet, ist der Gott seiner Zeit und nicht der Gott des Franz von Assisi oder gar der Adonai der alten Juden.

Der Faust, den wir heute schreiben würden, wäre wieder ein anderer, der Gott, mit dem sich ein heutiger Dichter auseinanderzusetzen hätte, wäre nicht der des Dr. Martinus oder des heiligen Franz. Unsere Bücher sind alle 20. Jahrhundert, auch wenn die Themen ewig sind, Liebe, Haß, Geiz, Machtgier, Feigheit, Heldenmut. Wenden wir uns unserer Zeit ruhig zu, erkennen wir sie ohne Scheu, soweit wir können, dann wird möglicherweise gerade die Zeitbezogenheit es sein, die das Werk auch über die Zeit hinaus bestehen läßt.

Einführende Bemerkungen eines Reiseführers vor einem Reststück der Mauer

Anonym. »Der Spiegel«

AUGUST 1986

Meine Damen und Herren!

Das Reststück der berühmten Mauer, vor dem wir uns befinden, wird Ihnen einen angemessenen Eindruck von dem Gesamtbauwerk vermitteln, über das seinerzeit soviel geredet und geschrieben wurde und das, besonders wenn wieder ein armer Mensch es zu durchbrechen versuchte und dabei scheiterte, so vielen Politikern Anlaß zu fulminanten Ansprachen gab und so viele Zeitungen zu Leitartikeln voll moralischer Entrüstung. Der Internationale Touristikverband, als dessen Gäste auch Sie heute hier sind, scheut keinerlei Aufwand und Kosten, um die Anlage in dem Zustand zu erhalten, in dem sie sich befand, als sie noch ihrem ursprünglichen Zweck diente; und die uns erhaltenen Vorlagen, nach denen das Ganze in den sechziger Jahren des vorigen Jahrhunderts konstruiert und in den folgenden Jahrzehnten immer weiter vervollkommnet wurde, werden auch von uns noch als Anleitung benutzt.

Wie Sie selber sehen, war die Mauer, vom Ästhetischen her, ein eher anspruchsloser Bau; im Gegensatz zu den Triumphbögen und Siegessäulen der Vergangenheit war sie ja auch nicht Symbol eines Erfolges, sondern einer Niederlage. Sie war das, was man unter Architekten und deren Auftraggebern als Zweckbau bezeichnet; sie entstand aus der Not heraus, wie ein Deich oder andere Schutzwälle der Art, und keiner ihrer Erbauer dachte auch im entferntesten daran, ihr angenehme Proportionen oder reizvolle Formen zu verleihen; mit ihren Vor- oder besser gesagt Hinterbefestigungen beeindruckt sie uns heute nur noch durch ihre Ausmaße.

Versuchen Sie, meine Damen und Herren, sich einmal vorzustellen, was mit den Mengen von Beton, Stahl, Draht, Holz und anderen Materialien, die für die Mauer verbraucht wurden, Schöneres und Nützlicheres hätte geschaffen werden können und für wieviel bessere Zwecke die Arbeiter, die sie erbauten, und die Tausende von Soldaten, die den Bau nach seiner Vollendung in seiner ganzen Länge bewachen mußten, ihre Kräfte genutzt haben könnten, und Sie werden erkennen, wie verworren die Zeiten gewesen sein müssen, in denen dieses Bauwerk mit seinen Wachttürmen, Schutzstreifen, Stacheldrahthindernissen, Minenfeldern, Hundelaufbahnen et cetera, et cetera errichtet wurde. Ferner darf ich Sie auf eine weitere Eigenheit unseres Exponats aufmerksam machen: Die zusätzlichen Einrichtungen der Mauer nämlich befinden sich samt und sonders auf der dem Territorium der ehemaligen Deutschen Demokratischen Republik zugekehrten Seite; die Mauer ist also ein sozusagen nach innen gerichtetes Bollwerk, weniger gedacht, die Haufen von außen anstürmender Feinde abzuwehren, als von innen her nach außen drängende Individuen oder Gruppen zurückzuhalten. Diese Art der Anlage hatte ihre guten politischen Gründe, von denen ich Ihnen alsbald berichten werde.

Aber zunächst: Wer waren die Baumeister, wer inspirierte, verursachte, veranlaßte die Errichtung eines so einzigartigen Werkes moderner Bautechnik? Der Schriftsteller Stefan Heym, der die Gelegenheit hatte, die Gründe des Mauerbaus von Amerika wie von Deutschland aus zu erforschen und auf dessen Gedanken meine Ausführungen hier und da Bezug nehmen, nennt in diesem Zusammenhang vornehmlich Adolf Hitler, Harry Truman, Konrad Adenauer und auf östlicher Seite Josef Wissarionowitsch Stalin und den seit je an städtebaulichen Fragen interessierten Walter Ulbricht; er fügt jedoch hinzu, wie die Geschichte denn überhaupt nur in begrenztem Maße von Einzelpersonen gemacht werde, seien auch hier größere Kräfte im Spiel gewesen, denen die Genannten untertan waren.

Vereinfacht gesagt, und damit Sie, meine Damen und Herren, sich ein Schema machen können: Ohne Hitler kein Krieg und ohne Krieg kein Vorrücken der Sowjetmacht bis in die Mitte von Deutschland; ohne Hitler also keine Teilung Deutschlands in ein östliches und westliches Besatzungsgebiet. Die Anfänge der Mauer liegen demnach in jener Nacht im Januar 1933, als auf der Wilhelmstraße in Berlin SA und SS fackeltragend an ihrem Führer vorbeimarschierten und dieser sie vom Fenster der Reichskanzlei herab mit graziös erhobener Rechten zurückgrüßte. Trumans Bombe über Hiroshima dann vermittelte allen Beteiligten die Botschaft, daß Amerika sich die im Krieg errungene Überlegenheit für den Rest des 20. Jahrhunderts zu erhalten gedachte, und zum Teufel mit den Ansprüchen anderer; worauf Josef Wissarionowitsch Stalin beschloß, das Vorfeld, das ihm seine Armee erkämpft hatte und das vom Flusse Bug bis zur Elbe reichte – erinnern Sie sich, meine Damen und Herren, an die rote Fahne auf dem Reichstag –, fest in der Hand zu behalten.

Wenn es sich nun bei den beiden großen Kontrahenten um zwei einigermaßen gleichartig organisierte Mächte gehandelt hätte, wäre es nicht gar so schwierig gewesen, zu einem Agreement zu kommen und das beschnittene Deutschland Deutschland sein zu lassen. Die Weltgeschichte aber wollte es, daß das gesellschaftliche System der einen Großmacht auf kapitalistischer, von ihren Apologeten freiheitlich-demokratisch genannter Grundlage beruhte, während Großmacht Nummer zwo sich als kommunistisch bezeichnete und Herrschaftsstrukturen hatte, die sich von denen der ersten in mehreren Punkten grundsätzlich unterschieden; in beiden Systemen aber fühlten die Oberen sich dauernd bedroht von den Unteren und befürchteten, letztere könnten im jeweils anderen System nachahmenswerte Züge entdecken. So schotteten sie sich voreinander ab; Adenauer, von Ulbricht auf deutsche Einheit hin angesprochen, organisierte mit Hilfe der westlichen Alliierten in größter Hast einen deutschen Teilstaat, die ehemalige Deutsche Bundesrepublik, und Ulbricht, verschreckt durch die Ereignisse des 17. Juni 1953 in seinem Machtgebiet, suchte daraufhin seinen Laden ebenso dichtzumachen.

Herr Stefan Heym erinnert sich einer Sitzung in der zweiten Junihälfte 1953 im Gästehaus der Regierung am Thälmannplatz in Ost-Berlin, an der einige in der Deutschen Demokratischen Republik lebende Schriftsteller und von Regierungsseite der Ministerpräsident Grotewohl sowie, als Vertreter der Sowjetunion, der Hohe Kommissar Semjonow teilnahmen. In dieser Sitzung, erzählt Herr Heym, habe auch er in der Debatte das Wort ergriffen und von dem Wettlauf um die deutsche Seele gesprochen, der da zwischen West und Ost stattfinde und in dem es mitzuhalten gelte, wollte man nicht noch Unangenehmeres erleben als die Ereignisse der vorhergegangenen Tage. Darauf habe der Genosse Grotewohl sehr pikiert dreingeblickt, Wladimir Semjonowitsch Semjonow aber sei aufgesprungen und habe schon den Begriff des Wettlaufs um irgendwelche Seelen als höchst unmarxistisch bezeichnet. Herr Heym, damals noch wenig erfahren im Umgang mit hochgestellten Persönlichkeiten, habe ihm trocken erwidert, marxistisch oder nicht, die sowjetischen Genossen, und die deutschen erst recht, würden mitlaufen müssen, ob sie es wollten oder nicht.

Aber konnten sie denn mitlaufen? Lahmten sie denn nicht, meine Damen und Herren, auf beiden Füßen? Die Revolution 1917 in Petersburg war, wie wir heute wissen, ein problematisches Unternehmen gewesen; Marx und Engels, ihre Urväter, hatten sie anderswo erwartet, nämlich in einem industriell entwickelten Land wie England oder den USA, zur Not auch in Deutschland. Bei allem Heroismus und Opfermut blieb es doch bei der Verteilung der Pauvreté, vor der Engels schon gewarnt hatte; statt aus dem vollen schöpfen zu können, mußte man mit weniger als nichts beginnen, und es entfaltete sich in Rußland und nach 1945 auch in den Gebieten zwischen Bug und Elbe das, was die Zeitgenossen als real existierender Sozialismus bezeichneten: eine einmalige Mixtur aus richtigen Einsichten und falschen Folgerungen, die dazu führten, daß, wer konnte, nach den Privilegien der Macht strebte, während die, die an die Größe der Idee glaubten, sich einen Infarkt zuzogen oder gar ins Gulag gerieten.

Trotzdem, erklärt Herr Heym, sei dieses System à la longue immer noch das hoffnungsvollere gewesen, verglichen mit dem, was da westlich der Elbe herrschte; aber eben à la longue; auf kürzere Perspektive habe der Westen, besonders was die Ansprüche der Deutschen betraf, die Trümpfe in der Hand gehabt. Zum einen wirtschaftlich: Der Drang nach Privatprofit schuf höhere Effektivität der Arbeit, mit entsprechendem Angebot an allem, was dem Menschen das Herz im Leibe lachen ließ; und dann das Psychische. Die dilettantische und zugleich unsensible Weise, auf die man im Osten Denken und Empfinden der Menschen zu lenken unternahm, die Gebetsmühlenmethode, Wahrzeichen unfruchtbaren Sektenwesens, vergraulte die Leute, während die Macher im Westen vor den Augen des pp. Publikums die schillerndsten Seifenblasen tanzen ließen. Und es war unmöglich, der Bevölkerung der ehemaligen Deutschen Demokratischen Republik den Zauber der westlichen Welt zu verhüllen: Auch durch den dichtesten Vorhang, die dickste Mauer drang das Elektron und brachte das Wort der Verführer ans Ohr der unzufriedenen östlichen Massen und bunte, verlockende Bilder vor ihr Auge.

Das Spiel wurde gespielt zwischen den Public-Relations-Experten der Madison Avenue in New York und deren gelehrigen Schülern in Frankfurt, Hamburg und Köln auf der einen und den auf ihre stalinistischen Phrasen eingeschworenen Agitationsbüros in Moskau und Ost-Berlin auf der anderen Seite; und je deutlicher die Parteifunktionäre spürten, daß sie ins Hintertreffen gerieten, desto ängstlicher wurden sie und desto härter ihre Maßnahmen.

Kein Wunder, daß ihnen immer größere Teile der Bevölkerung davonliefen über die offene Grenze; jeder riß den nächsten mit, eine fast panikartige Fluchtbewegung entstand; im August 1961 war es soweit, daß ein Werkleiter im Osten nicht mehr wußte, wie viele Arbeiter er am nächsten Morgen noch im Betrieb haben würde.

Bei Herrn Heym sprach in jenen Tagen ein ranghoher Genosse von der sowjetischen Botschaft vor und verlangte zu wissen, ob er als Schriftsteller, der sich von Berufs wegen mit dem inneren Wesen der Menschen beschäftige, einen Vorschlag hätte, wie sich dem Treiben Einhalt gebieten ließe. Nach einigem Nachdenken, das auch die Folgen für seine Person betraf, falls seine Antwort in den falschen Gehörgang geriet, antwortete Herr Heym, da müßte man wohl gewisse Strukturen von Grund auf ändern und vor allem eine andere Sprache im Umgang mit der Bevölkerung finden und ein anderes, weniger von dem Gefühl eigener Macht geprägtes Verhalten; doch werde es auch dann seine Zeit dauern, bis derart Reformen sich auswirkten. Der Genosse von der sowjetischen Botschaft, berichtet Herr Heym, habe traurig in sein Glas Tee geblickt und geseufzt, der Vorschlag, so richtig er auch sein möge, sei unter den obwaltenden Umständen leider nicht durchführbar, und man werde sich da wohl eine Maßnahme einfallen lassen müssen, die unmittelbar greife.

Sie sehen also, meine Damen und Herren, daß die Mauer, wie ich Ihnen zu Anfang bereits darlegte, aus der Not geboren war und nicht aus irgendwelcher bösartigen Willkür; sie diente dazu, den real existierenden Sozialismus in der ehemaligen Deutschen Demokratischen Republik vor dem Zusammenbruch zu bewahren, einem Zusammenbruch, der hier, an der Nahtstelle zwischen den beiden Machtblöcken jener von Atomraketen geprägten Zeit, mit großer Wahrscheinlichkeit zu kriegerischen Verwicklungen geführt hätte.

Zugleich aber ermöglichte sie es einer Minderzahl von gescheiten, tapferen, geduldigen Leuten, den Versuch zu unternehmen, aus dem real existierenden einen erträglichen, den Menschen zum Nutzen gereichenden Sozialismus zu machen, einen Sozialismus etwa, wie ihn die beiden Urväter und ein jüdischer Kaufmannssohn mit Namen Lassalle und die nie genug gewürdigte Genossin Luxemburg erträumt hatten. Daß just das lange Zeit nicht gesehen wurde, ist nicht die

Schuld dieser durchaus von gutem Willen geleiteten Leute, ebensowenig wie man gerade sie verantwortlich machen kann für die bedauernswerte Tatsache, daß von 1961 bis zur endlichen Abschaffung des Bauwerks, dessen Reststück Sie vor sich sehen, meine Damen und Herren, das Gesamtbild des Sozialismus durch die Mauer entstellt war und daß hinter der Mauer Millionen von Menschen in Frustration lebten, weil ihnen die Aussicht und der Ausflug »nach drüben«, wie man es damals nannte, versperrt war.

Die Mauer, Herrn Heym zufolge, war nichts als der dreidimensionale Ausdruck der Zweiteilung Deutschlands, mehr noch, der Welt; in dem Moment, da auf beiden Seiten die Zustände verändert wurden, die die Teilung bedingten, fiel auch die Mauer, und es blieb nur die Aufgabe, zur Belehrung besonders der Jugend, aber auch älterer Herrschaften, die sich nicht mehr so deutlich erinnern, unser Reststück als Andenken an die komplizierten Verhältnisse einer nicht gar so fernen Vergangenheit vor dem Verfall zu bewahren.

Hinzufügen darf ich noch, meine Damen und Herren, daß die Mitarbeiter des Internationalen Touristikverbandes, Reiseführer, Fahrer, Reinigungskräfte und meine Wenigkeit, die Ihnen den Besuch dieser Gedenkstätte so angenehm wie möglich zu machen suchen, für jede Anerkennung dankbar sein werden; im Kiosk neben dem Eingang finden Sie, käuflich zu erwerben, Ansichtskarten, Diapositive und andere Souvenirs sowie einschlägige Literatur.

Ich danke Ihnen.

Nach Tschernobyl und Reykjavik

Rede auf dem jugoslawischen Schriftstellerkongreß in Belgrad

OKTOBER 1986

Der Internationale PEN-Kongreß in Hamburg fand kurz nach Tschernobyl statt, und es war nur natürlich und folgerichtig, daß eine Anzahl der in Hamburg anwesenden Autoren über Tschernobyl sprachen und wissen wollten, ob es nicht auch zu den Pflichten des Schriftstellers gehöre, auf ein so einschneidendes Ereignis wie dieses einzugehen, und was sie denn, wenn dem so wäre, unternehmen könnten, als Schriftsteller und überhaupt.

Alberto Moravia, Robert Jungk, auch andere noch, ich unter ihnen, stimmten überein, daß die Explosion eines Atomreaktors mitsamt ihren schrecklichen Folgeerscheinungen, ein Fall, der bis dato von Fachleuten in Ost wie West für so gut wie unmöglich gehalten wurde, alle Menschen anging und die Schriftsteller erst recht, und daß diese ihre ganze Kraft und ihren ganzen Einfluß einsetzen müßten, um die Bedrohung der gesamten Menschheit, die da zutage getreten war, für immer zu bannen.

Der Zufall will es, daß Ihr Kongreß in Belgrad ganz kurz nach dem Treffen in Reykjavik stattfindet. Die Schockwellen, die von der kleinen Hauptstadt Islands ausgingen, wo die Staatsoberhäupter der beiden Supermächte zusammenkamen und wieder einmal ihre Unfähigkeit bestätigten, sich über die einfachsten Maßnahmen zur Erhaltung des Lebens auf Erden zu einigen, sind nicht radioaktiv wie jene, die aus Tschernobyl kamen, doch könnten sie à la longue das Millionenfache dessen ausstrahlen, was der Unglücksreaktor bei Kiew an Bequerels und Rems und Curies lieferte. Fast möchte man glauben, es bestünde wirklich ein innerer Zusammenhang zwischen dem Geschehen von Tschernobyl und dem, was in Reykjavik getan oder vielmehr nicht getan wurde, und es könnte ja sein, daß unsre Versammlung hier in Jugoslawien gerade zur rechten Zeit einberufen wurde, um die Gelegenheit zu einem ernsthaften Austausch von Gedanken zu diesem Thema zu schaffen.

Künftige Psychiater – vorausgesetzt, es ist uns eine Zukunft vergönnt, in welcher Psychiater noch praktizieren können –, künftige Psychiater also werden gelehrte Arbeiten schreiben über den schizoiden Seelenzustand unserer zeitgenössischen Militärs und über das schizophrene Verhalten der großen Politiker, die unter dem Einfluß und nach dem Rat dieser Militärs handeln. Nun bestehen die Stäbe der Armeen der verschiedenen Länder nicht durch die Bank aus senilen Idioten; seit Jahren schon sind viele der Herren sich klar über das, was Ihnen und mir und anderen gewöhnlichen Leuten erst durch Tschernobyl so richtig zu Bewußtsein kam: nämlich daß die tödliche Wirkung nuklearer Explosionen, seien sie nun erzeugt durch die Sprengköpfe von Atomraketen oder sonstwie, nicht auf abgesteckte Gebiete begrenzt werden kann, auf das Territorium eines angenommenen Feindes etwa, sondern daß sie über Kontinente hinweg, ja, über den ganzen Globus hin reichen wird. Und trotzdem planen diese Marschälle und Generale und Admirale noch immer nach dem Muster längst vergangener Kriege Feldzüge, die sich gewinnen lassen, gegen feindliche Heere, die sich schlagen lassen, wobei dem Sieger die Beute gehört. Sie versuchen sogar, ihre antiquierten Begriffe auf die Weiten des Weltraums zu übertragen, und mißbrauchen die Leistungen von Wissenschaft und Industrie, um eine angeblich undurchdringliche strategische Verteidigungsanlage gegen einen Massenansturm ballistischer Geschosse zu konstruieren, eine himmlische Maginotlinie, sozusagen, und haben das Glück dabei, auf dem Sitz der höchsten Macht in der Stadt Washington einen abgetakelten sklerotischen Filmschauspieler vorzufinden, dessen Träume von den Phantasiebildern in Hollywoodfilmen minderer Qualität geprägt und inspiriert wurden und der auf diesen SDI-Unsinn hereinfällt. Inzwischen hat sich das Projekt zum größten Rüstungsauftrag der Weltgeschichte entwickelt; es stürzt die Vereinigten Staaten in Schulden von astronomischer Höhe und in den sicheren Staatsbankrott, und der Witz ist, daß es nie funktionieren wird, ebensowenig wie die Maginotlinie.

Dennoch: Eine Zeit wird kommen – vorausgesetzt, wir haben uns bis dahin nicht selber zur Hölle gesprengt –, wo all diese Raketen, Lang-, Mittel- oder Kurzstrecken-, mitsamt ihren Atomsprengköpfen, großen wie kleinen, im Mülleimer gelandet sein werden; der Genosse Gorbatschow meinte, das könnte bis zum Jahre 2000 der Fall sein. Seine militärischen Ratgeber, die gescheiteren unter ihnen jedenfalls, scheinen tatsächlich gemerkt zu haben, daß ein Krieg ohne Siegesparade am Ende und ohne anschließende Ordensverleihung keinen Spaß macht – es wäre ja keiner mehr da für den Vorbeimarsch und keiner, der die Parade abnähme, und keiner, der die Orden den Tapferen an die Brust heftete, und keine Brust mehr, an die sich das Zeug heften ließe.

Was mich zu meinem zweiten Punkte bringt: Was kommt danach? Was tun wir nach der Beseitigung all der nuklearen Knallkörper? Müssen wir dann auf unsre guten, altmodischen konventionellen Kriege zurückgreifen, ihr Arsenal erweitert vielleicht um ein paar Laserwaffen und ähnliches elektronisches Spielzeug? Aber wie kann das sein in Anbetracht der panzerbrechenden Kraft moderner Granaten schweren Kalibers, die sich selbst durch die dicksten Betonschichten hindurchwühlen? Sind doch jeder Artilleriemajor, der eine Batterie ganz gewöhnlicher Haubitzen befehligt, jeder Leutnant, der einen Kampfbomber fliegt, jeder Sergeant sogar, der einen Panzer mit einer Kanone im Turm fährt, eine ebenso große Bedrohung für das Menschengeschlecht wie eine ausgewachsene Wasserstoffbombe; man braucht die Kerle nur auf einen jener dreihundert Atomreaktoren loszulassen, mit denen die Oberfläche unseres Planeten heutzutage übersät ist – bei Tschernobyl, bei Harrisburg, bei Cattenom oder bei Brokdorf.

Es stellt sich also heraus, daß uns nicht einmal das bescheidene Vergnügen eines konventionellen Krieges mehr bleibt. Läßt man, für den Moment, die glorreichen Aussichten auf virologische und genetische Kriegsführung beiseite, deren Möglichkeiten noch nicht zur Genüge getestet sind, so stehen unsere Regierungen vor einer scheußlichen Alternative: Entweder sie schaffen ihr Heer ab und ihre Flotte und ihre Luftwaffe – oder ihre Atomreaktoren; und das in Europa, Amerika, Asien, Afrika, wo auch immer. Die Menschheit kann sich diese riesigen stationären Behälter von Höllenfeuer einfach nicht leisten, solange es noch irgendwo eine Artilleriegranate oder eine durchschlagskräftige Panzerfaust gibt – oder einen fanatisierten Jüngling mit einer Plastikbombe in der Tasche, welcher glaubt, daß er direkt zu den Huris im Paradies eingehen wird, wenn er sich selber und uns dazu in die Luft sprengt.

Sonderbarer Gedanke: Professor Einsteins $e = mc^2$, die Formel, die das ganze Unheil auslöste, möchte noch zum geheimen Segen werden, indem sie uns alle zwingt, endlich in Frieden zu leben und unsern Nachbarn zu lieben, so widerlich er uns auch sein mag mit seinen schlechten Gewohnheiten. Es ist Entweder-Oder: entweder diese Art von Frieden oder nichts – und ich meine überhaupt und ganz und gar *nichts*.

Ich hoffe jedoch, daß wir, wenn alle Schriftsteller ihr Teil dazu beitragen, diese so einfache Wahrheit zu verbreiten, es fertigbringen könnten, zu überleben.

Übertragung aus dem Englischen

Revolutionen werden für die Freiheit gemacht

Interview mit Fred David, »Die Weltwoche«

APRIL 1987

WELTWOCHE: Shakehands kürzlich an der Leipziger Frühjahrsmesse zwischen Kommunisten und Kapitalisten in einer Herzlichkeit, wie man sie sonst zwischen den Exponenten zweier gegensätzlicher Systeme nicht kennt. Wenn's um Wirtschaft geht, verstehen sich beide Seiten so gut wie nie zuvor, Lothar Späth umarmt Erich Honecker, Erich Honecker plauscht mit Franz Josef Strauß. Warum läuft der wirtschaftliche Austausch zwischen den beiden deutschen Staaten so gut und der kulturelle Austausch so schlecht?

STEFAN HEYM: Wer Handel treibt, schießt nicht, zumindest nicht zur gleichen Zeit. Und im kulturellen Bereich läuft mehr, als es den Anschein hat.

WELTWOCHE: Das vor einem Jahr abgeschlossene Kulturabkommen der beiden deutschen Staaten schleppt sich dahin.

HEYM: Ach ja, das Kulturabkommen. Ich habe immer meine Vorbehalte dagegen gehabt. Man tauscht Ballettaufführungen aus, Theaterinszenierungen, Orchesterauftritte. Gut so. Aber bei der Literatur und verwandten Feldern spielt doch immer wieder die Ideologie eine Rolle. Das ist im Osten nicht anders als im Westen. Keiner möchte so recht, daß seine Leute von der Gegenseite zu stark beeinflußt werden. Trotzdem tut sich da ja einiges, westdeutsche Autoren werden von DDR-Verlagen gedruckt, DDR-Autoren erscheinen in der Bundesrepublik.

WELTWOCHE: Einer jener DDR-Autoren, die freilich nur in der Bundesrepublik erscheinen, heißt Stefan Heym. Ihre letzten Bücher durften in der DDR nicht erscheinen – ein unfreiwilliger Kulturaustausch?

HEYM: Das ist kein normaler Zustand, er dauert jetzt schon viele Jahre. Ich weiß nicht, ob sich bald etwas ändern wird, obwohl im sozialistischen Lager einiges in Bewegung gekommen ist.

WELTWOCHE: Die DDR-Medien verhalten sich gegenüber dem Glasnostkurs von Gorbatschow sehr reserviert. Anderseits können sich

DDR-Bürger via Westfernsehen informieren. Spüren Sie inzwischen einen Erwartungsdruck der Bevölkerung den eigenen Medien gegenüber, breiter zu informieren, etwa im Stil des »Prawda«-Chefredaktors, der seine sowjetischen Kollegen öffentlich aufgefordert hat...

HEYM: ...aufgestachelt, er hat sie richtig aufgestachelt...

WELTWOCHE: ...vor kritischen Themen nicht haltzumachen?

HEYM: Man versuchte einige Male, hier in der DDR Reden und Äußerungen Gorbatschows nicht vollständig abzudrucken. Das hat man aufgegeben. Die Texte werden jetzt vollständig abgedruckt, wenn auch unkommentiert.

WELTWOCHE: Spielen Sie auf die Verlautbarung der KPdSU zum siebzigsten Jahrestag der Oktoberrevolution an?

HEYM: Ja, das hat mich sehr berührt. Das »Neue Deutschland« veröffentlichte den Text am 14. und 15. März. Da stehen völlig neue Gedanken drin, in einer ganz neuen Sprache: »Mehr Demokratie bedeutet mehr Sozialismus, bedeutet Entfaltung der mächtigsten schöpferischen Kraft des Sozialismus, der freien Arbeit, des freien Menschen in einem freien Land.« Das ist ja schon fast faustisch: »Solch ein Gewimmel möcht' ich sehn auf freiem Grund, mit freiem Volke stehn.« Das ist eine neue Dimension, und es wird hier gedruckt und diskutiert. Das wird mit Sicherheit Auswirkungen haben.

WELTWOCHE: In welcher Richtung?

HEYM: Das weiß ich nicht. Ich hoffe natürlich, daß mehr Bücher mit kritischen Ansätzen gedruckt werden können, daß der Staat sich damit auseinandersetzt. Es gibt Anzeichen dafür. Soeben erhielt ich vom DDR-Kulturministerium die Einladung, mich als offizieller Vertreter der DDR an einer Kulturveranstaltung meines Landes im April in Duisburg zu beteiligen. Das ist wirklich neu: der Heym als Mitglied einer offiziellen DDR-Delegation!

WELTWOCHE: Vielleicht erhalten Sie demnächst einen Anruf von Erich Honecker, wie Sacharow von Gorbatschow?

HEYM: Wir wollen hier nicht die Dinge vertauschen. Ich sitze nicht in Gorki, sondern recht behaglich in Berlin-Grünau und bin nicht in der inneren Verbannung, da gibt es keine Parallelen. Aber immerhin: da ist ein »straw in the wind«.

WELTWOCHE: In welcher Richtung weht denn dieser »Strohhalm im Wind«?

HEYM: Heute können beispielsweise sehr viel mehr Leute in den Westen reisen als noch vor ein, zwei Jahren.

WELTWOCHE: Im letzten Jahr waren etwa zweihunderttausend DDR-Bürger unterhalb des Rentenalters in Westdeutschland. Steht dies für das neue Selbstbewußtsein der DDR-Führung?

HEYM: Das will ich so nicht sagen. Wahrscheinlich gewährt man diese Lockerungen mit viel Zittern und Zagen. Aber das ist ja alles nicht eine Sache allein der DDR. Das hängt stark von der internationalen Wetterlage ab. Wenn beispielsweise in Moskau etwas schiefgeht, ist wieder Schluß mit all diesen kleinen Schritten.

WELTWOCHE: Befürchten Sie, man könnte Gorbatschow bremsen oder ihn vielleicht sogar beseitigen?

HEYM: Es gibt viele Leute in der DDR, die diese Veränderungen – Gorbatschow selbst nennt es eine »Revolution«, womit er wahrscheinlich recht hat – herbeisehnen, die aber zugleich ihre Befürchtungen haben, weil sie sehr genau die inneren Verhältnisse der Sowjetunion kennen, die ja so rosig nicht sind. Es ist ja viel leichter, neue Filme drehen zu lassen, Bücher neuen Inhalts zu veröffentlichen, als einen Betrieb umzukrempeln oder ein Industrieministerium auf Trab zu bringen. Und das alles mit Leuten, die man nicht einfach austauschen kann, die ganz andere Arbeitsweisen gewohnt sind und die im alten Trott sehr bequem und angenehm gelebt haben.

WELTWOCHE: Welche Konsequenzen ziehen Sie für die DDR daraus?

HEYM: Ich sitze ja nicht im Politbüro, es ist nicht meine Aufgabe, mir deren Köpfe zu zerbrechen. Aber gesetzt den Fall, die DDR stiege auf Gorbatschows Reformen ein und es käme zu den geringsten Unruhen – wenn man die Zügel lockert, gehen die Pferde manchmal durch, damit muß man rechnen –, würde wieder die Situation eintreten, wo die Sowjetunion eingreifen müßte, denn sie ist hier ja, das sollte man nicht vergessen, Besatzungsmacht. Und hier ist auch die Westgrenze des Warschauer Pakts, hier ist es also heiß. Eine solche Situation würde Gorbatschows Reformen den Garaus machen.

WELTWOCHE: Das heißt, es gilt der altrömische Spruch: »Quod licet Jovi non licet bovi«, was den Göttern erlaubt ist, braucht dem Ochsen noch lange nicht erlaubt zu sein, oder anders gefragt: Was in der Sowjetunion möglich ist, steht den Verbündeten nicht ohne weiteres zu?

HEYM: Das sage ich nicht. Ich glaube einfach, daß es Leute an der Spitze unseres Staates gibt, die die Sowjetunion sehr genau kennen und die die Situation in der DDR präzise analysieren und sich bewußt sind, daß es Zeit für Reformen ist, die aber auch die Gefahren erkennen und sich sagen, wir wollen mal ein bißchen ruhig sein. Es gibt auch eine zweite »Lehrmeinung«, wenn man so will: Wenn wir in der DDR ähnliche Politik betreiben wie Gorbatschow in der Sowjetunion, stützt das dessen Kurs erheblich. Ich bin mir noch unschlüssig, welches Verhalten richtig ist.

WELTWOCHE: Wie bewerten Sie die Reaktion im Westen auf Gorbatschows Kurs?

HEYM: Da zerbröselt doch das geliebte Feindbild. Es gibt im Westen eine ganze Menge Leute in wichtigen Funktionen, die nichts sehnlicher wünschen, als daß Gorbatschow Schiffbruch erleidet. Dann können sie wieder zurück an ihren alten Verkaufsstand mit dem wohlfeilen Antikommunismus, und der ideologische Hickhack geht weiter. Der Vorschlag für die Null-Lösung kam doch ursprünglich von den Amerikanern. Jetzt nimmt Gorbatschow sie beim Wort, und plötzlich herrscht im Westen Irritation. Verbal sind sie ja alle für Abrüstung, aber achten Sie mal auf die vielen kleinen Hemmnisse, die immer von neuem in den Weg geschoben werden: Wie prüfen wir dieses, wie kontrollieren wir jenes, und noch eine Forderung wird draufgesattelt und noch eine, bis am Ende gar nichts mehr geht. Ich glaube, daß es zu viele Leute im Westen gibt, die ein Interesse daran haben, das alles kaputtgehen zu lassen.

WELTWOCHE: Lassen Sie uns von der Großwetterlage wieder zur regionalen Wetterprognose gehen. Berlin feiert dieses Jahr seinen 750. Geburtstag, es wird in Ost und West getrennt gefeiert. Fährt Erich Honecker nach West-Berlin?

HEYM: An sich darf er ja, er ist im Rentenalter. Ob er fährt, weiß ich nicht.

WELTWOCHE: Im Zusammenhang mit diesen Jubelfeiern wird für den Beobachter aus dem Westen ein neuer, recht unbefangener Umgang mit der deutschen Geschichte erkennbar. Die aufwendigste DDR-Produktion, die jemals im West-TV zu sehen war, lief erst kürzlich über den Bildschirm: »Sachsens Glanz und Preußens Gloria«, eine ziemlich ideologiefreie Verfilmung gemeinsamer deutscher Geschichte, in der Friedrich II. noch ein wenig schneidiger dargestellt wird als in wilhelminischen Schulbüchern.

HEYM: Ob das Westfernsehen auch so mutig gewesen wäre, eine TV-Serie aus der DDR über die Weimarer Republik oder die Nazizeit zu übernehmen? Man darf es bezweifeln. So offenherzig ist man doch nicht. Die erwähnte Serie hat ja im übrigen einen beachtlichen Unterhaltungswert.

WELTWOCHE: Vor drei Jahren wurde das Standbild Friedrichs des Großen wieder auf seinem Sockel Unter den Linden aufgestellt – äußeres Zeichen für eine neue Geschichtsbetrachtung?

HEYM: Auf historischem Gebiet hat sich die Sicht bei uns zweifellos erheblich geweitet. Aber diese neuen Dinge müssen sich ja auch übersetzen ins Geistige, auf das Gebiet der Philosophie, der Theorie, der Gesellschaftswissenschaften, da, wo die wirklichen Verkrustungen liegen. Die armen Menschen, die auf diesen Gebieten arbeiten, müssen jetzt endlich anfangen dürfen, selbständig den Boden umzugraben, um nachzusehen, welche Scherben da noch liegen. Zweifellos ist aber das Sektierertum wenigstens der Historiker etwas zurückgeschraubt worden. Die Bundesrepublik ist ja von ideologischem Sektierertum auch nicht ganz frei.

WELTWOCHE: Sie meinen jene Historiker, die die Scherben der deutschen Vergangenheit gerne noch etwas tiefer vergraben würden?

HEYM: Es gibt diese Tendenz bei gewissen Philosophen und Historikern, die eng zusammenarbeiten mit entsprechenden politischen Kreisen, es sind deren Hofphilosophen, sie gehören ihnen sozusagen. Aber ich sehe in der Bundesrepublik auch eine gegenläufige Tendenz, gerade bei jungen Leuten, sogar bei Gymnasiasten, die nachforschen, was in ihrer Stadt los war während der Nazizeit, was es da alles gab in diesem nationalsozialistischen Mikrokosmos, der für jedermann nachvollziehbar ist. Ich wünschte, es gäbe diese Form der Forschung auch in der DDR. Die DDR mit ihrer antifaschistischen Tradition hat weniger Nachholbedarf als die BRD. Aber Nazismus war ja nicht allein Unterdrückung von Juden, Kommunisten, Sozialisten. Im Nazismus steckt auch eine bestimmte Form des menschlichen Verhaltens, des Gehorsams, der kollektiven Heil- und Hitlerrufe und so weiter. Wieviel von dem hat sich erhalten in den Formen, die heute in der DDR Gültigkeit haben? Wieviel von diesem und jenem Gehabe ist eigentlich zurückzuführen auf die Zeit des Nationalsozialismus?

WELTWOCHE: Wo zum Beispiel?

HEYM: Nehmen wir die unsägliche Wachparade Unter den Linden in

Berlin, vor dem Mahnmal für die Opfer des Militarismus und des Faschismus, diese Stechschrittherrlichkeit. Das ist wohl das Schlimmste, was wir von der preußischen Armee übernommen haben.

WELTWOCHE: Diese Verhaltensformen werden zu Füßen eben jenes Alten Fritz zelebriert, dessen Reiterstandbild unlängst wieder auf den Sockel gehoben wurde. Gerade für die sozialistische Geschichtsbetrachtung ist doch Friedrich II., der seine Politik in erster Linie auf Bajonette stützte, eine heikle Figur.

HEYM: Alle diese Figuren sind widersprüchlich, auch Bismarck, dessen kritische Biographie übrigens unlängst in einem DDR-Verlag erschien, ein hochinteressantes Werk. Ich wünschte mir, man würde solch tiefgreifende Studien auch auf dem Gebiet des Marxismus betreiben.

WELTWOCHE: Wo sehen Sie bei einer kritischen Aufarbeitung des Marxismus Möglichkeiten zum Ansetzen?

HEYM: In der Frage der antagonistischen Widersprüche. Man hat doch vorher gesagt, sobald die herrschende Klasse beseitigt ist, werde es zwar Widersprüche geben, aber keine antagonistischen, keine Widersprüche, die nur mit Gewalt aufgehoben werden können. Es sind aber Widersprüche im Sozialismus aufgetaucht, die zu Figuren wie Stalin geführt haben.

Wie ich schon sagte, Revolutionen werden für die Freiheit gemacht. Um die Freiheit zu verteidigen, braucht man eine Diktatur. Man kann einem Feind der Freiheit nicht die Freiheit geben, die Freiheit zu untergraben und sie zu vernichten. Die Freiheit muß sich verteidigen – aber auch gegen Erscheinungen wie den Stalinismus, den man von Anfang an hätte zügeln müssen.

WELTWOCHE: Greift die Kritik so nicht an die Wurzeln des Sozialismus?

HEYM: Natürlich müssen solche Fragestellungen an die Wurzeln greifen, an was denn sonst? Der Staat kann nur gefestigter werden, wenn er die Fragen zu lösen sucht, die durch seine Existenz erst geschaffen wurden.

Gott, die Wirklichkeit und die Deutschen

Gespräch mit Horst-Eberhard Richter auf dem Deutschen Evangelischen Kirchentag in Frankfurt am Main

JUNI 1987

GESPRÄCHSLEITER GERHARD REIN: Im Programm hat dieses Gespräch den Titel »Gott und die Realität«. Ich glaube, daß wir über Gott und die Wirklichkeit, über Gott und Deutschland reden werden.

Ich begrüße ganz herzlich den Schriftsteller Stefan Heym, der in der DDR lebt. Vielleicht zur Erinnerung für die, die es nicht genau wissen: Herr Heym ist in Chemnitz geboren, ist 1933 nach Prag emigriert, dann in die USA geflüchtet, war dort Journalist, Sergeant in der US-Armee, hat sich dann 1951/52 entschieden, in die DDR zu gehen. Er ist ein namhafter Schriftsteller, dessen Romane, die letzten jedenfalls, in der DDR nicht erschienen sind, dort nicht erscheinen konnten. Das zeigt an, Herr Heym hat keine Probleme mit der DDR, die DDR hat Probleme mit Stefan Heym. Er ist aus dem Schriftstellerverband ausgeschlossen worden und lebt dennoch bewußt in der DDR.

Ich begrüße ebenso Horst-Eberhard Richter. Herr Richter ist in Berlin geboren, ist psychoanalytischer Therapeut in Gießen, ist Arzt, und er ist Autor von vielen Büchern zur Sozialpsychologie in unserem Land, der Bundesrepublik.

Herr Richter, Sie haben sich in den letzten beiden Büchern ein bißchen selbstironisch als Friedensprofi beschrieben. Wir wissen von Ihnen, daß Sie sich in der Friedensbewegung stark engagieren. Manchmal habe ich den Eindruck, daß nur noch ganz wenige ältere Frauen und Männer den Grad von Integrität und Glaubwürdigkeit haben, der junge Leute auch anzieht. Ich weiß von Ihnen beiden, daß Sie oft auch erschöpft und müde sind und trotzdem nicht resignieren. Ich frage Sie einfach danach: Was war der Punkt in Ihrer Biographie, an dem Sie für sich selbst entschieden haben, sich nicht diesem Pessimismus hinzugeben, sich nicht nur versinken zu lassen? Woher kommt der Antrieb, weiterzumachen?

STEFAN HEYM: Zunächst möchte ich sagen, wie sehr mich das berührt, hier zu sein unter so vielen Menschen, auch so vielen jungen Menschen. Mein Herz schlägt ein bißchen schneller, und das ist in meinen Jahren eine sehr gute Sache. Ich danke Ihnen dafür.

Ich weiß nicht, ob es einen solchen Punkt, nach dem Sie mich fragen, in meinem Leben überhaupt gegeben hat. Für mich war es in den Jahren, in denen sich die meisten von Ihnen befinden, als Teenager und Zwanzigjähriger, auch als Fünfunddreißigjähriger und erst recht als Fünfzigjähriger und Sechzigjähriger, einfach eine Frage des Überlebens.

Wenn ich angefangen hätte, darüber nachzudenken, wie schwierig alles ist und wie minimal die Chancen sind, zu überleben, etwas zu schaffen oder gar zu versuchen, Einfluß zu nehmen auf das Leben um mich herum und auf die anderen, auf den Krieg und alles mögliche, dann säße ich nicht hier, dann läge ich längst begraben. Es war einfach eine Notwendigkeit, sich an das Leben zu klammern und weiterzumachen. Das war in der Zeit der Nazis so, das war im Kriege so, und das war so auch später noch in der DDR, als es manchmal ziemlich brenzlig war.

Das ist die Antwort: Ich kann keinen genauen Punkt nennen. Es mußte einfach von vornherein so sein.

REIN: Herr Richter, manchmal habe ich bei Ihnen den Eindruck aus dem, was ich lese, daß Sie als junger Soldat etwas erfahren haben, was Sie selbst so sehr betroffen gemacht hat, daß Sie von daher etwas gelernt haben und auch gegen diese Versuchung angegangen sind, sich hängenzulassen.

HORST-EBERHARD RICHTER: Im Gegensatz zu Stefan Heym, der als junger Mann als Jude emigriert ist, bin ich als Junge unter Hitler aufgewachsen, bin mit achtzehn Jahren als Soldat nach Rußland eingerückt und bin dort aufgewacht. Ich habe gemerkt, was wir da machten, daß wir dort ein Land überfallen und zerstört und viele Menschen umgebracht haben, und ich lernte viele andere kennen, die am Leben geblieben waren, und merkte: Mein Gott, das sind ja nicht meine Feinde, was tun wir hier eigentlich? Ich fühlte mich aber nicht imstande oder war zu feige, mich in dieser Situation als jemand zu begreifen, der vielleicht irgend etwas dagegen tun kann. Ich war dann froh, daß ich durch glückliche Umstände in die Sanitätstruppe kam und als Feldunterarzt eine mehr karitative Tätigkeit in diesem Krieg ausüben konnte. Aber ich habe nie das Schuldgefühl überwinden können, daß ich bis zum Ende mitgemacht und lediglich eine innere Gegenhaltung sozusagen abgespalten habe. Ich habe mir in einem inneren Gehäuse gedacht, ich denke anders, mich kriegen sie nicht, aber ich habe nichts wirklich dagegen gemacht.

Nach dem Kriege hatte ich bis heute die Chance, daraus eine Lehre zu ziehen. Ich gehöre zu den wenigen aus meinem Umfeld, die überlebt haben. Ich habe bis heute das Gefühl, daß diejenigen von meiner Generation, die damals überleben konnten, nun die Chance haben, in einer anderen Gesellschaft, in einer nicht mehr totalitären Gesellschaft, alles zu machen, um sich dagegen zu wehren, daß sich wieder eine Mentalität einschleicht, die damals meine Jugend geformt hat.

Nun sehe ich trotzdem, daß vieles wieder in der Richtung läuft. Ich glaube, daß zwar heute kein neuer Hitler und kein Auschwitz drohen, aber ich glaube, daß um uns herum vieles in die Richtung einer Stärkepolitik läuft, sagen wir einer Bemächtigung über die Natur, eines kritiklosen Glaubens an technische und militärische Potenz. Das ist etwas, was wieder zu Pessimismus Anlaß gibt.

Gerade vor kurzem habe ich gelesen, daß eine repräsentative Untersuchung unter bundesdeutschen Jugendlichen ergeben hat, daß 74 Prozent glauben, daß Technik und Chemie die Umwelt in unserem Land und überhaupt der Erde zerstören werden. Man kann da pessimistisch werden, aber keiner von uns ist nur ein Beobachter dieser Entwicklung. Jeder von uns ist handelnd mitverantwortlich. Hier in Frankfurt hat einmal einer, den ich sehr verehre, Max Horkheimer, in einer Rede an der Universität über Pessimismus gesagt: »Man kann seinem theoretischen Pessimismus durch optimistisches Handeln widersprechen.« Das tue ich, und ich glaube, das tun viele von uns.

REIN: Herr Richter, ich habe ein Bild in Erinnerung. Bei einer Demonstration in Mutlangen tragen Sie ein Kreuz und wollen damit einen Protest ausdrücken. Dies ist nun keine Bekenntnisstunde, ich will Sie nicht danach fragen, was das Kreuz für Sie bedeutet. Aber das Kreuz als Symbol ist mir so stark aus diesem Bild in Erinnerung, daß ich frage: Müssen wir Deutschen lernen, dieses Kreuz auf uns zu nehmen?

RICHTER: Worauf Sie anspielen – ich erinnere mich –, das war eine Demonstration unserer Ärztebewegung in Mutlangen. Da sind wir mit weißen Kitteln und schwarzen Kreuzen zu dem Raketenlager in Mutlangen gezogen. Wir wollten durch diese Symbolik, in der natürlich auch ein großer Anspruch liegt, auf unsere Art etwas davon sichtbar machen, in welcher Lage wir uns alle befinden, ohne es uns bewußtzumachen. Ich denke, daß wir gerade als Ärzte in dieser Situation eine besondere Pflicht haben. Und wir haben zu unserer christlichen Tradition Zuflucht genommen, vielleicht mehr aus einem inneren, nur halb bewußten Bedürfnis und dem Gefühl heraus, daß dies Symbol uns als Christen auffordert, jetzt gegen die Zerstörung der Schöpfung, die uns droht, zu protestieren.

REIN: Herr Heym, Herr Richter hat davon gesprochen, daß Sie als Jude emigriert sind. Was für ein Jude sind Sie? Ich wiederhole, dies ist keine Bekenntnisstunde. Aber ich möchte natürlich wissen, was es bedeutet, als Jude in der DDR zu leben, und was es für Sie bedeutet, als Jude über Gott nachzudenken. Haben Sie da etwas anderes, als wir Christen erfahren?

HEYM: Sehen Sie, die Juden gehören zu einer verfolgten Minderheit, nicht erst seit Hitler. Das ist über die Jahrtausende gegangen, und das hat sie natürlich geprägt. Ich glaube, das hat auch mich geprägt. Man gehört eben zu einer verfolgten Minderheit. Das bedeutet natürlich nicht, daß man alles glaubt, was die geglaubt haben. In meiner Jugend habe ich eine wenig religiöse Haltung gehabt. Denn in der Weimarer Zeit, in der ich meine einprägsamsten Jahre gelebt habe, waren die Kirche und natürlich auch das jüdische Establishment sozusagen staatserhaltend. Sie waren alle etabliert und einverstanden mit den Dingen, wie sie waren. Dabei war doch klar, daß das, was existierte, nicht gut und nicht richtig war. Erst recht in der Hitlerzeit, wenn Sie die Rolle der Kirche verfolgen, war das keine erfreuliche Sache. Man darf aber natürlich die Kirche und Gott nicht verwechseln. Gott ist eine ganz andere Sache. Das ist nicht gegen die Kirche gesagt. Die Kirche ändert sich heute. Sie ändert sich besonders in der DDR.

Aber Gott, was ist denn dieser Gott? Ich habe mir sehr viele Gedanken darüber gemacht: Brauchen wir ihn, und wie sieht er aus? So ist es gekommen, daß ich mich gleich in zwei Romanen, im »König-David-Bericht« und im »Ahasver« mit diesem Gott beschäftigt habe, der auch mein Gott ist; denn ich habe ihn mir ausgedacht. Ich glaube überhaupt, daß Menschen sich den lieben Gott, ihren lieben Gott, ausdenken. Ich bin nicht sicher, ob er außerhalb unser überhaupt existiert.

Lassen wir das dahingestellt! Es gibt dafür keinen Beweis, und es gibt auch dagegen keinen Beweis. Aber für den Menschen ist es doch im allgemeinen so: Die Menschen haben eine Urangst. Sie haben eine Urangst vor dem Universum, vor den Rätseln, die da sind. Der Höhlenmensch hat Angst gehabt vor Blitz und Donner, hat eine Zuflucht gesucht und hat versucht zu ergründen, warum so etwas ist. Noch heute ist es bei uns so: Je weiter wir vorstoßen in den Kosmos, je mehr wir über die Teilchen, über Gene und was auch immer lernen, desto mehr Rätsel öffnen sich uns.

Für diese Rätsel, die immer mehr werden, wissen wir nur eine Antwort: Irgendwo sitzt da ein Gesetz. Da redet man von dem Urknall. Was war denn vor dem Urknall, wer hat denn diesen Urknall geschaffen, und wo war die Materie, die aus diesem Urknall herauskam? Wieso war das eine Materie, die irgendwo ein Staubkörnchen enthielt, das die Möglichkeit hatte, daß daraus ein Mensch entstand, und zwar ein Mensch mit einer solchen Organisation der Materie, daß er über sich, über die Rätsel der Natur und über diesen Gott nachdenken konnte? Woher kommt das? Wenn Sie das richtig bedenken, glaube ich, könnte man fast verrückt werden. Da wir nicht verrückt werden wollen, haben wir irgendwie einen Gott geschaffen. So sehe ich das, und so habe ich das geschrieben.

Aber der Gott, den ich beschrieben habe, der ist sehr verschiedenartig. Ich habe ihn in einem Buch als eine handelnde Person eingeführt. Sie ist da erstens ein allmächtiger Gott, der diese Welt geschaffen hat und der sie so geschaffen hat, wie sie ist, nänmlich schlecht. Sie ist nicht so besonders gut. Dann zweitens ein Gott, der ganz arm ist, der es nicht mehr ändern kann, was da ist, daher seinen Sohn geschickt hat, und der dann da sitzt, als der Ahasver kommt, um ihn zu besuchen, und in den Sand schreibt. Der Wind kommt, und er verweht, was Gott geschrieben hatte. So verschiedenartig empfinde ich das. Aber dafür bin ich schließlich ein Dichter und kein Pfarrer.

REIN: Ich finde es sehr schön, daß wir hier beim Kirchentag die Gelegenheit haben, so über Gott zu reden, ohne daß ein Theologe – ich bin auch keiner – hier oben sitzt und alles aus seiner Sicht wieder zurechtrückt.

Herr Heym, ich frage noch einmal. Sie kennen einen Choral – ich kenne ihn auch ganz gut –, in dem davon die Rede ist, daß Gott alles so herrlich regieret. Ist Ihre Abkehr von diesem Gottesbild auch dadurch bedingt, daß Sie nicht sehen, daß alles so herrlich regieret ist?

HEYM: Ich möchte auf mein Buch »Ahasver« zurückkommen, nicht als eine Reklame dafür – bitte, mißverstehen Sie mich nicht –, sondern weil mich gerade dieses Problem, das Sie angesprochen haben, interessiert hat, und weil ich das da beschrieben habe. Es geht darum: In dem Buch gibt es zwei Leitfiguren. Der eine heißt Luzifer und ist natürlich der Teufel. Der andere heißt Ahasver und ist der Ewige Jude. Aber der Ahasver in meinem Buch ist nicht nur der Ewige Jude, er ist auch ein gefallener Engel wie Luzifer.

Der Unterschied zwischen beiden ist, daß Luzifer sagt: Diese Welt, die Gott geschaffen hat, die stinkt, und alles, was man zu tun braucht, damit sie zugrunde geht, ist, sie so weitermachen zu lassen, diesen Gott so weitermachen zu lassen, diese Menschen so weitermachen zu lassen, und am Ende werden sie sich selbst vernichten! Das ist die große Idee des Teufels, die teuflische Idee. Dieser Ahasver aber ist ein Revolutionär. Er sagt: Gut, es ist alles nicht richtig, diese Schöpfung ist nicht vollkommen, aber es ist meine Aufgabe, unsere Aufgabe, das zu ändern. Die Menschen sind veränderbar, die Welt ist veränderbar.

Das sind diese beiden Typen, und ich muß Ihnen sagen: Obwohl mir Luzifer sehr am Herzen liegt – das ist ein sehr gescheiter Kerl, und seine Taktik ist gar nicht so schlecht –, ist mein Herz auf der Seite von Ahasver, der glaubt, daß man die Welt und die Menschen verändern kann, und der sich damit auch in Gegensatz zu der Prädestinationslehre stellt. Denn nach der Prädestinationslehre ist alles vorbestimmt, da können wir gar nichts tun. Ich meine, wir können sehr viel tun. Den Beweis, daß das möglich ist, erbringen Sie alle hier.

REIN: Herr Richter, wie gehen Sie als Therapeut mit Gottesvorstellungen um? Gibt es eine Ohnmacht in uns allen, die eigene Gottesbilder erzeugt?

RICHTER: Ich muß erst einmal noch etwas zurückgehen und eine kritische Bemerkung zu der Vorstellung machen, daß es heute noch üblich oder noch weit verbreitet ist, wie im 19. Jahrhundert oder Anfang des 20. Jahrunderts die Rätsel, die auch durch die Naturwissenschaften immer wieder neu eröffnet werden, staunend in Gottergebenheit zu verehren.

Ich glaube, daß wir heute in einem Kulturkreis leben, in dem bei-

leibe nicht dieses Staunen, dieses Bewundern, diese Ergebenheit, diese Ehrfurcht vor den Rätseln der Schöpfung unsere Kultur und unsere Politik bestimmen. Das passiert vielfach bei Naturforschern, wenn sie älter werden, wenn sie vielleicht ein schlechtes Gewissen haben, was aus ihren physikalischen Erkenntnissen geworden ist, nämlich daß man daraus Zerstörungsmaschinen gemacht hat. Herrschend aber ist ein ganz anderes Verhältnis, das im Augenblick vielleicht durch SDI, durch die Aufrüstung des Weltraums, am deutlichsten sichtbar wird, nämlich daß man sich das, was noch an Geheimnissen da ist, zunutze macht, daß man das erforscht, aber nicht, um es zu verehren und darin Gott zu finden, sondern um in eigener Identifizierung mit Gott, mit einem Allmachtsanspruch, diese Erkenntnisse technisch zu nutzen. Ich glaube, daß unsere unverantwortlichen und viel zu risikoreichen Hochtechnologien in der Atomtechnik und in der Rüstung Ausdruck dieser Identifizierung mit göttlicher Allmacht sind.
Ich meine allerdings, daß damit eine zwiespältige Haltung gegenüber Gott oder der Gottesidee mehr und mehr sichtbar wird. Man hat Angst, Gott endgültig zu verlieren, obwohl man ihn schon weitgehend in dem Glauben an einen unendlichen naturwissenschaftlich-technischen Fortschritt kastriert hat, ohnmächtig gemacht hat. Man will sich das aber nicht eingestehen und will sich weiterhin Gott erhalten als einen Beschützer, der einem Geborgenheit und vielleicht Gnade gewährt. Gleichzeitig aber sieht man heimlich dieser Schöpfung nicht ehrfurchtsvoll zu, sondern macht vieles, was diese Schöpfung mit endgültiger Vernichtung bedroht. Wir sollten ehrlich sein und uns eingestehen: Wenn wir so weitermachen, kommen wir zu diesem letzteren Ende und haben eigentlich ein heuchlerisches Verhältnis zu Gott.

REIN: Kommt aus diesem Ohnmachtsgefühl das Gegenteil, das Allmachtsgefühl oder der Größenwahn?

RICHTER: In meinem Buch »Der Gotteskomplex« habe ich den Gedanken entwickelt, daß in unserer jüngeren Geschichte folgendes passiert ist: Die Sicherheit, von Gott gehalten zu werden, ist seit dem Ausgang des Mittelalters immer mehr geschwunden. In dieser Weltangst, die da entstanden ist, ist dem Menschengeschlecht in unserem Kulturkreis ein Lösungsversuch eingefallen, der so aussieht: Wir können uns vielleicht mit unserem Intellekt, mit unserer naturwissenschaftlich-technischen Entwicklung egozentrisch eine neue Sicherheit in dieser Welt verschaffen, indem wir alle Geheimnisse lüften, alle unheimlichen Gefahren und Bedrohungen dieser Welt erforschen und uns technische Mittel und Instrumente verschaffen, um diese Gefahren zu bannen.

Was ist daraus geworden? Ich erinnere mich an meinen Vater, der Ingenieur war, 1874 geboren, den ich als relativ alten Mann kennenlernte. Er war noch besessen von dem Glauben daran, daß uns der technische Fortschritt nicht nur immer mehr Lebenskomfort bieten, sondern auch eine endgültige Sicherheit schaffen werde, die es nie vorher gegeben hat. Man konnte auf die ungeheuren Erfolge der Medizin hinweisen, und so kam man darauf, daß man sich insgeheim die göttliche Macht selber aneignen wollte, bis hin zu der Illusion, wir könnten durch ewigen Fortschritt, speziell mit Hilfe der Medizin, eines Tages unsere Unsterblichkeit schaffen.

Als Arzt sehe ich viele, die von unserer Medizin heute erwarten, daß wir irgendwann tatsächlich die Chemismen aufdecken, die zum Altern führen, daß man das wird umregulieren können. Man wird alternde Organe ohnehin immer mehr ersetzen können, man wird immer mehr tun können, um den Tod als Zufall zu überwinden. Dieses Denken zeigt sich auch in der steigenden Verdrängung des Todes. Ursprünglich, noch vor zweihundert Jahren, gehörte in Krankenhäusern das Sterben zu einer Phase des Lebens, auf die die Menschen hingewiesen wurden. Es gab ganze Bibliotheken von Büchern, die etwa Titel hatten wie »Zeitvertreib auf dem Kranken- und Sterbebette«. Das heißt, die Menschen waren eingestellt, daß der Tod zum Leben gehört, daß Sterben eine letzte Erfüllung dieses Lebenskreises ist, Bedingung dafür, daß neues Leben entstehen kann, und auch Hoffnung auf etwas, was dem Menschen nach dem Tode Seligkeit verschaffen kann.

Das ist geschwunden. Wenn ich heute als Arzt einem Todkranken ein Buch in die Hand drücken würde mit dem Hinweis: »Bereite dich auf dein Sterben vor, und lies das alles schön!«, dann würde uns das als extreme Inhumanität erscheinen, weil wir den Tod als reines Nichts vor uns haben und verlangen, daß durch machbare neue Entdeckungen das Sterben eines Tages überflüssig gemacht wird.

REIN: Herr Richter, manchmal habe ich den Eindruck, es hat sich an diesem Thema, am Tabu Sterben, auch in unserem Land in den letzten Jahren etwas positiv entwickelt. Mir scheint es nicht mehr so arg zu sein, wie Sie es jetzt beschreiben.

Herr Heym, ich weiß nicht, ob Sie sich noch als Kommunist beschreiben. Aber Sie haben vielleicht doch Größenwahnideen erlebt, auch politische Heilsideen, die das widerspiegeln, was der Arzt Horst-Eberhard Richter jetzt erzählt hat. Wie sind Sie mit solchen Ideen umgegangen? Haben Sie es, als Sie jung waren, auch ein bißchen geglaubt, und haben Sie heute Distanz dazu?

HEYM: Ich glaube immer noch, daß am Ende der Kommunismus die beste Lösung sein wird.

REIN: Erstaunlich.

HEYM: Wieso erstaunlich? Für die Probleme der Menschheit! Bloß ist es in der historischen Entwicklung so gekommen, daß die Leute, die versucht haben, es zu machen, unter solchen Umständen und mit solchen menschlichen Schwächen angetreten sind, daß das zunächst einmal schiefgelaufen ist.

Wir haben den Kommunismus heute nicht. Wir haben so etwas wie Sozialismus, den real existierenden. Wir sehen gerade bei uns in der DDR schon seit vielen Jahren, daß es nicht der Sozialismus ist, von dem Marx und Engels und andere Leute geträumt haben und von dem auch ich geträumt habe. Das bedeutet aber nicht, daß ich glaube, daß das Endziel nicht zu erreichen wäre.

Schauen Sie, ich habe das erlebt, die vielen Fehler und Mängel, das Ungenügende und die Unterdrückung. Ich bin selber in gewissem Maße ein Opfer davon, was meine Bücher betrifft. Wir kommen heute in eine Situation, daß das alles da ist und nicht da hineingehört. Heute erleben wir, daß angefangen wird, von einem neuen Denken zu reden, von einem Umbau, von all diesen Dingen. Ich glaube, daß das Anfänge auf einem Weg sind, der vielleicht in die richtige Richtung führen wird.

Mit anderen Worten: Meine ursprüngliche Hoffnung, meine ursprüngliche Meinung habe ich immer noch. Aber ich habe erkannt, was die Schwierigkeiten sind, und ich habe auch erkannt, daß die frühen Termine, an die ich einmal geglaubt habe, etwas verschoben werden müssen. Daß wir aber trotzdem diesen Kampf und diese Bestrebungen nicht aufgeben sollten, daran glaube ich wirklich.

REIN: Herr Heym, manchmal habe ich den Eindruck, daß in der DDR die Menschen am meisten gefährdet sind, die wirklich an den Sozialismus und an seine Verbesserungsfähigkeit glauben.

HEYM: Damit haben Sie nicht ganz unrecht. Es gibt sehr viele Menschen, die in dieser Angelegenheit völlig zynisch sind, deren einziges Interesse ist, sich selber durchzuwurschteln, so viel wie möglich aus der Sache herauszuholen, genau wie bei Ihnen im Westen. Das ist das Schlimme. Am Anfang, als ich in die DDR kam, war viel die Rede von dem neuen Menschen. Ich selber habe geglaubt, er müßte nun bald kommen; aber ich habe sehr wenige von diesen neuen Menschen getroffen. Das einzige, was ich tun konnte, ist, selber ein bißchen in die Richtung zu schreiben, daß die Menschen vielleicht einmal anfangen, über sich selbst nachzudenken, was der erste Schritt zu einer Entwicklung des neuen Menschen wäre, damit sie sehen, was sie selber sind und was sie selber tun können. Das ist der Anfang vom neuen Denken.

Und ich glaube, das wird kommen. Ob ich es noch erlebe, ist eine andere Frage, aber Sie hier und bei uns drüben – es sind wohl auch ein paar DDR-Bürger hier –, wir werden es schaffen, trotz aller Hindernisse, trotz aller Dummheiten, trotz aller Unterdrückung. Sie wissen, was ich meine, ich muß das nicht beschreiben.

REIN: Herr Richter, hat das neue Denken etwas mit der notwendigen Verbesserung der sozialistischen Gesellschaftssysteme zu tun, oder könnten Sie sich vorstellen, daß auch unserem Gesellschaftssystem ein neues Denken gut zu Gesicht stünde? Ich frage dies deshalb, weil ich weiß, daß Sie und viele Menschen sich in den letzten Wochen und Monaten Sorgen darüber machen, daß hier immer noch ein Bild entworfen wird, das von der anderen Seite als von der Dunkelheit und von der eigenen Welt als von der Lichtwelt spricht. Woher kommen solche Beschreibungen, daß man hier das Reich des Lichts, dort das Reich der Finsternis zu sehen meint? Drücken sich Ängste darin aus, daß dieses Feindbild entsteht?

RICHTER: Das ist eine alte Denktradition, auch im Christentum. Es kam von den Manichäern auf Augustin, das Bild, daß es auf der einen Seite ein Reich des Lichtes gibt, das Reich des Guten, und auf der anderen Seite ein Reich der Finsternis, das Reich des Bösen, und daß es keine Versöhnung zwischen diesen beiden Reichen gibt, auch nicht bei Kirchenvater Augustin. Wir haben in den letzten Jahrzehnten immer wieder erlebt, daß die Einteilung in zwei solche unversöhnlichen Reiche ein bestimmendes Merkmal der Mentalität ist, die zum Beispiel dieses atomare Wettrüsten begründet hat.

Ich glaube, vielleicht im Gegensatz zu Stefan Heym, daß die herkömmlichen Dogmen der verschiedenen Systeme überwunden werden müssen und daß wir überhaupt neu denken müssen, daß sich die Welt unter diesen Dogmen so verändert hat, daß wir heute lernen müssen, systemübergreifend zu denken. Tschernobyl und ähnliche Vorfälle haben uns gezeigt, daß die Grenzen zwischen den Blöcken nicht mehr respektiert werden von den Gefahren und Bedrohungen, die unser aller Leben gefährden.

Es gibt die Prognose von Experten, die besagt: Wenn wir nicht in den nächsten zwanzig Jahren diese Billionen, die wir jetzt in die Rüstung und eventuell in SDI pumpen, noch umgehend in umweltschützende Technologien umleiten, dann werden wir noch in dieser Generation so irreversible Zerstörungen der Umwelt produzieren, daß das alle künftigen Generationen nicht mehr ändern können.

Wir müssen lernen, auf dieser Welt in Überwindung der herkömmlichen Dogmen eine neue Denkform zu entwickeln, die es uns ermöglicht, gemeinsam die internationale Politik zu vermenschlichen, wie Gorbatschow das gesagt hat, und zugleich zu kooperieren, um die Umwelt zu schützen. Ich habe bei Begegnungen in Moskau, die letzte vor zwei Wochen mit Valentin Falin, mit dem ich eineinhalb Stunden sprechen konnte, herausgefunden, daß man dort drüben mit manchen Vorstellungen dieses sogenannten neuen Denkens weit über das hinausgeht, was wir uns hier im Augenblick noch vorstellen.

Jetzt noch einmal zu der Frage des Feindbilddenkens: Dabei ist es ein Problem, daß wir hier in einer Gesellschaft leben, in der wir pausenlos mit einer Propaganda versehen werden, daß wir hier im Bereich der Freiheit und der Menschlichkeit leben und es drüben mit einem Reich der Aggression, der Finsternis und der Bedrohung zu tun haben. Das führt dazu, daß hier ein großer Teil der Menschen die »eigenen« – wenn ich das so sagen darf – Atomraketen als hilfreich empfindet. Nicht zufällig werden die häufig mit Götternamen aus der Antike versehen. Ich weiß nicht, ob Ihnen das schon einmal aufgefallen ist, daß diese Raketen Nike, Herkules, Poseidon, Titan oder Saturn heißen. Das ist genau der Ausdruck dieser eigenen Gottesidentifizierung: Wir produzieren selbst unsere Götter. Unsere Götter sind unsere gefährlichsten Maschinen, die wir entsprechend benennen, diese todbringenden Raketen. Die halten wir aber für gut, weil sie gegen Luzifer, den Teufel, das Reich der Finsternis da drüben gerichtet sind.

Ich glaube, die Überwindung dieses manichäischen Dualismus, der

Wille, sich von dieser Einteilung der Welt in die beiden unversöhnlichen Reiche zu lösen, ist der Kernpunkt eines neuen Denkens.

REIN: Ich muß noch einmal den Arzt ansprechen. Ich habe gefragt: Kommen die Feindbilder aus Ängsten, sind sie möglicherweise das Produkt eines nicht verwirklichten Narzißmus, einer Selbstliebe, die keinen Grund gefunden hat und die sich in solchen Produktionen äußert?

RICHTER: Da bin ich im Grunde überfragt, aber als sozialpsychologischer Spekulierer habe ich folgende Idee entwickelt: Ich meine, daß die Aneignung dieser größenwahnsinnigen Selbstüberschätzung, in der wir leben, dazu geführt hat, daß wir es auch in einer gottverlorenen Welt, wo es keine Gnade mehr gibt, nicht ertragen, mit unserer Schuld umzugehen. Wir können unser Böses, was jeder in sich hat, nicht mehr ertragen und suchen deshalb die Identifizierung mit einer Ideologie im eigenen System, die uns einredet, daß wir die Guten sind, daß wir im Bereich des Lichts leben und daß das Böse draußen ist. So stabilisieren wir uns, indem wir wegsehen von unserem eigenen Negativen und Schlimmen, weil wir es laufend draußen sehen. Jetzt kommt das Problem für uns im Westen, daß uns Gorbatschow mit Gulag und Sacharow, dann mit Afghanistan, vielleicht in den nächsten Jahren noch mehr Angriffspunkte nimmt als schon bisher. Dann stehen wir da und müssen einmal die Krankheit unserer eigenen Zivilisation genauer anschauen.

REIN: Herr Heym, Sie haben vorhin doch so etwas wie ein Bekenntnis abgelegt, daß Sie Hoffnung hegen, daß sich doch alles zum Guten wendet, auch in dem System, in dem Sie leben. Ich frage Sie trotzdem: Trauen Sie den neuen Tönen aus Moskau?

HEYM: Ich möchte zunächst auf das antworten, was Horst-Eberhard Richter gesagt hat. Ich glaube, das war ein falscher Zungenschlag von ihm, als er sagte, vielleicht im Gegensatz zu Stefan Heym möchte er von Dogmen abgehen, was mich in die Situation eines Dogmatikers bringt. Ausgerechnet mich! Wir werden das hinterher bei einer Tasse Kaffee besprechen.

Aber nun zu Ihrer Frage: Für mich war es seit der Zeit, da es den Mann Gorbatschow gibt, immer eine Frage, wie es überhaupt möglich ist, daß so einer in einem so verknöcherten und verkrusteten Apparat an die Spitze kommen konnte. Doch ich habe immer auch geglaubt, daß die Wandlungen im sozialistischen Lager oder im Lager des real existierenden Sozialismus nicht vom Rande her erfolgen können – daran ging die Tschechoslowakei 1968 kaputt, an den bleiernen Hintern der Macht –, sondern daß das vom Zentrum herkommen müßte, also aus der Sowjetunion, aus Moskau.

REIN: Und auch dort nicht von der Basis, sondern von oben?

HEYM: Das habe ich nicht voraussehen können, ich habe immer nur gehofft, daß es kommen würde. Aber ich habe auch Kräfte gesehen, die darauf hinwirkten. Einmal natürlich die Umstände, die soziale Lage, die Situation, die Tatsache, daß sie in der Sowjetunion in der Technik und in der Wirtschaft immer weiter zurückfielen, auch wenn es Gebiete gab, in denen sie weiß Gott vornan waren. Nehmen Sie gewisse Teile der Raumfahrt, der Forschung, da sind sie ganz gut! Aber was das allgemeine Leben betrifft, so war der Lebensstandard anderswo viel besser, obwohl es wiederum keine Arbeitslosigkeit gab und obwohl Sie umgekehrt sehen müssen, daß zur Welt des Kapitalismus auch jene Länder gehören, die vollkommen bankrott sind, wo die Menschen Hungers sterben.

Aber zu Ihrer Frage: Können wir der Sache trauen? Ich glaube ja, eben weil die Notwendigkeiten da sind. Sie werden alle einmal das Wort Dialektik gehört haben. Da ist die Rede von einem Sprung von der Quantität in eine neue Qualität. Das ist eine sehr hoffnungsvolle Sache. Irgendwann ist es soweit, daß es sich ändern muß. Ich glaube, diese Zeit ist in der Sowjetunion gekommen. Gorbatschow ist der Ausdruck dieser Notwendigkeit der Änderung. Das wird auch, nehme ich an, in der DDR über kurz oder lang kommen müssen, obwohl bei uns die Wirtschaft etwas besser dasteht als in den anderen sozialistischen Ländern. Es sind dieselben inneren Hemmungen, dieselben inneren Konflikte, dieselben Mechanismen bei uns im Gang wie in den anderen sozialistischen Ländern, und schließlich haben wir die Mauer, um zu beweisen, daß nicht alles zum besten steht.

Ich werde etwas erzählen. Da war eine PEN-Sitzung bei uns in Ost-Berlin, und da hat Günter Gaus aus seinem neuen Buch über Westdeutschland gelesen. In der Diskussion erhoben sich dann einige der bekannten Schriftsteller bei uns und sagten: Wenn man das so hört, ist unsere Republik geradezu wunderbar. Dann stand Christa Wolf auf und stellte zwei Fragen: Sie wolle gern wissen, warum dieser Sozialismus bei uns so wenig ausstrahlt, und warum die Leute so gerne weglaufen. Die Fragen wurden in dieser PEN-Gruppe nicht beantwortet. Die Antwort darauf ist ganz einfach:

Das ist, weil dieser Sozialismus so ist, wie er ist, und nicht so, wie er sein könnte und sein müßte.

REIN: Ich habe in der DDR manchmal den Eindruck, daß die Bevölkerung zum erstenmal Sympathie mit einem sowjetischen Führer hat. Gibt es jetzt eine große Sympathie für das, was da aus Moskau zu hören ist?

HEYM: Es gibt zwei Motive, warum Menschen in der DDR Gorbatschow haben hochleben lassen oder nach Gorbatschow verlangt haben. Einmal, weil sie spitzgekriegt haben, daß unsere Oberen gegen Gorbatschow sind, wenn auch nicht alle und nicht hundertprozentig. Es gibt auch bei uns genug Leute, sogar in den höheren Etagen, die eingesehen haben, daß sich etwas ändern muß; sonst wäre alles hoffnungslos.

Aber die Leute sehen natürlich – das gilt auch für die Sowjetunion, und das ist die Schwierigkeit, die ich da sehe – diese vielen Jahrzehnte, wo man immer wieder große Versprechungen gemacht hat, immer wieder gesagt hat, das wird werden, jenes wird sein und so weiter, und dann ist dieselbe Misere weitergegangen. Jetzt kommt einer und sagt: Perestroika und Glasnost.

Gott, was haben wir versucht, in der Presse, im Film, im Theater und sonstwo alles zu machen! Aber ich glaube, es wird sich jetzt durchsetzen. Natürlich kann es auch passieren, daß es umkippt, daß es wieder kaputtgeht und daß es dann wieder Jahrzehnte dauern wird, bis sich etwas ändert. Aber nein, ich meine, es wird!

REIN: Herr Richter, es ist nicht so, daß nur in Ost-Berlin jetzt zu Pfingsten »Gorbatschow« gerufen wurde. Ein paar Tage später gab es die Eröffnung einer Ausstellung in West-Berlin, und die jungen Leute, für die die Ausstellung eigentlich gemacht war, durften nicht herein. Da standen sie vor den verschlossenen Türen und riefen in West-Berlin: Gorbatschow, Gorbatschow! Herr Heym spricht von dieser Sehnsucht nach Geborgenheit, nach etwas, an dem man sich festhalten kann. Liegt auch eine Gefahr in der Chiffre »Gorbatschow«?

RICHTER: Ich finde es schon ganz schwierig für die junge Generation, zu leben, ohne Menschen zu sehen, die ihnen Hoffnung geben, daß vielleicht doch noch dieser destruktive Weg unserer Zivilisation gewandelt werden könnte. Da scheint es mir nicht schlimm oder eher sehr positiv, daß man Gorbatschow genau zuhört.

Ich meine übrigens erstens, daß Gorbatschow, so ähnlich wie es

Stefan Heym auch sieht, in der Sowjetunion überhaupt nur möglich ist, weil er von einer Stimmung in der Bevölkerung getragen wird, die sich auch den politischen Gremien mitgeteilt hat, daß sich das also lange vorbereitet hat. Es ist nicht so, daß Gorbatschow vom kommunistischen Himmel gefallen ist und gesagt hat: Nun bin ich da, nun mache ich einmal etwas anderes! Das hat sich, wie auch Falin das sieht, in den letzten zehn Jahren ganz allmählich vorbereitet. Da war ein Boden, der reif dafür war.
Der zweite Punkt, den ich sagen möchte: Gorbatschow sieht, wie ich das im Frühjahr beim Friedensforum in Moskau gehört und wie ich das in seinen Reden vernommen habe, sehr genau das Problem, daß man nicht von oben durch eine Theorie jetzt große Veränderungen in den Gesellschaften erzielen kann. Er hat in seiner wichtigen Rede auf dem Friedensforum fast flehentlich gesagt – das ist etwas, was ich an diesem neuen Denken vielleicht sogar als das Bedeutendste ansehe –: Wir Politiker werden nicht imstande sein, die Überlebensgefahren zu bewältigen, die im Augenblick der Menschheit drohen. Wir brauchen dazu in den Gesellschaften die Mithilfe von vielen sozialen Gruppen, die sich bislang in der Politik zu wenig mit engagieren. Er hat viele Berufsgruppen genannt, und interessanterweise unter diesen Gruppen auch die Vertreter der Kirchen. Was viele vielleicht übersehen haben, ist, daß bei dem Friedensforum in Moskau auch die Vertreter der Weltkirchen anwesend waren und ein eigenes Forum gemacht haben.
Weiter hat er gesagt: Was vor allem auch nötig ist, um das neue Denken in den Gesellschaften durchzusetzen, ist eine viel stärkere Mitwirkung der Frauen als je zuvor. Und jetzt kommt etwas ganz Überraschendes für den Chef eines zentralisierten Reiches wie die UdSSR. Er hat gesagt: Vor allem brauchen wir auch die Mithilfe der Kinder, und wir brauchen ein neues Zuhören, was in den Kindern vor sich geht und was die wollen. In der gedruckten Rede hat er hinter den Kindern sogar ein Ausrufungszeichen setzen lassen. Das scheint mir ein völlig neues Bewußtsein zu sein. Man stelle sich das bei uns einmal vor, daß unsere politische Führungsriege sagt: Jetzt wollen wir endlich einmal den Kindern mehr zuhören, was die wollen!
Ich meine jedenfalls, daß es auch auf diesem Kirchentag wichtig ist, sich einmal solche Gedanken zu Herzen zu nehmen; daß man lernt, daß jeder von uns bis hin zu den Kindern und Jugendlichen

mitverantwortlich etwas tun kann und nicht nur alle vier Jahre ein Kreuz machen darf, um einer bestimmten Riege eine selbstherrliche Politik zu überlassen, die in entscheidenden Fragen wieder an unseren Bedürfnissen und vor allem an den Bedürfnissen der nächsten Generation vorbeihandelt.

REIN: Zu den entscheidenden Realitäten unseres Landes gehört, daß dieses Land geteilt ist und weiter geteilt bleibt. Es gab gestern, am 17. Juni, im Bundestag eine Rede des amerikanischen Historikers Fritz Stern. Er hat gesagt: »Das ungeteilte Deutschland hat unsagbares Unglück für andere Völker und für sich selber gebracht.« Dieser Satz macht die Runde und löst ziemliche Verärgerung aus. Herr Stern hat die Schlußfolgerung aus diesem Satz: »Das ungeteilte Deutschland hat unsagbares Unglück gebracht« nicht gezogen. Herr Heym, ich bitte Sie, ziehen Sie doch einmal die Schlußfolgerung aus diesem Satz!

HEYM: Ich möchte erst noch einmal auf die Kinder zurückkommen. Da gab es einmal einen, der sagte: Lasset die Kindlein zu mir kommen! Das ist eine gute Sache.

Zu der Frage, die von Herrn Rein und von Horst-Eberhard Richter aufgeworfen wurde, über Gorbatschow und die Gefahr eines neuen Personenkults – darum geht es ja –: Ich hoffe, daß man aus der alten Zeit des Personenkults genügend gelernt hat, um so etwas nicht noch einmal zu machen. Wir haben zumindest in zwei sozialistischen Ländern – Rumänien und Nordkorea – noch Beispiele von dem alten Personenkult, der einem den Inhalt des Magens hochkommen läßt. Das nicht wieder!

Nun aber zum geteilten Deutschland und zur Frage: Ist das gut, oder ist das schlecht? Da gab es einen Franzosen – er hieß Mauriac –, der sagte: Ich habe Deutschland so gerne, daß ich mich freue, daß es zwei davon gibt.

Natürlich ist das eine große Gefahr. Stellen Sie sich einmal vor, die Deutschen wären zusammengerechnet siebzehn Millionen und fünfundsechzig Millionen, also zweiundachtzig Millionen, mit dieser wirtschaftlichen Stärke in der Mitte von Europa! Wenn Sie die früheren Beispiele nehmen, wie lange würde es dann dauern, bis irgendeiner aufsteht und sagt: Wir brauchen mehr Lebensraum, wir müssen wieder expandieren! Da waren doch diese Ritter gewesen, die bis nach Polen gegangen sind, halb Frankreich hat uns gehört und so weiter. Sie kennen die Melodie, und die ist nicht vergessen worden, im Westen und im Osten. Das müssen wir wissen. Wenn überhaupt die Frage *eines* Deutschland kommt – ich glaube, sie wird kommen; sie ist latent da –, dann muß man sofort die Frage stellen: Was für ein Deutschland? Wem soll es gehören, wer soll darin das Sagen haben, die Stahlhelmfraktion oder wer? (Zuruf: Die Arbeiterklasse!) Ja, die Arbeiterklasse. An sich ist dagegen nichts einzuwenden, aber es gibt einige Beispiele, wo angeblich ein Staat von der Arbeiterklasse regiert wurde. Was ist dann gewesen? Man muß da sehr scharf modifizieren. Wenn man schon von der Herrschaft der Arbeiterklasse redet, dann muß man sich darüber unterhalten: Wie wird diese Herrschaft ausgeübt, von wem, und wer kontrolliert? Das müßten wir doch aus der Zeit von Stalin und später und von den Prozessen gelernt haben. Natürlich sollen auch nicht die Monopolkapitalisten das Sagen haben.

Wir müssen uns einmal darüber unterhalten: Was wird das für ein Deutschland sein? Das ist die Hauptfrage. Es muß ein Deutschland sein, zu dem die Menschheit Vertrauen haben kann. Ich weiß überhaupt nicht, ob man das zusammenkriegen kann, solange noch die Blöcke da sind, solange wir noch den großen Konflikt haben. Wir reden jetzt über den Abbau der Raketen, bitte sehr, aber die Raketen stehen immer noch da. Immer noch werden neue Einwände erhoben, neue Spezifizierungen und was weiß ich. Dieses Abrüstungsballett geht weiter. Ich möchte schon sehen, daß die Raketen abgeräumt werden. Wenn das der Fall ist, brauchen wir Abkommen über die konventionelle Rüstung. Ich weiß nicht, wer das gesagt hat, ich glaube, wieder Gorbatschow, daß es überhaupt so ist, daß schon die Artilleriegranate genügt, die ein Atomkraftwerk trifft, um die halbe Welt kaputtzumachen. Wir müssen uns auch mit dieser Frage beschäftigen. Das heißt, es kann keinen Krieg mehr geben, wenn wir leben wollen.

Wenn wir das erreicht haben, dann ist die Frage der deutschen Einheit eine mindere Frage. Dann wird sie gar nicht mehr so wichtig sein, weil dann die ganze Welt in Frieden leben wird. Aber das ist die einzige Bedingung, das müssen wir erreichen, und das wird natürlich schwierig.

REIN: Das finde ich natürlich sehr schön, und das paßt auch gut zu unserem Anfang, daß Sie sich die Kraft zu dieser Vision erhalten.

HEYM: Das ist keine Vision, es geht nicht ohne das. Wir reden von Realität. Das muß die Realität werden!

REIN: Herr Richter, besteht nicht auch eine Gefahr darin, sich etwas vorzumachen und die Realität sozusagen zu verschönen?

RICHTER: Ich bin mir bei diesem Thema wieder bewußt, daß ich aufpassen muß, mir nicht zuviel Gedanken auf einer Ebene zu machen, auf der ich nichts verändern kann. Es ist vielleicht meine Situation, daß ich in meinem Leben versucht habe, das, was ich gerade denken kann, auch zu machen.

Was ich in dem Rest meines Lebens, der mir verbleibt, tun kann, ist, meinen Beitrag zu leisten, daß wir und ich selber auch drüben genau das sagen, was wir hier sagen. Ich freue mich, in der nächsten Woche auf dem Kirchentag in der DDR zu sein, und werde dort das gleiche sagen wie hier. Ich baue darauf, daß unter uns immer mehr das Bedürfnis wächst, das ich gern fördere, daß man nicht nur über die Gemeinsamkeit oder Wiedervereinigung redet, sondern daß jeder von sich aus etwas dazu tut, indem er sooft wie möglich nach drüben fährt, und nicht, um dort vor allem zu erzählen, was hier geschieht – das wohl auch –, sondern indem er lernt, zuzuhören. Dann wird er – so geht es mir – von drüben mit der Erfahrung wiederkehren, daß er von den Menschen dort vieles gelernt hat, was er hier nicht lernen kann.

Besorgt bin ich aber, wenn ich hier von bestimmten politischen Gruppen mit besonderem Nachdruck immer die Forderung höre, man müsse sehr schnell zur Wiedervereinigung kommen. Besorgt bin ich, wenn ich dann sehe: Das sind die gleichen Gruppen, die dafür plädieren, daß hier und letztlich auch drüben – das ist die indirekte Folge – genau die Raketen stehenbleiben, die uns mit Sicherheit wechselseitig zerstören würden. Es sind die Kräfte, die auf das entschiedenste die Forderung nach einer atomwaffenfreien Zone in Mitteleuropa ablehnen und das ungeniert mit ihrer Forderung nach Wiedervereinigung verbinden.

REIN: Herr Heym, was muß sich in der Bundesrepublik verändern, daß das kommt, was Sie vorhin beschrieben haben, diese Realität, die Sie sich erhoffen?

HEYM: Ach Gott, Sie können doch von mir nicht verlangen, daß ich heute abend noch eine so lange Liste vortrage! Ich würde aber vielleicht eine kurze Formel dafür angeben: neues Denken.

REIN: Sie wissen, was ich fragen will, Herr Richter: Was muß sich in der DDR verändern?

RICHTER: Stefan Heym hat mich jetzt schon lahmgelegt mit dem neuen Denken; denn ich bin Psychologe und auch Spezialist fürs Denken. Ich baue darauf, daß es so etwas gibt, was ich täglich bei Menschen in meiner Tätigkeit als Therapeut sehe, daß sich gerade dann, wenn der Leidensdruck am größten ist, Selbsthilfekräfte melden und auch durchsetzen werden. Es geht jetzt nicht darum, sich zu überlegen, was drüben gemacht werden muß. Ich baue wirklich darauf, gerade im Anschluß an die Visionen von Gorbatschow, daß sich Kräfte melden und durchsetzen, auf die ich jedenfalls sehr hoffe.

Ich meine, es ist nicht zufällig, daß ausgerechnet in Moskau dieses neue Denken jetzt so zum Durchbruch gekommen ist. Es ist gerade dieses Land, wo nach der Revolution eine ungeheure Hoffnung auf Befreiung des Menschen war, wo diese Hoffnungen aber, wie Stefan Heym es geschildert hat, in diesem real existierenden Sozialismus weitgehend gescheitert sind und es zu einem bürokratistischen Zentralismus gekommen ist, der das extreme Gegenteil von dem geworden ist, was man sich erhofft hat. Ich glaube, daß allein unter diesem Leidensdruck das neue Denken emporspringen konnte, während bei uns noch eine oberflächliche Sättigung in unserer konsumhedonistischen Gesellschaft besteht, daß wir gar nicht merken, wie krank das bei uns ist. Wir blicken immer nur nach drüben.

REIN: Herr Richter, fühlen Sie sich als Außenseiter der Gesellschaft der Bundesrepublik?

RICHTER: Wenn ich denke, wie viele heute abend zu uns beiden gekommen sind, oder wenn ich vor einer Woche in Bonn bei der großen Friedensdemonstration mit hunderttausend Menschen war, mit denen ich mich einig gefühlt habe, so kann ich mich über ein mangelndes Gefühl der Geborgenheit nicht beklagen. Eher sehe ich mein Problem darin – das habe ich einmal mit dem »Friedensprofi« gemeint –, daß man, wenn man relativ oft und engagiert auftritt und in meiner Generation nicht sehr viele hat, die sich noch ähnlich dauernd so exponieren, dadurch Erwartungen, Idealisierungen auslöst oder Projektionen bekommt, denen man nicht gewachsen ist. Deswegen ist es mir eine Freude zu sehen, daß jetzt sehr viel von unten nachwächst und gerade auch von jungen Christen sehr viel an neuen Ideen und Bewegungen kommt, so daß ich mir sagen kann, daß wir Älteren überhaupt keine Außenseiter sind, sondern im Gegenteil jetzt vielleicht von jungen Kräften überholt werden, die das einmal besser machen, als wir das in meiner Generation gemacht haben. Denn ich gehöre immerhin zu einer Generation, die gescheitert ist.

REIN: Sie gehören auch zu einer Zunft, die es nicht schätzt, wenn jemand aus ihren Reihen sich zu weit vorwagt. Haben Sie auch Erfahrungen gemacht, daß man es nicht so gerne sieht, daß Sie als Arzt, als Professor und als Analytiker permanent kämpfen?

RICHTER: Ich habe sehr früh gelernt, übrigens auch mit Hilfe meiner Frau, daß viele Männer Frauen brauchen, um mutiger zu werden. Ich gehöre zu ihnen. Im Verlauf dieses gemeinsamen Lernprozesses ist mir klargeworden, daß es wichtiger ist, seiner Überzeugung zu folgen, als in seiner Zunft beliebt zu sein.

REIN: Die Frage, die Sie jetzt hören, ist etwas plakativ, aber Sie wissen, was auf Sie zukommt, Herr Heym: Sind Sie als Schriftsteller in Ihrer Zunft ein Außenseiter?

HEYM: Ich möchte noch einmal auf das zurückkommen, was wir vorhin über den Sozialismus gesagt haben, den real existierenden, seine Mängel und so weiter. Immerhin war der Sozialismus so stark und in seinem Volk so stark verwurzelt, daß die Sowjetunion in der Lage war, die Angriffe der Nazis zurückzuschlagen und Hitler zu vernichten. Das ist ein unsterbliches Verdienst. Das aber nur nebenbei.

Jetzt zu der Frage, ob ich als Schriftsteller in der Gesellschaft der DDR ein Außenseiter bin: Ich bin natürlich bei uns eine Unperson. Aber ich kann wohl sagen, daß ich die bekannteste Unperson der Republik bin.

Das hat auch etwas mit der Teilung Deutschlands zu tun. Denn natürlich war es mir nur möglich, das über die Bundesrepublik zu machen. Ich konnte zu meinen DDR-Mitbürgern nur über das Fernsehen der Bundesrepublik sprechen. Ich weiß nicht, ob das Gespräch von heute abend irgendwann in die DDR übertragen wird. Aber ich nehme an, das, was wir hier sagen, wird auch drüben ankommen, und das ist außerordentlich wichtig.

Aber ich fühle mich nicht isoliert, weil ich sicher bin, daß vieles von dem, was ich sage, schreibe, ausdrücke, die Gedanken der Menschen sind, die bei uns in der DDR leben, und daß ich in ihrem Sinn Hoffnungen ausspreche, die sie auch haben. Natürlich nicht alle, das kann kein Schriftsteller. Er kann nur für Leute sprechen, die irgendwie mit ihm auf einer Welle laufen. Aber ich glaube, von denen gibt es ganz viele in der DDR.

Immer wieder erlebe ich, daß Menschen zu mir kommen und sagen: Herr Heym, so und so. Können Sie nicht helfen? Ich kann nicht allen helfen, ich kann nicht allen Rat geben. Ich kann nur versuchen, zu erraten, was die Leute denken, was sie meinen und was machbar ist. Ich kann in diesem Sinn schreiben und dichten und gelegentlich auch sprechen. Das versuche ich zu tun, und das ist nicht ganz ohne Erfolg geblieben. Ich glaube, ein bißchen Wirkung habe ich gehabt, übrigens auch in der Bundesrepublik.

REIN: Ich möchte eine letzte Frage stellen. Ich denke, die traumatische Frage der DDR-Gesellschaft ist die Frage: Bleiben oder gehen? Merkwürdigerweise möchte ich mich jetzt aber an Herrn Richter wenden, den Autor von »Flüchten oder Standhalten«, und fragen, ob die Frage, zu bleiben oder zu gehen, sich wegzubewegen oder auszuhalten, nur eine Frage fast aller DDR-Bürger ist.

RICHTER: Bei dieser Frage denke ich daran, daß ich in meinem Erfahrungsfeld viele kenne, die nicht gehen, aber die auf eine andere Art aus der Mitverantwortung in einer gesellschaftlichen Wirklichkeit flüchten. Das meine ich so: Ich sehe sehr viele, die sehr früh, schon als Studenten oder Lehrlinge, vielleicht noch früher, lernen, nicht mehr das im Tun anzuwenden, was sie denken, wovon sie überzeugt sind, was sie befürchten. Ich nannte vorhin diese drei Viertel der Jugendlichen, die zum Beispiel unsere Umweltpolitik für verheerend halten. Wenn sie das nicht praktisch anwenden, sich nicht einsetzen, sich nicht engagieren, geht es so weiter, daß sie irgendwann auch nicht mehr das denken können, daß sie sich sozusagen aus einem klaren, kritischen Denken zurückziehen. Mit zunehmender Anpassung macht man die Augen zu, und eines Tages bemerkt man die eigene Korrumpierung nicht mehr und findet das noch in Ordnung, woran man sich angepaßt hat, und vergißt oder verdrängt, daß man weiß, daß das eigentlich schlimm ist.
Das ist kein geographisches Weggehen, sondern ein Weggehen innerhalb der Gesellschaft. Ich meine, daß man sich auf einem Kirchentag fragen sollte, inwieweit die Kirche ein solches Wegsehen und Weggehen zum Teil mitmacht.

REIN: Herr Heym, stimmen Sie meiner These zu, daß dies die traumatische Frage der DDR-Gesellschaft ist: Bleiben oder gehen? Wie gehen Sie selbst mit dieser Frage um?

HEYM: Es ist eine der traumatischen Fragen, wie Sie es bezeichnen. Sie ist sehr wichtig, aber es gibt noch andere. Es gibt zum Beispiel die

Frage des inneren Rückzugs in die Nische oder auf die Datscha, wohin auch immer, des Sichheraushaltens aus allem Sozialen, aus allen Verpflichtungen. Das ist genauso schlecht. Gerade den Leuten, die eine schlechte Herrschaft aufrechterhalten möchten, liegt daran, daß dieser Rückzug erfolgt. Das gilt für West wie Ost.
Jetzt zu der Frage des Weggehens aus der DDR. Dem Weggehen stehen einige technische Hindernisse entgegen. Aber immerhin, es ist heute so, wenn Sie einen Ausreiseantrag stellen, genügend lange warten, immer wieder zum Rat des Kreises oder wohin auch immer gehen und fragen, wie ist denn das, daß die das nach drei bis vier Jahren satt bekommen und den Antrag abstempeln, und dann können Sie heraus. Aber ich weiß nicht, ob das richtig ist. Denn wie sollen wir die Sache denn besser machen, wenn die Leute weggehen?
Bei den Schriftstellern zum Beispiel gibt es eigentlich nur einen, der weggehen mußte, und das war Biermann; der wurde herausgeschmissen. Bei den anderen bin ich nicht so sicher, ob sie richtig gehandelt haben. Gewiß, sie haben es so empfunden, und jeder muß für sich selbst entscheiden. Aber es ist so gekommen: Sie sind dann hierhergekommen in die Bundesrepublik, und viele von ihnen haben ihr Thema verloren, haben den Reiz verloren, der ihre schöpferische Kraft ausmachte, und sind hier abgesackt, abgesunken. Ich bedaure das.
Einer der führenden Leute bei uns in der Republik, der Genosse Kurt Hager, hat einmal gesagt: Wir leisten auf geistigem Gebiet Entwicklungshilfe für die Bundesrepublik, indem wir unsere Leute rüberlassen. Ich glaube, wir brauchen diese Entwicklungshilfe selber, und es wäre besser, wenn wir Verhältnisse schafften, daß diese geistigen Leute, diese Schriftsteller und Künstler, wie auch immer, es vorzögen, bei uns zu bleiben.

Die Deutschen im Auge behalten

Interview mit Andrew Nagorski, »Newsweek«

SEPTEMBER 1987

ANDREW NAGORSKI: Welche Wirkung wird Honeckers kürzlicher Besuch in Westdeutschland auf Ostdeutschland haben?

STEFAN HEYM: Ich glaube nicht, daß die Menschen in der DDR sich so sehr viel davon erwartet haben. Aber ein paar Dinge sind doch geschehen, und sie wurden in dem Moment schon, da sie geschahen, publik, weil das DDR-Fernsehen jede Bewegung, jede Geste des Mannes sofort übertrug. Das hat einen gewissen Eindruck hinterlassen. Und besonders waren die Leute an Honeckers Äußerungen über Reisemöglichkeiten interessiert – das betrifft ja ihr Leben.

NAGORSKI: Wird die Anzahl der Reisen ins westliche Ausland weiter anwachsen?

HEYM: Ich glaube schon, es sei denn, daß eine größere Zahl von Leuten wegbleibt, nachdem sie einmal in den Westen gelangt sind. Aber so übermäßig viele sind das ja bisher gar nicht gewesen. Das Problem ist, daß die ostdeutschen Besucher im Westen kaum harte Währung besitzen. Die Westdeutschen haben es dann also mit mehr als zwei Millionen Schnorrern zu tun, die zu Besuch kommen, Leuten, die um Gottes Gnade willen eine milde Gabe erbitten. Wer soll denn aber wirklich für ihren Unterhalt zahlen? Die Regierung der Bundesrepublik überreicht jedem Besucher aus dem Osten hundert Mark pro Jahr, als »Begrüßungsgeld«. Doch was läßt sich schon für hundert Mark kaufen? Also wird die Westverwandtschaft zahlen müssen, aber wie lange wird sie es tun? In anderen Worten, vermehrte Reisemöglichkeiten bedeuten ökonomische Komplikationen für beide, die DDR wie die Bundesrepublik. Entwickelt sich die Reisewelle weiter, werden die ostdeutschen Behörden anfangen müssen, nachzudenken, wie sie ihre Währung konvertibel machen können. Das heißt, sie werden die Muster, nach denen die sozialistische Wirtschaft bis dato geführt wird, ändern müssen.

NAGORSKI: Halten Sie eine solche Veränderung für möglich?

HEYM: Honecker erklärte zunächst, daß Feuer und Wasser, will sagen Kapitalismus und Sozialismus, sich nicht vereinen lassen; doch zwei Tage später sprach er bereits von einer veränderten Grenze, einer Grenze, die nicht mehr eine Trennlinie, sondern etwas Verbindendes sein soll. Was war da vorgegangen im Kopf dieses Mannes?

NAGORSKI: Glauben Sie, das war eine spontane Erklärung?

HEYM: Absolut spontan. Ich habe ihn auf dem Fernsehschirm beobachtet, als er das sagte: Er blickte dabei von seinen Zetteln auf und sprach frei. Und sehen Sie sich doch an, was außerdem geschah. Die DDR-Seite brachte dreiundzwanzig ihrer Wirtschaftsfachleute mit in den Westen zu Gesprächen mit den entsprechenden Leuten drüben. Es wird zu wirtschaftlichen Annäherungen kommen. Nach diesem Besuch wird die Beziehung zwischen Ost- und Westdeutschland nicht mehr dieselbe sein wie früher.

NAGORSKI: Wird der Besuch dazu führen, daß Schriftsteller und andere auf dem Gebiet der Kultur in der DDR mehr Freiheiten erhalten?

HEYM: Es gibt nicht gar so viele wie mich, deren Bücher nicht alle gedruckt werden. Ich bin schon fast der einzige der Art hier.

NAGORSKI: Aber das kommt doch daher, daß so viele aus dem Land vertrieben wurden.

HEYM: Ja, die DDR-Regierung hat größere Konflikte zwischen Macht und Geist vermieden, indem sie den Geist exilierte. Das hat zu einer Verarmung des Geisteslebens im Lande geführt, aber gerade dadurch auch politische Schwierigkeiten auf ein Minimum reduziert. Was mich betrifft, habe ich keinerlei Absicht, das Land zu verlassen; ich werde fortfahren, hier an Ort und Stelle Schwierigkeiten zu machen.

NAGORSKI: Wie kommt es, daß die Behörden Ihnen eine Art Sonderbehandlung angedeihen lassen?

HEYM: Sonderbehandlung? Man hat mich vor Gericht gezerrt, das war 1979, und verurteilt und mit einer größeren Geldstrafe belegt. Danach haben die oben endlich gelernt – und es fiel ihnen schwer, es zu lernen –, daß alles, was sie gegen mich unternahmen, sich gegen sie kehrte. Von der Zeit an haben sie mir gestattet, ungefähr alles zu tun, was ich mir zu tun vornahm. Der Punkt ist: Wenn eine Regierung ihre außenpolitischen Haltungen zu verändern beginnt, muß sie allmählich auch ihre Haltung auf geistigem Gebiet wandeln. Wenn einer in die bessere Gesellschaft aufgenommen zu werden wünscht, muß er aufhören, bei jeder Gelegenheit laut zu rülpsen. Diese Anstandsregel befolgt er dann auch.

NAGORSKI: Könnte das zu einer Renaissance des Geisteslebens in Ostdeutschland führen?

HEYM: Sicher. Sie können ja jetzt schon die modernste Art von Musik und Malerei hier finden; Sie können hier in den Künsten praktisch alles tun, nur auf dem Gebiet der Literatur nicht; schreiben und veröffentlichen dürfen Sie in der DDR noch immer nicht, was Sache ist – denn die Literatur wirkt zu direkt auf das Denken der Leute. So werden wir diese Art von Zensur wohl noch eine Weile haben. Aber jetzt schon diskutieren junge Menschen in Ost- und Westdeutschland via Fernsehen miteinander, und zwar live. Das ist neu. Ich weiß nicht, wie das den Franzosen und den Polen gefallen wird. Die »Feuer und Wasser«-Erklärung mag ihre Befürchtungen noch einmal besänftigen. Aber wenn ich ein Franzose wäre oder ein Pole, würde ich von jetzt an diese Deutschen im Auge behalten.

Schwarzenberg – nur eine Utopie?

Interview mit Rainer Gries und Volker Ilgen, »Journal für Geschichte«

MAI 1988

FRAGE: In allen Ihren Werken greifen Sie historische Stoffe auf: Ist der Schriftsteller Heym eigentlich ein narrativer Geschichtsschreiber Heym?

STEFAN HEYM: Nein. Ein großer Teil meiner Bücher sind Historie geworden: Aber als ich sie schrieb, waren sie keineswegs Geschichte, sondern Romane mit Themen, die für die Menschen der Zeit von Wichtigkeit waren. Als ich *Hostages* schrieb, hatten die Nazis die Tschechoslowakei besetzt: Das war die Gegenwart. Als ich *Crusaders* schrieb, war der Zweite Weltkrieg gerade sechs Monate vorbei. Und als ich *5 Tage im Juni* zu schreiben begann, war der 17. Juni gerade eine Woche alt. Sie können kaum sagen, daß ich als Historiker Romancier bin.

FRAGE: Aber da gibt es doch Parallelen: Sie greifen historische Stoffe auf, und der Historiker schrieb doch auch immer aus der Gegenwart heraus, in Anschauung der Gegenwart, und greift so auf die Vergangenheit zurück.

HEYM: Ja, ich bin da keine Ausnahme. Nehmen Sie ein Buch wie den *Ahasver;* da ist unmittelbare Nachlutherzeit, die Zeit, in der die protestantische Kirche zum Establishment wird – das ist aber nur ein Teil dieses Buches. Der andere Teil ist reine Dichtung, wie zum Beispiel das Luzifer-Ahasver-Verhältnis oder das Verhältnis Ahasver-Gott.

FRAGE: Nun zu Ihrem letzten Roman *Schwarzenberg.* Die Geschichte dieser »Besatzungsexklave« ist von der Geschichtswissenschaft ja bis heute ignoriert worden. Wie kamen Sie zu dem Stoff?

HEYM: Wie ich dazu gekommen bin, ist eine sehr lustige Sache. Mein Anwalt, der Dr. Karl Kohn, wurde nach dem Kriege stellvertretender Generalstaatsanwalt von Sachsen. In dieser juristischen Position reiste er in Sachsen umher und kam auch nach Schwarzenberg. Er erfuhr von dieser Sache und erzählte mir davon. Das interessierte mich, und ich begann nachzuforschen, ob es darüber Material gab. Es gab nur wenig: eine Staatsexamensarbeit, die bei Professor Walter Bartel, dem ehemaligen Leiter der illegalen kommunistischen Gruppe im KZ Buchenwald, angefertigt wurde. Einer seiner Studenten ging nach Schwarzenberg, etwa fünfzehn Jahre nach den Ereignissen, und interviewte die Beteiligten. Sein Buch ist außerordentlich brav – also im Sinne der Partei – und ignoriert eine ganze Menge Fakten. Natürlich stellt Schwarzenberg auch die Frage nach der Utopie. Ich habe gerade jetzt das Material, das ich benutzt habe, geordnet und dabei festgestellt, daß das eine ganze Sammlung von Büchlein über Utopien ist, angefangen von Thomas Morus bis Aldous Huxley. Selbstverständlich war ich auch unten in Schwarzenberg und habe mit dem letzten Überlebenden dieser Regierung gesprochen, Paul Korb. Ich habe aber mich nicht nur mit ihm, sondern auch mit etwa zwanzig anderen Leuten, die nicht aktiv daran teilgenommen hatten, unterhalten.

FRAGE: Wissen Sie, was aus den Trägern der Republik geworden ist?

HEYM: Die sind inzwischen fast alle tot, aber es ist bei Lesungen im Westen mehrfach passiert, daß im Publikum Leute waren, die sagten: Wir haben das miterlebt. Einmal ist sogar einer aufgestanden und hat gesagt, ich kann das alles bestätigen, ich war der stellvertretende Leiter des Eisenbahnwesens in Schwarzenberg. Sie wissen, daß es die Briefmarken der Republik wirklich gibt?

FRAGE: Die Briefmarken gibt es; welche der Romanfiguren sind denn echt?

HEYM: Der Wolfram und sein Gegenpart Reinsiepe sind erfunden. Die anderen sind leicht verfremdet, aber echt, der Landrat zum Beispiel und der Nazibürgermeister.

FRAGE: Das Credo der Republik Schwarzenberg haben Sie Wolfram in den Mund gelegt.

HEYM: Das habe ich erfunden. Auch die ganze Verfassung hat es nie gegeben, die habe ich auf der Basis von existierenden Verfassungen entwickelt. Sehr viel darin ist aus der ersten Verfassung der DDR, die schönsten, freiheitlichsten Passagen dann aus dem ursprünglichen Parteiprogramm der alten KPD. Sie werden in meiner Verfassung übrigens einiges finden, was Gorbatschow heute sagt.

FRAGE: Stefan Heyms »Musterländle« wird aus einem machtpolitischen Vakuum heraus geboren, da weder Russen noch Amerikaner einmarschieren. In Schwarzenberg kann so die Vision einer humanen, sozialistisch-demokratischen Republik verwirklicht werden.

HEYM: Das ist der Gedanke von Wolfram; in Wirklichkeit war es natürlich so, daß sich einfach die Notwendigkeit ergab, daß irgend jemand das Administrieren übernehmen mußte. Ein paar Kommunisten und Sozialdemokraten ergriffen die Initiative. Sie hätten es nie tun können, wenn nicht der Krieg von der Sowjetunion und den Amerikanern gewonnen worden wäre. Eine Revolution selbst haben sie nicht gemacht, aber sie haben wenigstens gehandelt.

FRAGE: Das ist eine Voraussetzung, eine andere war, daß die Alliierten nicht einmarschiert sind.

HEYM: Ja, und wie das gekommen ist, weiß der Teufel. Da ich meine Erfahrungen habe mit Armeen, weiß ich, daß da viel weniger geplant wird, als man annimmt. So kann sich das durchaus so abgespielt haben, wie ich es geschildert habe.

FRAGE: Umgekehrt gefragt: Vereitelten die beiden großen Besatzungsmächte möglicherweise ein neues Deutschland hüben wie drüben? Sie waren ja selbst amerikanischer Besatzungsoffizier.

HEYM: Im Buch finden Sie den amerikanischen Sergeant Whistler, der sagt, daß, wenn man die Deutschen sich selber überläßt, sie nur Scheiße bauen. Das kann man nicht so verallgemeinern, aber ich bezweifle, daß etwas Vernünftiges herausgekommen wäre, wenn Deutschland nicht besetzt worden wäre. Denn natürlich wären sofort die alten Nazis wieder dagewesen, wie sie auch in der Bundesrepublik sofort wieder da waren. So ist es doch notwendig gewesen, daß man zunächst einmal eine Diktatur errichtete, eine Diktatur der Besatzungsmächte nämlich, und gewisse Prinzipien den Deutschen aufzwang.

FRAGE: Später lernten Sie die russische Seite näher kennen. Es fällt auf, daß Sie in Ihren Romanen die russischen Charaktere äußerst ambivalent zeichnen: hier der kraftvoll-brutale, geradlinige Stalinist, dort der gebildet-kosmopolitische, deutschfreundliche Nonkonformist.

HEYM: Ja, das finden Sie auch schon in den *5 Tagen im Juni.* Der einzige zweidimensionale russische Charakter, den ich gezeichnet habe, ist im *Bitteren Lorbeer* der Kavalov, der übrigens existiert hat. Das Sonderbare ist, daß ich dem Mann später noch einmal begegnet bin, ungefähr 1958. Er besuchte mich in meinem Moskauer Hotel. Er war nicht mehr der kraftstrotzende Bursche, den ich einst kennengelernt hatte, und es war offenbar, auch wenn er es nicht erzählte, daß sie ihn behandelt hatten wie so viele ehemals kriegsgefangene Russen. Die wurden irgendwohin transportiert, in Lager, denn Stalin traute ihnen nicht: Sie hatten immerhin den Westen gesehen. Dieses Schicksal wird ja auch in *Schwarzenberg* beschrieben, bei dem Abtransport der ehemaligen Kriegsgefangenen und Zwangsarbeiter in ihre russische Heimat. In den *5 Tagen im Juni* finden Sie die beiden Presseoffiziere, die im übrigen ebenfalls Vorbilder haben im Leben. Das waren sehr nachdenkliche und gescheite Intellektuelle. In *Schwarzenberg* sind es Workutin und Bogdanow. Meine Bücher sind ja vor Gorbatschow geschrieben, aber Sie werden feststellen, daß da schon die beiden Schulen, die beiden Gruppierungen innerhalb der Partei, die heute miteinander in Konflikt liegen, vorgezeichnet sind. Beide haben sie natürlich ihre deutschen Parallelen gehabt und haben sie auch heute noch. Das ist ja das Merkwürdige: Wir haben Einparteienstaaten, aber deutlich sind zwei Parteien sichtbar.

FRAGE: Die XIX. Allunionskonferenz im Juni hat das ja in aller Deutlichkeit gezeigt.

HEYM: Ja, absolut. Ich habe versucht, in diesem Roman die Gruppierungen darzustellen, ohne schon genau zu wissen, wie sich das dann organisatorisch einmal widerspiegeln würde. Aber in der Essenz ist alles schon angelegt.

FRAGE: Kommen wir nun zu den Menschen in Schwarzenberg selbst. Enthusiastisch gehen die Mitglieder des Aktionsausschusses ans Werk, ganz gleich, ob Sozialdemokraten oder Kommunisten. Waren die alten Konflikte und Feindschaften wirklich so fraglos überwunden, waren viele Genossen ideologisch nicht vor 1933 stehengeblieben?

HEYM: Ich war ja der Meinung, daß schon vor 1933 die absolute Spaltung in »Sozialfaschisten« und Kommunisten ein Unsinn war und daß die Mitglieder, die »rank and file« der Parteien, das im ganzen nicht so empfunden haben. Als sie dann gemeinsam im Konzentrationslager saßen, haben sie sehr rasch erkannt, was sie da falsch gemacht hatten. Historisch gesehen war das ein Fehler, der fürchterliche Folgen hatte.

FRAGE: Aber eigentlich hat Sie diese Thematik im *Schwarzenberg*-Roman nicht so interessiert?

HEYM: Nein, einfach weil ich mich auch da an die Fakten gehalten habe. Da waren eben Sozialdemokraten und Kommunisten, die gemeinsam dieses Komitee gebildet haben und gemeinsam versucht haben, das Chaos abzuwenden.

FRAGE: Wie überall im Nachkriegsdeutschland bleibt auch das schwarzenbergische Staatsvolk blaß, inaktiv und apathisch.

HEYM: Die Leute, die dieses Komitee gegründet haben, die waren ja auch »Volk«. Die hatten ja keine Positionen vorher gehabt bis auf einen, der mal Stadtverordneter gewesen war. Immer, wenn ich Leute getroffen habe, die damals in Schwarzenberg oder in diesem Bezirk waren, gab es welche, die mir sagten: Wir haben überhaupt nichts gewußt von diesem Aktionsausschuß.

FRAGE: Sie meinen die Leute, die damals in Schwarzenberg lebten?

HEYM: Ja, ja. Sie hatten so viel damit zu tun gehabt, zu überleben und das nächste Stück Brot zu beschaffen, daß sie gar nicht gemerkt haben, daß da irgendwer war, der das zu regulieren suchte. Auch bei meinen Recherchen in Schwarzenberg habe ich mit Leuten gesprochen, die das durchaus gar nicht wichtig nahmen, sondern eben nur merkten: Es kam niemand, der sie besetzte, und das Leben ging irgendwie weiter. Sie dürfen nicht vergessen, was aus diesem Volk geworden war in der Nazizeit. Es war ihnen ja wirklich jede Initiative genommen worden.

FRAGE: Der Intellektuelle und »Utopiewissenschaftler« Wolfram bekam mit der Republik Schwarzenberg die einmalige Chance, seine Ideen auszuprobieren. Ist die formende Breitenwirkung des demokratisch-sozialistischen Gedankengutes in der Nachkriegszeit nicht maßlos überschätzt worden?

HEYM: Ich weiß nicht, ob Sie damit recht haben. Es gab doch damals ziemlich breite Bestrebungen; ich glaube, in Hessen hat man für den Sozialismus gestimmt. Und ganz klar ist: Die Leute hatten erlebt, daß der Nationalsozialismus pleite gegangen war. Also dürfte die andere Seite, die sozialistische, historisch vielleicht im Recht gewesen sein, und es wäre möglicherweise vernunftig, sich einmal Gedanken zu machen, etwas Ähnliches einzurichten. Es gab ja in den Monaten und Jahren unmittelbar nach '45 doch sehr starke sozialistische Tendenzen unter den Deutschen, die ihnen dann allerdings von zwei Seiten ausgetrieben wurden, einmal von den Amerikanern und Engländern und auch von den Russen selber. Es hat, glaube ich, keiner den Sozialismus so geschädigt, den wirklichen Sozialismus, wie jene sowjetischen Truppen und die entsprechenden, abhängigen Deutschen, die dann nach dem Kriege hier gehaust haben, die Workutins eben, die Stalinisten. Aber auch das war zweiseitig: Schauen Sie, was die auf dem Gebiet der Kultur geleistet haben, das war hervorragend, die haben den Amerikanern bei weitem den Rang abgelaufen. Es ist nicht zufällig, daß so viele Schriftsteller in die DDR gingen und nicht in die Bundesrepublik. Man muß auch sehen: 1948 fing das dann an mit der wirtschaftlichen Umgestaltung auf dem Gebiet der DDR, und das war sehr schmerzhaft für Millionen von Menschen. Heute würde man es wahrscheinlich anders machen. Aber damals fehlten auch die Erfahrungen. Die Leute, die damals die geschenkte, die stellvertretende Macht in der Hand hatten, hatten doch kein anderes Vorbild als die Stalinsche Sowjetunion. Also wurde das, was dort gang und gäbe war, hier mit Gewalt eingeführt, obwohl es sehr starke Strömungen gegeben hat, einen deutschen Weg zu suchen. Der wurde ja dann mit Gewalt unterdrückt, und die Funktionäre, die das tun wollten, wurden entmachtet. Und jetzt kommt der Treppenwitz der Weltgeschichte: Heute, wo die Sowjetunion einen neuen Kurs einschlägt, machen die hier selbständige Politik, aber in einem anderen, nämlich stalinistischen Sinne...

FRAGE: ...unter Berufung auf genau diesen neuen Kurs der Sowjetunion.

HEYM: Ja, unter Berufung auf genau das. Obwohl auch das zwiespältig ist, denn wenn wir die Honeckersche Außen- und Deutschlandpolitik der letzten Jahre betrachten, so war die ja zum Teil unabhängig gewesen von der Sowjetunion. Das hat denen in Moskau gar nicht so geschmeckt, seine Techtelei mit der Bundesrepublik, was sich ja als richtig erwiesen hat. Sie sehen, die Welthistorie ist sehr sonderbar in ihren verschlungenen Wegen und Plänen.

FRAGE: In der Nachkriegszeit haben die Frauen die Hauptlast der Überlebensarbeit getragen. Kommt nicht die Frau als Überlebensarbeiterin im *Schwarzenberg* zu kurz? Zugespitzter gefragt: Uns ist die Rolle der Paula in Ihrem Buch unklar geblieben.

HEYM: Haben Sie einmal *La Strada* gesehen? Die Fugur der »Gelsomina« ist mir irgendwie im Unterbewußtsein hängengeblieben. Die Gestalt der Paula ist wie die Gestalt dieses Mädchens. Ich habe versucht, sie menschlich darzustellen, und jetzt kommen Sie mir mit der Rolle der Frau. Natürlich kann ich nur, wenn Sie das wollen, ablehnen, die Frau als stumme, anschmiegsame Person zu sehen.

FRAGE: Die Republik Schwarzenberg gründet auf der Annahme einer »tabula rasa«. Impliziert nicht das »tabula rasa«-Mythologem auch das gebräuchliche Mythologem von der »Stunde Null«?

HEYM: Ich glaube nicht. Das Chaos selber ist doch schon eine Fortsetzung des vorherigen Zustandes, wurde ja herbeigeführt von einer hochorganisierten faschistischen Gesellschaft. Die war zusammengebrochen. Was blieb, war die Haltung, waren ökonomische Reste. Es gab ja keinen Schöpfungsakt; was da war, war ein völliges Durcheinander. Kein Mensch wußte eigentlich, was zu tun war. Insofern haben Sie natürlich recht, es gab nie eine »tabula rasa«. Jedes neue Regime, jede neue Wende baut auf dem auf, was vorher da war. Aber ich habe ja auch keine »tabula rasa«-Geschichte geschrieben. Ich habe nur gesagt: Die Macht liegt auf der Straße. Man brauchte sie nur aufzuheben.

FRAGE: Wie haben Sie denn dieses Chaos, diese Trümmer in Deutschland empfunden, als Sie zum Beispiel nach München kamen?

HEYM: Ich bin nicht am Anfang der Besetzung in München gewesen, ich hab' das in Aachen erlebt. Da ist einfach nichts da, außer Menschen, die völlig hilflos sind und zum Teil auch wirr und die nach einer Autorität lechzen. Die kamen also zu den Besatzern und stellten sich selber als die harmlosesten Schäfchen dar.

FRAGE: Schwarzenberg ist Realität und Utopie zugleich. Utopie ist die konkrete Ausformung des menschlichen Wunsches nach der besseren Gesellschaft schlechthin. Inwieweit will denn Schwarzenberg hier Präzedenzfall sein?

HEYM: So hatte ich mir das ursprünglich gar nicht gedacht. Es hat sich beim Schreiben ergeben.

FRAGE: Wann kam Ihnen denn die Idee, den Utopisten Wolfram durchgängig agieren zu lassen?

HEYM: Ich brauchte so einen Charakter, ich brauchte jemanden, der reflektieren konnte. Das ist nach Lage der Dinge meistens der Intellektuelle.

FRAGE: Gewinnt dieses Buch im Zeitalter von Glasnost und Perestroika nicht einen anderen Stellenwert, wo wieder Utopie zu entstehen scheint und sie diesmal aus Moskau kommt?

HEYM: Da haben Sie recht. Ich will nicht behaupten, daß ich der Erfinder von Gorbatschow bin. Das wäre weit übertrieben. Aber natürlich kommen alle aus derselben Ecke, die sich zurückführen läßt auf 1848, das Kommunistische Manifest und die Französische Revolution; das waren doch alles Utopisten. Natürlich ist ein funktionierender demokratischer und sozialistischer Staat immer noch eine Utopie. In der Sowjetunion fangen sie gerade an zu suchen, und ich wünschte, bei uns hier täten sie das auch ein bißchen, obwohl, sie versuchen schon ein paar praktische Veränderungen, und sie haben immer gesucht. Insofern ist der Sozialismus immer noch eine Utopie, der wirklich funktionierende: wo der Mensch die Produktionsmittel, obwohl sie ihm nicht privat gehören, als seine eigenen begreift. Solche Menschen überhaupt sind noch Utopie, Menschen, die sich sozial gebunden fühlen und sozial denken und eben nicht nur danach gehen: Was verdiene ich, und was kann ich mir dafür kaufen? Bloß, im Augenblick ist es so: Wenn ich diese Menschen motivieren will, kann ich sie nur über dieses »Was-verdiene-Ich« und das »Was-kann-ich-mir-dafür-Kaufen« erreichen. Wenn ich da mit Idealen komme, dann sagen sie: Aber bitte sehr, wo ist das »KaDeWe« hier?

FRAGE: Noch mal zur Suche: Wir haben den Eindruck, daß diejenigen Kräfte in der DDR, die bereit sind zu suchen, dies auf der kulturpolitischen Ebene tun. Am Ende sind Sie einer, Herr Heym, der zuerst in den Genuß dieser Suche kommt: fünfundsiebzigster Geburtstag, Ankündigungen, Ihre indizierten Bücher würden nun auch in der DDR gedruckt.

HEYM: Na, wissen Sie, Genuß? Ich habe mich natürlich gefreut, daß der *Ahasver* herauskommt, endlich. Aber erstens habe ich das schon mal erlebt, der *David-Bericht* war auch verboten und durfte dann plötzlich erscheinen und der *Lassalle* und der *Defoe*. Im Grunde ist es so: Man muß lange genug leben. Gesetzt der Fall, ich wäre vor vier Jahren gestorben, dann hätten sie die Bücher vielleicht auch veröffentlicht, aber ich hätte keinen Spaß mehr daran haben können. Wenn das der Genuß ist, erst einmal zehn oder zwanzig Jahre warten zu müssen, bis, was man für wichtig hält, an die Leute herankommt – nein, so genußsüchtig bin ich nicht.

Kleines Denkmal für Bibliothekare

Rede auf dem Deutschen Bibliothekskongreß in Berlin-West

MAI 1988

Meine Damen und Herren,

ich habe die Absicht, Ihnen eine Art Schocktherapie zu geben. Ich werde Sie und Ihren Berufsstand zunächst auf unverschämte Art hochloben, um Sie danach gröblich zu provozieren; zur Verminderung meines Risikos werde ich da nicht meine eigenen Worte benutzen, sondern die des Kollegen Umberto Eco, eines Fachmanns für Bibliothekswesen, der sogar einen berühmten Roman darüber geschrieben hat, mit zugehörigem Mord und Totschlag.

Wenn ich Ihnen schmeichle, so ist eines meiner Motive natürlich der Wunsch, Sie mögen sofort nach Ihrer Rückkehr in Ihren Heimatort sich an Ihren Arbeitstisch begeben und einen Satz, oder auch mehrere, meiner nun vollständig und in Kassette vorliegenden Werkausgabe für Ihre Bibliothek bestellen; die Bände dieser Ausgabe sind, ganz abgesehen von dem bekannten literarischen Wert meines Werks und seiner hohen gesellschaftlichen Bedeutung, schön sauber gedruckt und gebunden und sehr handlich, also eine wahre Freude. Sie erkennen, ich bin kein Freund der Schleichwerbung, welche in der Bundesrepublik und in anderen Ländern des nichtsozialistischen Währungsgebiets – so heißt das Ding bei uns in der DDR – üblich geworden; ich betreibe meine Werbung offen und direkt, denn die Literatur ist, wie Sie wissen, kein Geschäft für zimperliche Seelen.

Zum zweiten aber will ich richtig lieb von Ihnen und Ihresgleichen reden, weil ich im Tiefsten meines Herzens ein großes, gutes Gefühl habe für Buchhändler und Bibliothekare. Buchhändler und Bibliothekare sind es, die seit der Erfindung der Schriftzeichen die Gedanken der Dichter dorthin gebracht haben, wo sie hingehören: nämlich unter die Leute; und sie sind es, die diese Gedanken gegen alle Tücken der Natur und der Menschen aufbewahrt haben für alle Zeit – alle Zeit, das heißt, sofern unsere Generation in ihrer Hybris nicht dem Leben auf Erden überhaupt und damit der Zeit selber ein Ende setzt.

Lassen wir die Buchhändler beiseite und deren hypertrophischen

Auswuchs, die Verleger, obwohl zwischen Buchhandel und Bibliothek eine Symbiose besteht, zum Vorteil der Händler übrigens; denken Sie nur daran, daß im Durchschnitt zwischen zwanzig und vierzig Prozent der Auflage eines Titels von Ihnen abgenommen wird. Nein, widmen wir uns den Bibliothekaren, die, ohne klingende Münze zu schlagen aus dem Herzblut der Dichter, in der stickigen Stille der Katalogräume oder im Staub der Jahrhunderte, der sich abgelagert hat auf den Folianten und Faszikeln in den Regalen, ihren demütigen Dienst an dem zu Buchstaben geronnenen Geist der Menschheit versehen.

Welche Tradition! Welche Ahnenreihe! Ist nicht, wenn man bedenkt, daß das geheiligte Wort der Obrigkeit, besonders der priesterlichen, eher noch aufgezeichnet wurde als die Frivolitäten von unsereinem, der Bibliothekar älter noch als der Dichter? Und dabei, welche Selbstlosigkeit, eine Eigenschaft, die Ihren Beruf heute noch ziert! Irgendwo unter den Sänden zwischen Euphrat und Tigris wird noch ein Denkmal verborgen sein, eine Statue oder Stele, des Assyrerkönigs Assurbanipal, dessen Bibliothek berühmt war bis weit über die Grenzen seines Reiches; aber wo ist auch nur ein Gedenktäfelchen seines Bibliothekars? Vergeblich werden die Archäologen danach graben; der Mann war viel zu bescheiden, sich eines anfertigen zu lassen, und der König – Sie wissen ja, wie Könige sind. Unter den Figürchen, welche man den Pharaonen beigab ins Grab, finden sich allerlei Dienstpersonal und Hofschranzen in großer Zahl, auch Ruderer und Soldaten, aber, meines Wissens, kein einziger Bibliothekar. Und wer gedachte je der Bibliothekare, die tränenden Auges zusehen mußten, in der Stadt Alexandria, als dort ihre einzigartige Bibliothek in Flammen aufging; von jenen gar nicht zu reden, die jämmerlich mitverbrannten, weil die Feuerwehr zu spät kam oder weil sie es vorzogen, zusammen mit ihren geliebten Papyrusrollen zu sterben. Brecht, nachdenkend über die Geschichtsschreibung, fragte einmal: Der große Alexander, hatte er nicht wenigstens einen Koch? Man könnte Brechts Frage abwandeln, zu lauten: Und der große Brecht, hatte er nicht wenigstens einen Bibliothekar?

Er hatte. Wir alle haben sie, die wir mit dem Worte umgehen. Homer, der im Tor der Stadt saß und den Leuten mit machtvoller Stimme vordeklamierte, *Nenne mir, Muse, den Mann, den vielgereisten,* dieser Homer mochte noch ohne Bibliothekar ausgekommen sein, aber sobald einer kam mit dem Griffel und einritzte in den fügsamen Ton, was der Alte gesungen, da erschien auch schon der Bibliothekar, um die Täfelchen einzusammeln und sie zu speichern und, gegen entsprechende Quittung, an Wohlbeleumundete auszuleihen, bei Raritäten zur Benutzung nur im Lesesaal. Und die späteren Autoren, ob sie auf Papyrus schrieben oder auf Eselshaut, auf handgeschöpftem oder auf Packpapier, sie alle sind nicht denkbar ohne Bibliothekare, die ihre Werke hüteten und bewahrten und zur Verfügung hielten für künftige Leser. Ich stelle mir vor, daß es damals, als sie die Bücher verbrannten in Berlin, ein paar Bibliothekare gegeben haben mag, die rasch noch beiseite schafften, was für die Flammen gedacht war: Heine und Zweig, Wassermann und Tucholsky, Hofmannsthal und Freud und Feuchtwanger und wie sie alle hießen, die eine Zierde gewesen der deutschen Literatur; ich weiß nicht, ob das nur ein Bild ist aus meiner Phantasie; es kann auch sein, daß sie samt und sonders in die Knie gingen, Ihre Berufskollegen, vor dem rhythmischen Geheul der Barbaren; aber ich mag's nicht glauben, und vielleicht können Sie, die Sie heute und morgen in Ihren Sitzungen über Ihre Probleme sprechen werden und Ihre Zukunft, das Projekt einer Recherche anregen zu dem, was 1933 in den großen deutschen Bibliotheken vor sich ging, und ob es außer den üblichen Feiglingen und Anpassern noch zwei oder drei Mutige gab, die im Buch mehr sahen als einen Block Papier, den man müde über den Tisch reicht; das wäre auch ein Stück Vergangenheitsbewältigung. Und könnten sich zugleich überlegen, wie Sie selber sich verhalten würden, wenn einer käme und Ihnen vorschreiben wollte, was Sie in Ihren Beständen zu halten haben und was nicht.

*

Denn es gibt eine Beziehung Buch–Mensch.

Bei uns in der DDR hegte man eine Zeitlang einen übertriebenen Glauben an die Möglichkeiten des Buches, die Möglichkeiten des Schriftstellers also. Schreibe uns, Genosse Schriftsteller, hieß es, Vorbilder, an welche das Volk sich halten kann, gib Lösungen für die Fragen, die es bedrücken, dann wird das Volk sich den Vorbildern entsprechend vorbildlich verhalten und vor allem die lästige Fragerei unterlassen.

Nun, wir wissen um das Versagen jener Theorie. Dennoch steckt, wie in manch anderer theoretischen Fehlleistung, auch in dieser ein Körnchen Wahrheit; das Buch, das Wort des Dichters, die These des Philosophen, sie bewirken schon etwas, nur tun sie's nicht so geradlinig und direkt; die Rückkopplung zum Hirn hin und zum Herzen läuft vielmehr auf den sonderbarsten und kompliziertesten Wegen, und äußerst langsam, oft über Jahre hinweg; aber irgendwann stellt sich doch etwas ein, ein Zweifel, eine neue Idee, und wenn man Glück hat, eine Veränderung, eine winzige, im Charakter des Rezipienten. Das ist das Beste, was man erhoffen kann, und es ist doch sehr viel; und auch hier wieder ist der Bibliothekar Teil des Vorgangs, als Mittler des Worts, als Verbündeter des Autors; so schleicht sich, Gedanken formend, ein Stück Gen auch aus seinem Wesen ein in die berühmte Doppelhelix des Genoms, des befruchtenden, das von den Seiten des Buches ausgeht hin zu dem lesenden Menschen.

Und es ist ja nicht nur, was Sie den Leuten in die Hand geben. Das ist Teil zwei Ihrer Tätigkeit. Ihr Wirken, Ihr Einfluß, setzt früher schon ein, bei den Anschaffungen. Was bestellen Sie für Ihre Bibliothek, was suchen Sie aus: nur das der Obrigkeit Genehme? Nur das, von dem Sie annehmen, daß es der Denkungsart, der amtlich approbierten, des Herrn Direktors entspricht? Was ist Ihnen das Wichtige, ein geruhsamer Tagesablauf, nur kein Streit, keine Konflikte, ein gelegentliches Schulterklopfen von der Hand des Vorgesetzten, brav, Herr Kollege, die regelmäßige Beförderung, die sichere Pension am Ende – Gott, ich kann's Ihnen nicht einmal verdenken! – und nicht das kleinste Fünkchen Rebellion? Sie, die mit dem rebellischsten und zugleich flüchtigsten aller Elemente zu tun haben: dem Gedanken?

Ich bilde mir ein, daß wir beide, Schriftsteller und Bibliothekare, ganz gewiß eines gemeinsam haben: die Verpflichtung der Wahrheit gegenüber. Der Wahrheit, die wir, soweit sie erkennbar, dem Leser zu übermitteln berufen sind.

Für mich hat die Bibliothek etwas Beruhigendes, Schützendes, Wärmendes: ein Uterus aus lauter Büchern, in den das ausgestoßene Kind sich immer wieder zurückzuflüchten sehnt.

Das mag mit der Geschichte meines Lebens zu tun haben. Als junger Emigrant kam ich, aus der Unsicherheit erst Nazi-Deutschlands, dann des von den Nazis bedrohten Prag, nach Chicago, an die Universität, und fand in der Bibliothek dort, zwischen den Büchern in den Stacks, wie man das in Amerika nennt, eine Art Höhle; zu meiner Linken, etwas über mir, ein schmales gotisches Fenster, durch welches ein dünner Strahl Lichtes drang, saß ich an einem winzigen Schreibtisch und arbeitete über Heine, umgeben von allem, was je von ihm und über ihn veröffentlicht worden war; niemand störte mich; es mochte stürmen draußen, bildlich oder in übertragenem Sinne: Hieronymus in der Klause. Ich brauchte das damals; als ich fertig war mit der Arbeit und heraustrat aus der Bibliothek, war ich genügend gestärkt, um mich wieder in den Trubel des Kampfs gegen Hitler zu stürzen. Und bei wie vielen anderen noch diente die Bibliothek als der Mutterboden, den man, dem Riesen Antäus gleich, stets wieder berühren mußte, um neue Kraft zu schöpfen für die Auseinandersetzungen des Tages.

Und doch ist da auch, wie in jeder Höhle, etwas Gespenstisches. Sind denn die Bücher nicht, die Manuskripte, Geist vom Geiste der längst zur Hölle Gegangenen, und steigen diese nicht, ein zitternder Nebelstreif, zwischen den Seiten hervor? Mir ist das so recht bewußt geworden auf der Suche nach den Spuren des Superintendenten Paul von Eitzen, der zu Lebzeiten schon in die Legende einging, da er, ein junger Geistlicher noch, dem Ahasver begegnete, dem seit Jesu Zeiten ewig wandernden Juden. Halb Sagenfigur, halb knochentrockner Prediger und Verwaltungsbeamter, hat Eitzen alles aufbewahrt, was je seiner Feder entfloß, und in Kiel, in der Bibliothek der Universität, aus Regalen, die sich, wie von Gespensterhand bewegt, nach des Lesers Wunsch verschieben, trat der Kerl mir entgegen: Es hatte ihn tatsächlich gegeben; da lag, gebündelt und in Leder gebunden, was er geschrieben und geredet hatte; er war kein Gebilde der Phantasie; aber was war dann der Ahasver?

*

Sie merken schon, worauf ich hinauswill: auf das Janusköpfige, das die Bibliothek heute an sich hat, der Vergangenheit zugewandt wie der Zukunft. Im Katalograum der Bibliothek der Humboldt-Universität zu Berlin habe ich in Katalogen geblättert, darin die Titel mit dem Gänsekiel eingetragen waren in bräunlich verfärbter Tinte; die Signaturen sind heute noch, was sie waren, als man die Bücher damals erwarb, und ihnen folgend, erhält man das Gewünschte. Und ich habe in Bibliotheken gearbeitet, da ein Druck auf einer Taste genügte, den Titel zu finden, nach dem man anderswo stundenlang suchte; und nicht mehr die Texte kamen zu einem, sondern deren Schatten nur auf dem Bildschirm, und wollte man Dauerhafteres, so sorgte ein anderer Knopf, leichthin berührt, für den Ausdruck des benötigten Abschnitts. Wer setzt sich noch hin zu mühseligem Exzerpieren, wenn ein Kopiergerät mit Hilfe von Licht und einem bißchen schwarzem

Pulver und Elektronik die Arbeit in Sekunden verrichtet? Wird es, in absehbarer Zeit, überhaupt noch Bücher geben? Oder nur noch Streifen mit Digits darauf, von denen statt des menschlichen Auges Laserstrahlen die Texte abnehmen, die ein dichtender Computer ins Programm eingab? Und wie wird unser Gehirn reagieren, wie unsere Seele, wenn *Füllest wieder Berg und Tal* auf diese Weise zu uns kommt?

Dabei bin ich selber mit in dem Strudel. In meinem Arbeitszimmer steht, drei Viertel Meter Regal einnehmend, das Manuskript der *5 Tage im Juni,* englisch und deutsch, sämtliche Fassungen, mit handschriftlichen Änderungen und Korrekturen, mit Notizen, Materialien, Recherchen, Zeugenaussagen, Plänen und Charakteristiken der dramatis personae: zweiundzwanzig Bände DIN A4, genug für die Dissertationen von einem guten Dutzend Doktoranden. Mein neuestes Buch, das ein Wälzer von immerhin achthundert bis neunhundert Druckseiten sein wird, paßt dagegen, auf Diskette, in einen Plastebehälter von der Größe einer normalen Zigarilloschachtel. Leider nur werden die Doktoranden nun nicht mehr verfolgen können, über welche Stufen die Endform des Buches sich aus den ersten Entwürfen entwickelte; das Puzzlespiel mit den Wörtern, die Streichungen, Einfügungen, Umstellungen, das Hin und Her der Adjektiva, der Ersatz der einen Metapher durch die andere, und was sonst alles noch den Hintern des Schriftstellers zu einem so wichtigen Körperteil macht, verlagerte sich jetzt mit Hilfe von ein paar Tasten auf den Bildschirm, und was ausgeschieden wurde oder verändert ist, ist verloren für immer; aber schließlich arbeite ich für meine Unsterblichkeit, nicht für die irgendwelcher Germanisten.

Wirklich, wir leben in einer Zeit, da auf mehr als einem Gebiet, und so auch auf dem Ihrigen, stattfindet, was die Gefolgsleute von Hegel und Marx als Sprung von der Quantität in eine neue Qualität bezeichnen. Solche Zeiten sind immer Zeiten von Wirren, unangenehm, furchterregend. Trotzdem meine ich, daß der Mensch nicht dafür gebaut ist, geklemmt auf ein mehr oder weniger dem Skelett angepaßtes Stahlgestell stundenlang in ein Stück Leuchtglas zu starren; vielleicht möchte man doch lieber im Lehnsessel, das Buch auf dem Schoße, im Licht einer grünbeschirmten Lampe ein paar Seiten umblättern oder gar im Bette liegend lesen, bis der Krimi der Hand entfällt.

Diese Bedürfnisse veranlassen mich, dem Buch in seiner gegenwärtigen Form, und so auch, wenigstens teilweise, der Bibliothek, wie wir sie kennen, eine Zukunft vorauszusagen, immer mit dem Reservat des Propheten, daß es durchaus auch anders kommen kann.

*

Und nun, Freunde, zu dem Ärgernis, das ich Ihnen anfangs versprochen.

Ich stehle diesen letzten Abschnitt meiner Rede von Umberto Eco, ohne mir ein Gewissen zu machen, denn er hat, was ich Ihnen jetzt unterjubeln möchte, besser gesagt, als ich es je tun könnte; außerdem hat auch der große Brecht von anderen Autoren genommen, was ihm gefiel; ich wenigstens nenne die Namen der von mir Bestohlenen und gebe ihnen Kredit.

Eco hat das Negativmodell einer Bibliothek gezeichnet, einer Bibliothek also, die, wie ich hoffe, in keiner Weise einer der von Ihnen hier vertretenen entspricht. Er notierte dazu neunzehn Punkte, von denen ich einige kürze und andere, die uns zu weit vom Ziele abbringen würden, ganz auslasse; was ich Ihnen jedoch anführe, werden Sie unschwer bei Ihrer Nachbarbibliothek wiedererkennen.

Nun denn:

Der Bibliothekar muß den Leser als einen Feind betrachten, als Nichtstuer (sonst wäre er ja bei der Arbeit) und als potentiellen Dieb.

Die Öffnungszeiten der Bibliothek müssen genau mit den Arbeitszeiten der Leute zusammenfallen: an Samstagen, Sonntagen, abends und während der Mittagspausen sollte die Bibliothek total geschlossen sein.

Die Zeit zwischen Bestellung und Aushändigung eines Buches muß sehr lang sein.

Es darf immer nur ein Buch auf einmal ausgehändigt werden.

Die ausgehändigten Bücher dürfen, da mit Leihschein bestellt, nicht in den Lesesaal mitgenommen werden, so daß der Benutzer der Bibliothek sein Leben in zwei Teile aufspalten muß, einen für die Lektüre zu Hause und einen für die Konsultation im Lesesaal.

Die Auskunft muß unerreichbar sein.

Das Ausleihverfahren muß den Benutzer abschrecken.

Dafür müssen die Kataloge so weit wie möglich aufgeteilt werden; man verwende größte Sorgfalt darauf, den Katalog der Bücher von dem der Zeitschriften zu trennen und den der Zeitschriften vom Schlagwort- oder Sachkatalog, desgleichen den Katalog der neuerworbenen Bücher von dem der älteren Bestände. Die Orthographie der Namen und Titel in den beiden Bücherkatalogen sollte, wo immer möglich, voneinander verschieden sein.

Die Schlagworte müssen vom Bibliothekar bestimmt werden. Die Bücher dürfen im Impressum keinen Hinweis auf die Schlagworte tragen, unter denen sie aufgeführt werden sollen.

Die Signaturen müssen so beschaffen sein, daß man sie nicht korrekt abschreiben kann, wenn möglich mit so vielen Ziffern und Buchstaben, daß man beim Ausfüllen des Bestellzettels nie genug Platz für die letzte Chiffre hat, so daß der Schalterbeamte den Zettel als unvollständig ausgefüllt zurückgeben kann.

Die Fernleihe sollte unmöglich sein, jedenfalls aber Monate in Anspruch nehmen; am besten, man sorgt dafür, daß der Benutzer gar nicht erst erfährt, was es in anderen Bibliotheken gibt.

Es sollte möglichst überhaupt keine Fotokopierer geben; falls doch einer da ist, muß der Zugang weit und beschwerlich sein, der Preis für eine Kopie muß höher sein als im nächsten Papiergeschäft und Zahl und Umfang der Kopien begrenzt auf höchstens zwei bis drei Seiten.

Es darf möglichst keine Toiletten geben.

Es muß unmöglich sein, in der Bibliothek sich leiblich zu stärken, und ebenso unmöglich, außerhalb ihrer Tore essen zu gehen, ohne zuvor alle ausgeliehenen Bücher zurückgegeben zu haben, um sie dann nach der Kaffeepause erneut zu bestellen.

Es muß unmöglich sein, das einmal ausgeliehene Buch am nächsten Tag wiederzufinden.

Es muß unmöglich sein, zu erfahren, wer das fehlende Buch ausgeliehen hat.

Ideal wäre schließlich, wenn der Benutzer die Bibliothek gar nicht erst betreten könnte; betritt er sie dennoch, so darf er auf keinen Fall, außer bei einer raschen Konsultation im Lesesaal, selber Zugang zu den Bücherregalen haben.

Soweit Umberto Eco. Sie sehen, der Mann hat seine Erfahrungen gemacht. Mir ist es oft genug gegangen wie ihm, aber ich habe auch anderes erlebt, Angenehmeres, und ich möchte nicht schließen, ohne zweien Ihrer Kollegen, die mir in den letzten Jahren bei meiner Arbeit sehr geholfen haben, an dieser Stelle persönlich zu danken: Herrn Fiebig von der Staatsbibliothek Berlin-Ost und Herrn Ziegler von der Staatsbibliothek Berlin-West.

Und Ihnen allen danke ich, daß Sie mich so geduldig angehört haben. Möge Ihre Tagung von Erfolg sein.

Zu einer Ikone

Essay. »Zeitmagazin«

SEPTEMBER 1988

Als ich jünger war, habe ich diese Zeit nie gemocht, die Zeit meiner Väter und Großväter, da man den Bratenrock trug und ans gesteifte Hemd mühsam angeknöpfte Zelluloidkragen und Schnürstiefel an den Füßen und auf dem Kopf die Melone, und die Damen Boas und Federhüte und Röcke, die bis zu den Knöcheln reichten und am Gesäß sich bauschten, und Blusen mit Busen. Es war die Zeit der Sedanfeiern, der Gründer mit geschwellter Brust, man war wer, man konnte konkurrieren, den Platz an der Sonne, den wohlverdienten, bereits in greifbarer Nähe; es gab Korpsstudenten, sogar jüdische, diese in ihren eigenen Korps, und es gab unsern Kaiser, den alten erst und dann den jungen, die Welt war in Ordnung, und die Revolution, die verlorene, die am Anfang all dessen gestanden im Jahre '48, war vergessen.

Für mich hatte das Ganze, aus einem Instinkt heraus, etwas schmierig Philisterhaftes an sich: gekaufte Eleganz, schweißiger Diensteifer, unterm Glacéhandschuh schmutzige Fingernägel. Erst als ich mich mit Lassalle zu beschäftigen begann, änderte sich meine Sicht; nicht, daß das Bild sich als falsch erwiesen hätte, aber es war unvollständig gewesen; hinter der augenfälligen gab es noch eine andere Wahrheit, eine, die zu erforschen sich lohnen mochte.

*

Auf der Suche nach den Spuren Lassalles geriet ich in das Museum für Deutsche Geschichte, welches die Behörden der DDR just in jenem Zeughaus unter den Linden aufgetan, das damals, 1848, vom Volk gestürmt worden war. Nun galt ja dieser Ferdinand Lassalle lange genug den Autoritäten der Republik als Unperson; sie hielten ihn, seiner eigenartigen Theorien und seines zwiespältigen Verhältnisses zu Marx wegen, für eine Art frühen Trotzki, während er in Wirklichkeit eher ein Vorläufer Stalins war: auch er konfrontiert mit der Notwendigkeit, zur Tat zu schreiten in einer Zeit, die für die Tat noch nicht reif, und so zur Diktatur greifend, zur absoluten, und zu höchst fragwürdigen Geschäften mit dem Gegner.

Doch selbst der Unperson Spuren waren nicht völlig zu tilgen gewesen; zu tief war der Eindruck, den der Kerl auf seine Zeitgenossen gemacht, zu groß das Charisma seiner Person, die Ausstrahlung seiner Worte auf die Proleten. Hing doch an der Wand eines »Zimmers in einer Arbeiterwohnung des vorigen Jahrhunderts«, wie das Museum es originalgetreu zusammengestellt, ein goldumrandeter Wandteller, zwischen dessen Schnörkeln die Porträts der Führer der Partei der Sozialen Demokratie, in ihrer glorreichen Mitte, Dioskuren gleich, zwei Schrägovale: Marx und Lassalle. Engels fehlte.

Kitsch? Bitte sehr. Aber mit wieviel echtem Gefühl! Und wer will mir zeigen, wo die genaue Grenze liegt zwischen Kunst und Kitsch?

*

Nun soll ich über ein Bild schreiben, ein Bild meiner Wahl. Ich habe an den Mann mit dem Goldhelm gedacht, von dem es neuerdings unklar, ob er von Rembrandts Hand ist oder nicht; an Rousseaus Zöllner; an die Brücke von Arles des van Gogh; an einen Picasso, den ich unter Picassos Picassos sah in Paris. Aber was läßt sich über sie mehr sagen, als daß sie mich berühren, in meinem Herzen; alles andere, warum sie das tun und auf welchem Wege, wäre Spekulation; oder es bliebe die platte Bildbeschreibung, mit ein paar Geistreicheleien.

Also dachte ich an den Teller. Doch die Arbeiterwohnung im Zeughaus war längst schon aufgelöst worden; man suchte das Ding im Fundus, vergeblich. Dafür hatten sie eine andere Stube aus einer anderen Arbeiterwohnung des vorigen Jahrhunderts hingebaut; und siehe da, an der Rückwand fand sich, jetzt nicht als Teller, sondern als Ikone, das gleiche Motiv; diesmal mit Lassalle in der Mitte, den Blick des Betrachters sofort auf sich ziehend; Marx, über ihm, wirkt nicht nur, der Perspektive wegen, um ein weniges kleiner, die ihm zugeteilte Bildfläche ist tatsächlich geringer; dafür hat er die Gottvaterposition. Wilhelm Liebknecht und August Bebel, zur Linken und Rechten Lassalles, stehen wohl flächenmäßig in gleichem Range mit Marx, nicht aber vom Placement her; sie rangieren jedoch, da direkt neben Lassalle gestellt, deutlich über den minderen Aposteln Vahlteich und Reimer; der Rest der Evangelisten, Bracke, Motteler, Most und wie sie alle heißen, verteilt sich harmonisch zwischen die Großen der Hierostratie.

Man hat Gott und Gottessohn und die Heiligen entthront, nicht aber, wie könnte man auch, die Ordnung vernichtet, die im Himmelreich herrscht, das man nun auch auf Erden zu errichten sich vorgenommen. Seht die Hoffnung, die ausgeht von den Männern auf dieser Ikone, seht die zarten Farben der Blüten und Blätter, die sich um sie ranken, seht, wie sich alles dem Lichte zuwendet, das kaum durch die düsteren Hinterhöfe in die Fenster der Arbeiterwohnung dringt. Und seht, wie die altehrwürdige Tradition sich fortpflanzt, bis in unsere Zeiten: Wer dächte nicht, bei diesem Bilde, an die Gruppierungen auf dem Mausoleum in Moskau am Tage der Revolution, nicht an die Sitzordnung auf der Tribüne an der Karl-Marx-Allee zu Berlin am Maifeiertag jedes Jahres, an die sorgfältig gestellten Fotos der Führer der Arbeiterbewegung bei Staats- und Parteibesuchen, nicht an die Reihenfolge, in der ihre Porträts, auf jugendlich getrimmt, bei festlichen Demonstrationen im Zuge mitgeführt werden?

Verflucht, verflucht, wann ist uns das passiert, wann ist das Gefühl im Herzen der armen Leute, ihr Vertrauen zu den Verfechtern ihrer Träume, zur puren Form erstarrt; wer hat aus den Seufzern des Volks, dem Aufschrei, dem Lied einen Ritus gemacht, dem keiner mehr folgen mag? Das Bild, das ihr hier seht, und alles, was es ausdrückt, war doch echt gewesen und tief empfunden – oder enthielt es schon, im Keim, die eigne Widerlegung?

Schreiben nach Auschwitz

Rede in der Paulskirche, Schriftstellerkongreß Frankfurt am Main

OKTOBER 1988

Nichts ist mehr, nach Auschwitz, so wie es vorher war. Der Rauch aus den Öfen hat das Blau des Himmels für immer getrübt; der Gestank des Orts wird über uns hängen bis ins dritte und vierte Geschlecht.

Nicht, daß ich Anklage erhöbe gegen die, denen der Dr. Kohl die von ihm entdeckte Gnade der späten Geburt zugute kommen läßt. Es ist nicht meine Aufgabe, heute und hier, Anklage zu erheben; und wer bin ich, mit Steinen um mich zu werfen, die wohl die Richtigen treffen würden, man kann sie gar nicht verfehlen – aber doch auch Falsche.

Die Anklage möge jeder gegen sich selber erheben. Jeder möge sich prüfen: Wo stehe ich, mit Namen Soundso, und geboren nach Auschwitz, an diesem Herbsttag des Jahres 1988, und wo hätte ich damals gestanden, als die Opfer zusammengetrieben und auf die Reise geschickt wurden zu den Rampen des Dr. Mengele? Hätte ich mich erhoben in Protest? Hätte ich auch nur versucht, eine Rinde Brotes durch die Vergitterung der Güterwaggons zu schieben beim Halt der traurigen Züge auf irgendeinem der Bahnhöfe, durch die sie kamen? Oder mich abgewandt, mit geducktem Kopf, nur nichts sehen und hören – oder hätte ich mitgehöhnt gar und mitgeschrien?

Denn Auschwitz wird auch noch sein, ein Menschheitsalpdruck, nachdem der letzte verscharrt ist, der sich mitschuldig gemacht hat durch sein Reden und Tun, und durch sein Schweigen – durch Schweigen die Mehrzahl. Unseres ist das Jahrhundert der Massengemetzel; Auschwitz ragt nur besonders hervor, weil es mitten in Europa geschah und sich gegen eine gänzlich unschuldige und dazu noch wehrlose Minderheit richtete und mit solch deutsch-bürokratischer Gründlichkeit durchgeführt wurde, in Zeitlupe sozusagen, jede Brutalität vorbedacht bis ins Detail. Gulag war anders, da schlugen welche um sich, besessen von Machtgier und Furcht zugleich, und es traf, wen es traf, einzelne oder Gruppen oder ganze Völkerschaften; Hiroshima, atomare Bluttat, war ein Schlag, eine gewaltige Explosion, und das Napalm, das in Vietnam vom Himmel fiel und den fliehenden Kindern die schutzlose Haut vom Leibe sengte, ein System ohne System; und das stumme, verbissene Morden allüberall, Bürger gegen Bürger, mit Hunger und Folter und Chemie und Bakterien als Waffe, und als Losungswort immer noch Rasse und Religion: Wer zählt die Opfer. Aber das alles – andere taten's ja auch, mein Herr, meine Dame, höre ich immer, und sogar die Juden tun's jetzt, und *wir* haben die Lager ja nicht erfunden! –, dies ganze grausame Register ist keine Entschuldigung für eignes Versagen.

Und man darf es nicht gelten lassen als Entschuldigung, weil wir die letzte Generation sind, die fähig und in der Lage, der Gefahr eines noch größeren Auschwitz zu begegnen, eines Armageddon radioaktiven oder gentechnologischen oder ökologischen Ursprungs; die nach uns werden schon nicht mehr dasein, wenn es uns nicht gelingt, dies weltweite, allem ein Ende setzende Superauschwitz zu verhindern.

*

Auch das Schreiben ist, nach Auschwitz, nicht mehr, was es einst gewesen. Wohl gibt es Frühling noch und das Lächeln junger Frauen, und die Schönheit von Maß und Proportion; aber über allem liegt, wie ein blutig getönter Rauhreif, das Gedenken an das Furchtbare, das Menschen Menschen getan und jederzeit wieder tun mögen.

Es ist viel geschrieben worden über die deutschen Konzentrationslager, über Auschwitz besonders – Erlebnisberichte, Zeugnisse, Dokumente; wer kennt die Fotos nicht, Haufen von Kleidern, Kinderschuhen, Menschenhaaren; die Folterinstrumente, die Schubkarren, die Öfen; und die Skelette, mit dünner Haut bezogen und in den Augen kaum noch ein Glimmer von Leben – und all das gedruckt uns vorliegend oder sogar gefilmt, eine ganze riesige Bibliothek von Sachliteratur, Literatur zu dieser Sache. Hier aber stoßen wir an die Grenzen der Wirkung von Literatur: Ein Toter, zehn oder meinetwegen auch fünfzig, sind dem Begriffsvermögen erfaßbar, aber Tausende, Zehntausende, Millionen? Das wird zur Abstraktion, und die Abstraktion vermag nicht, ans Herz zu greifen, der übergroße Schrecken schreckt nicht mehr.

Selbst die Frage, wie es zu Auschwitz kommen konnte, ist nie zur Genüge beantwortet worden. Die Frage zu stellen schon heißt, Abgründe aufzureißen, vor denen die meisten schaudernd sich abwenden. Was für Abartigkeiten sind da verborgen im Menschen, genauer gesagt, unter den Deutschen, daß dieser von Paragraphen gesäumte Kannibalismus ungehindert sich ausbreiten durfte? Was für Beamte was für eines Staates sind das, die, gutbürgerlich gekleidet oder in maßgeschneiderten Uniformen, in einer Villa im Westen Berlins sich versammeln, um so etwas wie die Endlösung zu besprechen, die grausigen Einzelheiten geschäftsmäßig abhakend? Welche Paranoia ergriff da wie viele, und wie war das möglich? Dr. Jekyll and Mr. Hyde als Massenerscheinung, was ist die Erklärung?

Darum das Auge des Dichters zu Hilfe, eines mitunter, der selber Zeuge war des Fürchterlichen und überlebte und der zu gestalten weiß, soweit sich der Schrecken gestalten läßt. Da sind Bruno Apitz' »Nackt unter Wölfen« und Jurek Beckers »Jakob der Lügner« und Hainar Kipphardts »Bruder Eichmann« und Werke anderer in Israel oder in Polen, und Filme wie »Shoah« und »Holocaust«. Aber auch hier hat man oft das Gefühl, als riefen welche in die Wüste; der Verdrängungsprozeß, der schon einsetzte, als die Greuel geschahen, hat sich fortgesetzt über die Jahrzehnte hinweg und wurde zum inneren Zwang: Wie soll man auch leben mit Auschwitz, also vergessen wir's.

Man redet von Vergangenheitsbewältigung: ein deutsches Modewort, Ost wie West. Bei uns in der DDR haben wir die Vergangenheit so famos bewältigt, daß wir uns mit Fleiß zu den Siegern der Geschichte zählen; befreite Befreier, wer eigentlich war bei uns ein Gefolgsmann Hitlers gewesen? Bei Ihnen in der Bundesrepublik ging es anders, fast möchte man sagen, offener zu: Nach ein, zwei Jahren im Bußgewande zog man das alte, braune Kleid wieder hervor: Was Scham, was Sünde wider den Geist – wir wollten ja nur wieder stolz sein dürfen auf Deutschland, hieß es, und gab uns Hitler nicht Grund genug zu solchem Stolz; nur das mit den Juden, das war ein Fehler gewesen, das hätte er nicht tun sollen.

Und weder hier noch dort eine gründliche Erforschung der eigenen Psyche, der Antriebskräfte, die, um mit Hainar Kipphardt zu sprechen, den Bruder Eichmann in uns wirksam werden ließen. Weder hier noch dort ein echter Neubeginn, selbst wenn viele, ich selber unter ihnen, glaubten, er habe stattgefunden. Ein Neubeginn hätte neues Denken erfordert, neue Gefühle, neue Beziehungen der Menschen zueinander; Versuche, gewiß, wurden unternommen, und es war viel die Rede vom neuen Menschen, dem sozialistischen gar, und von wahrer Demokratie; aber nach ein paar Jahren stellte sich heraus, daß es trotz aller Bemühungen wieder ein Oben gab und ein Unten, und zu sagen hatten die einen, zu gehorchen die anderen, und die schönen Worte, Extrakt der besten Ideen der besten Geister über Jahrhunderte hinweg, erstarrten zu leerem Formelkram, Gebetsmühlengeratter; und die häufigste Geste, wie oft wiederholt jeden Tag, war das Achselzucken, das eigene und das des Nachbarn, das hilflose Heben der Hände: Was kann denn ich tun. Und wenn wir uns wundern über den Mangel an Begeisterung unserer Kinder für die großen Ideen der Revolution, der von 1789 wie der von 1917, und über das wilde Wesen der Jugend, ihre Abwendung von der Norm, ihre schrillen Töne und Farben, den Ausstieg in Drogen und Alkohol, die Flucht in Gewalt und Terror, und in Anbetracht solcher Schrecken zu gackern beginnen wie Hennen, die ein Schock Enteneier ausgebrütet: Was anderes empfangen wir da als die Quittung für das, was von den Großvätern verschwiegen und von den Vätern verdrängt wurde?

Der Auseinandersetzung mit Auschwitz, dem von damals und dem künftigen, dauernd ausweichen zu wollen, geht nicht an; dieser Fluch wird, solange die Feuer nicht gelöscht sind, der fettige Rauch nicht vertrieben, fortzeugend Böses gebären.

*

Was aber wurde aus dem Antisemitismus, dessen übelste Frucht und Ausgeburt die deutschen Judengesetze waren und eben jenes Auschwitz, das uns immer noch beschäftigt und uns das traurige Thema zu unsern Betrachtungen heute, in diesem traditionsreichen Raume, liefert?

Es streiten sich die Gelehrten über den Zeitpunkt, der den Anfang unsres modernen Antisemitismus mit all seinen einzigartigen, stets jedoch mörderischen Eigenschaften markiert. Juden wurden ja, wie jedermann weiß, bedrückt und verfolgt schon in biblischen Zeiten; weshalb sonst hätte Gott seine zehn Plagen gegen Ägypten geschickt und sein Volk mit viel List nach Kanaan gebracht, vierzig Jahre Wanderschaft durch Meer und Wüste; und das Exil an den Wassern Babylons war auch kein Zuckerschlecken, noch das Joch Roms und der Tod durch das Schwert und am Kreuze nach der Zerstörung des Tempels durch Titus. Doch waren die Juden damals ein Volk, ein kleines zwar, das darum seine Niederlagen erlitt, aber auch Siege erfocht, ein Spielball eben der sozusagen normalen Geschichte.

Aber danach? Beginnt der Antisemitismus etwa mit der Diaspora, der Zerstreuung dieses kleinen Volkes über die damals bekannte Welt, und wodurch beginnt er und weswegen – weil diese Juden sich weigerten, aufzugehen in ihren Gastvölkern, weil sie, zäh an ihren Riten festhaltend und ihren Büchern, an ihren einen, unsichtbaren und unnennbaren Gott selbst dann noch zu glauben vorzogen, als eine Tochterreligion der ihren zur herrschenden wurde unter dem Kaiser Konstantin und dessen Nachfolgern und sie sich's hätten leichtmachen können: Was lag schon daran, ein Stück Waffel essen und einen Schluck Wein trinken und bekennen, daß der Rabbi Joshua aus Nazareth der ersehnte Messias gewesen wäre? Die Kreuzzüge, die mit der Ermordung der Juden in den Ghettos der deutschen Städte begannen, waren sie schon Antisemitismus oder doch eher Glaubenskriege, Juden, Heiden und Ketzer in eine Reihe getan und darum verfolgenswert und zu vernichten? Die grausamen Vertreibungen der Juden aus Spanien, aus England und aus wie vielen Ländern noch: bereits Antisemitismus oder simpler Haß und tumbe Abwehr gegen das Fremdartige, Geheimnisvolle, das sich den anderen zu öffnen und ihnen sich anzupassen ablehnte?

Der moderne Antisemitismus, dem es nicht so sehr um Christ gegen Jud' geht, sondern um Rasse, was für Füß' einer hat und welche Form von Nase, und um Über- und Unterlegenheit, des Blutes, aber ökonomische auch, die sogar vor allem, also um Klasse – dieser moderne Antisemitismus, glaube ich, hängt unterschwellig zusammen mit der modernen Geldwirtschaft und tritt auf zugleich mit ihr und entwickelt sich in schöner Parallelität zu ihr. Das fängt an in der Lutherzeit, deutlich, nachdem den Juden, die sonst nichts betreiben durften, kein Handwerk, keine Landwirtschaft, nur das Hausieren blieb und der Geldverleih, und es ist Luther selber, der die neuen Töne findet und die neuen Inhalte: erstlich, daß man ihre Synagogen und Schulen mit Feuer anstecke und ihnen nehme ihre Betbüchlein und Talmudisten und ihren Rabbinen verbiete zu lehren, und zum anderen, daß man den jungen starken Juden in die Hand gebe Flegel, Axt und Spaten und sie arbeiten lasse im Schweiß ihrer Nasen; wollen sie's aber nicht tun, so soll man sie austreiben. Von jenen kraftvollen Sätzen ist es ein gerader Weg zur Kristallnacht, zur großen Beraubung und zur Austreibung, nach England oder Amerika, wenn einer Glück hatte, oder nach Auschwitz.

Und doch ist auch das Ökonomische nicht die ganze Erklärung. Der Antisemitismus, Auschwitz, hat sich verabsolutiert; er nährt sich auch ohne historischen Boden; nach Auschwitz sind die Juden in Deutschland an den Fingern weniger Hände zählbar, in der Bundesrepublik gibt es weder Großbanken in jüdischem Besitz noch Warenhäuser wie einst in Weimar, weder Zeitungen noch Theater, die von Juden beherrscht würden; von der DDR, wo das alles sowieso Staatseigentum, gar nicht zu reden; man sollte annehmen, der Antisemitismus müßte verschwunden sein mangels Masse; aber man braucht nicht lange zu kratzen, und da ist er wieder, dicht unter der Haut. Über die Jahrhunderte hinweg hat er sich eingefressen; dem primitiven Hirn, das auf der Suche ist nach den Schuldigen für eigenes Mißbehagen, fällt noch immer am leichtesten ein: der Jud'. Es sind, sagen sie wieder ganz offen, noch zu wenige vergast worden damals. Und die das verkünden, sind nicht etwa nur die Greise, die sich zurücksehnen nach der Zeit, da sie Europa unter dem Stiefel hatten und einbrechen konnten, wo sie wollten, und den Menschen ins Gesicht treten; das sind sogar ganz Junge, die so reden; sie haben sich das faschistische Wortgeklingel zu eigen gemacht und sich uniformiert, kahlschädlig, mit Lederzeug und stahlbeschlagenen Stiefelspitzen und Schlagwaffen, und gehen aus auf Terrorzüge so schlimm wie einst die SA, unter eigner Disziplin und mit eigener Ideologie, keiner neuen, beileibe, es ist die uralte Hitlersche, die da Urständ feiert. Und das geschieht in ganz Deutschland, nicht etwa im Westen nur, wo derart Gedankengut nie ausgerottet wurde; nein, auch bei uns in der DDR, wo man sich einbildete, damit ein für allemal aufgeräumt zu haben, zeigt es sich; immer wieder kriecht das aus dem anscheinend ewig fruchtbaren Schoß.

Und darum auch nicht? Ist nicht Auschwitz, die aufs gründlichste organisierte Vernichtung menschlichen Lebens, Ordnung, Ordnung per se, tödlich zwar, aber dennoch den dumpfen Köpfen eine Antwort auf das Chaos, mit dem sie, die Träger dieser Köpfe, nicht fertigwerden auf lebensbejahende Art? War nicht der Nazismus die deutsche Antwort gewesen auf das deutsche Chaos am Anfang der dreißiger Jahre? Und stecken wir nicht inmitten eines neuen, allumfassenden Chaos, die alten Ordnungen in Auflösung begriffen, die alten Werte fragwürdig geworden, Ost wie West?

Manchmal kommen sie zu mir und befragen mich, junge Menschen, die sich nicht mehr zurechtfinden in dem Gestrüpp der Verlautbarungen und Thesen, der Anpreisungen und Reize, und der Bedrohungen. Dabei frage ich mich selber: Was für eine Welt hinterlassen wir ihnen denn? – unbeherrschbares Atom und Raketen, bald in der Hand eines jeden Condottiere, der sich im Drogenhandel betätigt; Killerviren, künstlich geschaffen, die von dir zu mir wandern in Samen und Blut; brennende Wälder, stürzende Berge, verpesteter Boden, gestorbene Meere; Wasser, das nicht mehr zu trinken, Luft, die kaum noch zu atmen ist, und im schützenden Ozon oben ein stets sich vergrößerndes Loch, das wir selber erzeugen und das uns vernichten mag in unferner Zukunft.

Und selbst die kleine Hoffnung, die Israel einst war für den oder jenen, was ist aus ihr geworden?

*

Es gab, vor nicht allzulanger Zeit, in der DDR einen Streit, weil ein paar Schriftsteller meinten, sie seien verpflichtet, für jene zu sprechen, die angesichts der aufgetürmten Probleme nicht, oder nur schlecht, sich artikulieren konnten. Den Schriftstellern wurde vorgehalten: Welche Arroganz! Es gebe doch, hieß es, die von der Geschichte sichtbarlich erwählte führende Schicht der führenden Klasse, und ihr obliege das Sprechen sowie das Denken, das dem Sprechen vorherzugehen habe; und diesem mit Gesetzesmacht vorgetragenen Postulat folgten Jahre eines Dialogs von Stummen mit Tauben. Bei Ihnen hier in der Bundesrepublik kam es der Mehrzahl der Schriftsteller gar nicht erst in den Kopf, für irgend jemanden sprechen oder gar die Zustände im Lande verändern zu wollen durch Forderungen, soziale, politische, ethische; wer hätte die Schriftsteller auch ernst genommen bei solchem Tun, ihr Fach war das U und das E, aber beileibe nicht das V, V für Verantwortung; außerdem gab es der Sprecher zu viele schon in jedem Verein, jeder Partei, jedem Sender und jedem Verlagshaus; in der Flut der Worte ertrank das Wort.

Ich will nicht sagen, daß irgendwelche Schriftsteller, mich eingeschlossen, Patentlösungen hätten für das, was uns quält und was die jungen Menschen von uns entfremdet und jedem quäkenden Rattenfänger nachlaufen läßt. Aber sie sind, die Schriftsteller, durch ihr Handwerk prädestiniert, das Unbehagen und die Ängste und die Gefahren, die daraus erwachsen, zunächst einmal in lesbare Sätze zu fassen und die Fragen zu formulieren, mit denen nach Auschwitz Regierende wie Regierte konfrontiert sind; die Suche nach den Antworten aber wird ein gemeinsames Unternehmen sein müssen, denn alle sind wir betroffen, gleich welcher Hautfarbe und Konfession und welchen Alters und Vermögens, Männer wie Frauen, Bekannte wie Unbekannte.

Das will nicht heißen, daß nach Auschwitz und angesichts der Welt, wie sie durch Auschwitz geprägt, sämtliche Schriftsteller, die deutschen besonders, in ihren Büchern und Stücken, ihren Stories und Versen und worin auch immer in regelmäßiges Wehklagen ausbrechen müßten und in Gejammer oder in gräßlichen Warnungen sich ergehen: Regimenter computerisierter Kassandren. Aber wissen müssen sie, was gewesen ist, und es muß gegenwärtig sein in ihrem Hinterkopf bei jedem Wort, das sie schreiben, eine immerwährende Wachsamkeit sich selbst gegenüber und den Eindrücken, die täglich und stündlich die Nerven bestürmen und das Herz – dann wird das Werk, ganz gleich, wovon es handelt und welche Form es hat, dem Anspruch genügen, der heute an jeden gestellt wird, dessen Wort imstande, andere zu rühren, und wird das Vermächtnis erfüllen, das die hinterließen, die im Rauch über Auschwitz verschwanden. Und wird so, vielleicht, zu verhindern helfen, was uns bedroht.

Ich kann mir ein Leben ganz ohne Ironie nicht vorstellen

Gespräch mit Michael Geyer, Radio Bremen »Talkshow III nach Neun«

NOVEMBER 1988

FRAGE: Stefan Heym, wir wollen nicht mehr viele Worte verlieren über Jenningers Rede, aber unter den vielen Kommentaren dazu ist mir das, was Sie gesagt haben, doch aufgefallen, nämlich: Er hätte eine Auszeichnung verdient für seine Offenheit. Wie haben Sie das bitte gemeint?

STEFAN HEYM: Ich habe noch mehr gesagt. Ich habe gesagt, mir sei die Rede vorgekommen, als läge da einer auf der Couch des Psychiaters und redete aus seinem Inneren heraus. Und darum verstehe ich auch, warum sie den Herrn Jenninger so unter Druck gesetzt haben und warum er von seinem Posten als Bundestagspräsident zurückgetreten ist. Der wirkliche Grund dafür ist doch nicht, daß er nicht genügend projüdisch gesprochen und den paar überlebenden Juden nicht genug Streicheleinheiten verpaßt hätte, sondern daß er ein Tabu gebrochen hat. Jenninger hat als Kronzeuge gesprochen und hat ausgesagt: Die waren alle dabei, die haben alle mitgemacht, die waren alle dafür. Das mögen sehr viele Leute selbst heute, fünfzig Jahre danach, immer noch nicht gerne hören. Und darum glaube ich, hat Herr Jenninger eher Anerkennung verdient als Bestrafung.

FRAGE: Wollen Sie damit auch andeuten, daß noch mehr Deutsche vielleicht auf die Couch gehörten?

HEYM: Insofern, als sie endlich anfangen sollten, sich mit sich selber auseinanderzusetzen und sich einmal selber zu fragen, was damals wirklich mit ihnen war. Und die, die damals nicht dabei waren – die also die Kohlsche Gnade der späten Geburt haben –, die sollten sich fragen: Wie hätte ich mich denn damals verhalten; oder: Was täte ich denn heute in einer ähnlichen Situation? Würde ich mich ducken und den Kopf einziehen und schweigen? Oder würde ich wagen, dagegen zu sprechen? Würde ich es wagen, hinzugehen zu einem jener vergitterten Güterwaggons und eine Kruste Brot hineinwerfen zu denen, die da irgendwohin in den Tod gekarrt werden?

Das ist doch die Frage, die man sich stellen muß, eine Frage der menschlichen Ethik, eine Frage des aufrechten Ganges.

FRAGE: Im Grunde genommen waren Sie schon als Schüler gezwungen, sich solche Fragen zu stellen. Als Schüler haben Sie sich angelegt – ich sage es etwas allgemein – mit dem militaristischen Gefühl im deutschen Volke und mit den Nazis: durch ein Gedicht. Was war das für ein Gedicht, und wie kamen Sie darauf, ein solches Gedicht zu schreiben?

HEYM: Es war kein sehr gutes Gedicht. Aber es war ein sehr gut gemeintes Gedicht, und es ging an den Nerv jener Leute, die damals schon vorbereitet haben, was dann zum Untergang des »Reiches« geführt hat.

FRAGE: Das war vor 1933. Sie waren Oberprimaner, als Sie das Gedicht schrieben?

HEYM: Ja. Und ich wurde von der Schule relegiert und mußte aus Chemnitz nach Berlin übersiedeln; und dies Gedicht war dann auch der Anlaß dafür, daß ich schon 1933 in die Emigration nach Prag gehen mußte. Doch das sind alte Geschichten. Und sie geschahen nicht eigentlich durch meine persönliche Entscheidung; ich hatte es nicht so gewollt. Als ich das Gedicht schrieb und veröffentlichte, habe ich ja nicht geahnt, was daraus werden würde. So ist es übrigens in meinem Leben sehr oft gewesen. Ich konnte nicht vorausberechnen, was mit mir passieren wird. Wer von uns kann schon vorausberechnen, wenn er Entscheidungen trifft, wohin sie führen werden. Ich rede hier nicht von der Hand Gottes. Ich rede davon, daß im Leben sich eines aus dem anderen ergibt und daß wir von einem gewissen Punkt an eben nicht mehr selber entscheiden können: Die Entscheidungen werden vom Leben für uns getroffen. Über diese Zusammenhänge habe ich dann geschrieben, und es war interessant für mich, einmal festzustellen, wie es denn eigentlich gewesen war und wie es gekommen ist, daß ich der wurde, der ich bin, und daß ich überhaupt überlebt habe.

FRAGE: Ihre Eltern haben Ihnen geraten – so habe ich in Ihrem Buch gelesen: untertauchen, nicht auffallen, Tarnkappe auf, Zurückhaltung üben. Haben Sie auf diesen Rat gehört und wenn nicht, warum nicht?

HEYM: Ich habe nicht darauf gehört – einmal aus Opposition, und zum andern, weil mir schien, daß man gewisse Dinge doch nicht schweigend hinnehmen kann. Ich glaube, ein Teil der Gründe für die Vernichtung so vieler Menschen in Deutschland war eben, daß man zu viel und zu lange geschwiegen hat. Das ist auch heute noch so. Man muß reden, wenn man etwas erkennt, was falsch und schlecht ist, und in solchen Fällen ist der Rat, um Gottes willen nichts zu sagen, nicht aufzufallen, sich zurückzuhalten, kein guter Rat.

FRAGE: Würden Sie es für legitim halten, wenn Leute geschwiegen haben, weil sie – um Sie zu zitieren – ohne Angst leben wollten?

HEYM: Ich habe großes Verständnis für solche Menschen. Ich erinnere mich an Verhöre von deutschen Kriegsgefangenen, die versucht haben, mir zu erklären, warum sie nichts taten, warum sie alles akzeptierten und so dazu beitrugen, daß das deutsche Volk in das große Unglück hineingeriet. Das kam eben von diesem Nichts-Sehen, Nichts-Hören, Nichts-Sagen.

FRAGE: Ja, und dann kehrten Sie in amerikanischer Uniform zu uns zurück, unter anderem nach Bad Nauheim, auf den Kurrasen.

HEYM: Die Szene kennen Sie?

FRAGE: Ich möchte Sie sogar bitten, sie jetzt zu erzählen!

HEYM: Das war irgendwie gespenstisch. Ich weiß nicht, wie viele von unseren Zuschauern Bad Nauheim kennen. Da ist der Kurpark, und da ist der große Rasen, jetzt wieder sehr gepflegt; damals, 1945, war er nicht so gut gepflegt. Aber es war ein Schild da: Betreten verboten. Und da waren zwei Bübchen, die spielten auf dem Rasen. Und es kam ein Mann daher – Sie müssen sich das vorstellen, gerade ist der Krieg aus, gerade ist die Wehrmacht geschlagen, und da kommt einer in einer grünen Uniform, so richtig prächtig, ich weiß nicht, was er war, ob Oberforstrat oder Polizeiobermeister oder irgendwas der Art – und will die kleinen Kerlchen da verjagen. Ich kam vorbei, ich wollte eigentlich auf die andere Seite vom Kurpark, wo ich zu arbeiten hatte, ich war in amerikanischer Uniform, und ich sagte ihm: »Was ist das? Warum wollen Sie die Kinder vertreiben? Warum sollen die dort nicht spielen?«

Er wies auf das Schild auf dem Rasen: Betreten verboten. Da sagte ich ihm dann: »Das gilt alles nicht mehr von jetzt an, all die Verbote, all diese Gesetze, weg damit, sie gelten nicht mehr. Lassen Sie diese Jungen da spielen.« Der Mann war völlig von den Socken. Das hatte er nicht erwartet, und das konnte er sich nicht vorstellen, daß seine Welt durch die Niederlage der Nazis zugrunde gegangen war. Das wollte er nicht anerkennen – es gibt Leute, die das heute noch nicht anerkennen möchten. Ich hatte eigentlich erwartet, daß die Bübchen nun wirklich auf den Rasen laufen würden, aber nein, sie gehorchten dem Mann in der grünen Uniform und verschwanden. Ich weiß nicht, ob man das als Symbol betrachten kann für das heutige Deutschland – zu beiden Seiten der inneren Grenze –, aber sehr häufig scheint es mir so zu sein.

FRAGE: Aber Sie haben es ja doch geschafft, den Oberforstmeister, oder wer er war, in seine Schranken zu weisen.

HEYM: Nun ja, aber das Ganze war schon ekelhaft, verstehen Sie: Man wollte etwas Neues, Besseres schaffen, und das Alte kam an allen Ecken und Enden immer wieder hoch. Und so ist es auch in diesen Tagen wieder hochgekommen, genauer am 9. November 1988, zum Jahrestag der sogenannten Reichskristallnacht.

FRAGE: Thema: kalter Krieg. Sie waren ja inzwischen längst amerikanischer Bürger. Und dann haben Sie sich auch in den USA wieder nicht zu Hause gefühlt und sind von dort weggegangen.

HEYM: Das Zuhause hatte sich geändert. Ich war Amerikaner geworden in Roosevelts Amerika, einem fortschrittlichen, demokratischen Amerika, das gegen die Nazis, gegen den Faschismus, gegen die Tyrannei, gegen die Unterdrückung kämpfte. Doch das änderte sich fast schlagartig nach dem Kriege. Die Regierung glaubte, zu Recht oder Unrecht, gegen die Sowjets Front machen zu müssen, und das bedeutete dann eine völlige Änderung der innenpolitischen Haltung der führenden Schichten. Die marschierten nach rechts, wurden nicht nur konservativ, sondern fast faschistisch.

Ich bin ja nicht der einzige damals, der aus den USA wegging. Chaplin verließ die USA, Brecht, Thomas Mann und und und... Und da ging ich weg aus Amerika, ursprünglich nicht einmal, um draußen zu bleiben, sondern eigentlich, um zu überwintern. Aber dann kam es eben so, wie es gekommen ist, und nun lebe ich seit vielen Jahren in der DDR und schreibe dort meine Bücher – und habe dort meine Probleme.

FRAGE: Und werden von Kollegen gelegentlich als kaputter Typ bezeichnet.

HEYM: Ja. Aber auch das ist schon ein paar Jahre her, und die Leute, die das gesagt haben – sie sind vergessen. Lassen wir sie vergessen bleiben.

FRAGE: Es gibt auch nicht mehr die Leute, die von Ihnen die »Aufklärung eines Tatbestandes« verlangen, wie sich das nannte, wenn wieder mal die Sicherheit sich bei Ihnen meldete.

HEYM: Bitte, stellen Sie es nicht dar, als wäre ich ein besonderer Märtyrer gewesen. Nein, ich habe einfach geschrieben und getan, was ich für richtig hielt, und wenn einigen das nicht gepaßt hat, dann haben sie halt Gegenmaßnahmen ergriffen. Das verstehe ich durchaus. Ob diese Maßnahmen immer fair waren, ist eine andere Frage. Und ich hab' mich dann wieder dagegen gewehrt, und so hat sich das dann entlanggeschaukelt.

FRAGE: Nicht Märtyrer, aber Störenfried.

HEYM: Ach, wollen wir doch keine solchen Kategorien schaffen. Auch in der Literatur hat man immer versucht, mich irgendwie einzuordnen in eine bestimmte literarische Schule oder Gruppierung. Es ist nie gelungen.

FRAGE: War das wirklich auch der Grund dafür, daß führende Persönlichkeiten der DDR doch immer wieder Kontakt zu Ihnen gesucht haben? Zum Beispiel hat auch Walter Ulbricht Sie ganz überraschend einmal angerufen, eine Geschichte, die ich sehr kurios finde und die Sie in Ihrem »Nachruf« erzählt haben.

HEYM: Ulbrichts Anruf hatte einen anderen, ganz direkten Grund. Ich glaube, der Mann hatte wirklich die Absicht, genau das zu tun, weshalb er mich anrief: nämlich unters Volk zu gehen, und ich sollte mit ihm gehen und dann über die Sache schreiben. Und dann hat er es doch nicht getan. Irgendwie hatte er Angst – keine physische Angst, das nicht, so war er nicht –, aber irgendwie glaubte er wohl, nachdem er schon unterwegs war, so ein Ausflug möchte doch nicht so ganz das Richtige sein, politisch gesehen. Den Harun al Raschid spielen – das sollte ein so hoher Funktionär der Partei doch lieber nicht tun. Obwohl ich glaube, es hätte ihm sehr genützt – wie ich denn überhaupt der Meinung bin, daß es gut wäre, wenn Angehörige dieser Schicht bei uns, und besonders ihre Frauen, auch öfter einkaufen gingen, wo die anderen Menschen alle einkaufen müssen, und wenn sie sich auch anstellen müßten, wo man sich bei uns anstellen muß, und wenn sie mal erlebten, wie das Leben in der DDR wirklich ist. Das wäre ganz notwendig und würde dann auch sehr gute Folgen zeitigen. Aber das geht Sie hier in der Bundesrepublik ja nichts an, das ist unsere Angelegenheit in unserem real existierenden Sozialismus.

FRAGE: Hat sich Herr Honecker denn auch gelegentlich bei Ihnen gemeldet? Reden Sie mit dem?

HEYM: Ich habe auch das in meinem Buch erwähnt. Wir hatten eine recht interessante und, wie ich glaube, für beide Teile aufschlußreiche Unterhaltung.

FRAGE: Das klingt jetzt aber wie ein Kommuniqué von Politikern.

HEYM: Die Details können Sie in meinem Buch nachlesen.

FRAGE: Aber es muß Sie doch gefreut haben. Honni ruft an, der will was von mir.

HEYM: Freude ist da nicht das richtige Wort, eher Interesse. Eben die Frage, was will er denn nun eigentlich? Und was er wollte, war eigentlich: Fühlung nehmen. Und das war ganz wichtig. Ich glaube, für beide Beteiligten.

FRAGE: Thema: 17. Juni 1953. Sie haben einen Roman darüber geschrieben, »5 Tage im Juni«. Damals sagten Sie ungefähr: Sie möchten mithelfen, die Verhältnisse wieder vom Kopf auf die Füße zu stellen. Wenn wir jetzt uns vergegenwärtigen, wie lange das her ist, und wenn Sie die Lage heute in der DDR betrachten: Wieviel von dieser Arbeit ist denn schon geleistet, von diesem Vom-Kopf-auf-die-Füße-Stellen der Verhältnisse?

HEYM: Vom-Kopf-auf-die-Füße-Stellen ist eine Bewegung in senkrechter Linie. Aber die Weltgeschichte geht eben nicht nur in senkrechter oder waagerechter Linie, sondern komplizierter, mit vielen Kurven und Ecken und Querstrichen. Ich habe es ja immer wieder erlebt, daß man nicht nur geradeaus marschieren kann.

FRAGE: Der dickste Querstrich ist zur Zeit Gorbatschow. Auch für Sie?

HEYM: Der ist kein Querstrich.

FRAGE: Er streicht aber einiges durch.

HEYM: Aber er ist doch selber kein Querstrich. Er zieht vielleicht durch anderer Leute Rechnungen Querstriche, doch insgesamt gesehen ist er eine der interessantesten Erscheinungen unserer Zeit, und für mich – ich hab' das auch schon irgendwo geschrieben – ist die Frage, wie ein Mensch wie Gorbatschow aus einem solchen Apparat, wie der sowjetische es war oder zum großen Teil sogar noch ist, herauswachsen konnte. Und wenn ich das historisch betrachte, dann gibt mir das eigentlich auch Hoffnung für andere Teile der sozialistischen Welt.

FRAGE: Das heißt, Sie meinen, daß vielleicht in der SED, wenn auch noch nicht im Politbüro, aber doch in irgendeinem dritten Glied, auch schon einer existiert...

HEYM: Nicht einer, denn auch Gorbatschow ist nicht nur einer. Gorbatschow ist wohl der herausragende Gipfel dieser Entwicklung. Doch um die großen Gipfel herum, wenn Sie sich ein Gebirge mal ansehen, sind ja immer viele kleinere. Der ist keine Einzelerscheinung. Und so glaube ich denn, daß auch bei uns und überall solche Menschen existieren. Sie entstammen dieser Entwicklung. Der Mensch wächst ja nicht zufällig, nicht willkürlich, sondern die Verhältnisse formen ihn, sein Sein bestimmt sein Bewußtsein, und wenn gewisse Dinge sich so und so entwickeln, dann werden Menschen sich so und so zeigen, und für den Schriftsteller ist es dann eine wunderbare Gelegenheit, wenn er so etwas beobachten und eventuell sogar darüber schreiben kann.

FRAGE: Sie haben geschrieben. Hier liegt Ihr »Nachruf«. Achthundertfünfzig Seiten über Ihr Leben. Es werden ja noch ein paar folgen.

HEYM: Ein paar was?

FRAGE: Seiten.

HEYM: Ja, gut, ich hoffe, »Nachruf« ist kein Abschluß. Das Buch ist für mich ein Meilenstein. Ich hab' darin zu sagen versucht, was ich zu sagen hatte. Ich würde es gern sehen, wenn mir noch etwas Zeit bliebe, noch ein paar kleine Sachen zu schreiben. Mit einem bißchen Bedeutung, wenn's geht.

FRAGE: Mit vielleicht noch verschärfter Ironie? Denn mit wachsendem Alter, so kann man sich vorstellen, wächst die Ironie zum eigenen Leben.

HEYM: Ich kann mir ein Leben ganz ohne Ironie nicht vorstellen. Die Ironie ermöglicht die Distanzierung von der eigenen Person. Man kann sich doch nicht immerzu hundertprozentig ernst nehmen, und man kann auch den andern nicht immer ernst nehmen.

FRAGE: Zu wieviel Prozent nehmen Sie sich ernst?

HEYM: Schwer zu sagen. Jedenfalls nicht hundertprozentig, das kann ich Ihnen garantieren. Aber neben der Ironie muß es auch noch andere Gefühle geben. Doch war die Ironie mir immer eine große Hilfe. Manchmal wäre ich viel trauriger gewesen, hätte es die Ironie nicht gegeben. Und wenn die Menschen so um einen herum sterben, dann ist es eben schwer.

FRAGE: Reden wir mal vom realen Leben. Sie haben ja dieses Buch durch Ihren Verlag auch an Erich Honecker schicken lassen, mit Ihren Empfehlungen – so habe ich irgendwo gelesen?

HEYM: Stimmt.

FRAGE: Hat er schon geantwortet?

HEYM: Nein, und ich habe das auch gar nicht erwartet.

FRAGE: Wird er das Buch lesen?

HEYM: Müssen Sie ihn fragen. Ich nehme an, wenn er mal eine freie Stunde hat, wird er vielleicht darin blättern. Also ich weiß das nicht. Die Zusendung war eine Geste der Höflichkeit und der Freundlichkeit.

Keine Angst, von mir geschieht Ihnen nichts

Gespräch nach einer Lesung im VEB Ingenieur-Hochbau Berlin-DDR

FEBRUAR 1989

STEFAN HEYM: Wenn Sie jetzt Fragen haben, ich stehe Ihnen zur Verfügung – aber fragen Sie mich nicht, wie man zu schreiben lernt; das kann ich Ihnen nicht beibringen. Und haben Sie keine Angst, von mir geschieht Ihnen nichts.

FRAGE: Wann und wo ist der Artikel über die »Aktuelle Kamera«, den Sie uns vorgelesen haben, veröffentlicht worden?

HEYM: Vor etwa zwölf Jahren schon, im »Stern« in Hamburg. Die Veröffentlichung hat hier keinerlei Folgen gehabt. (*Heiterkeit.*)

FRAGE: Und warum haben Sie diesen Artikel geschrieben?

HEYM: Weil der »Stern« ihn bestellt hat. Aber man kann so eine Sache nur beschreiben, wenn man sich intensiv mit dem Gegenstand beschäftigt. Und da habe ich es auf mich genommen, vier Wochen lang nur DDR-Nachrichten zu sehen, nur unsere »Aktuelle Kamera«, jeden Abend von 19.30 an. Machen Sie das mal, und beobachten Sie, wie sich Ihr Blutdruck entwickelt. (*Heiterkeit.*) Zum Schluß habe ich mir die Texte, die ich auf Tonband aufgezeichnet hatte, noch einmal im Zusammenhang angehört. Nur durch solche Intensivarbeit kann man erkennen, wie so etwas wie die »Aktuelle Kamera« zustande kommt, und die schönen Details herausfinden, die ich Ihnen vorgelesen habe, die ständigen Wiederholungen, die Formeln, die rituelle Sprache. Schade, daß die Leute in der DDR den Artikel damals nicht lesen konnten; vielleicht hätte sich ein solches Gelächter im Lande erhoben, daß die für die Sendung Verantwortlichen gezwungen worden wären, Änderungen zu veranlassen. Aber vielleicht hätten die Menschen hier auch nur, wie so oft, mit der Achsel gezuckt und gesagt, bei uns ändert sich doch nichts.

FRAGE: Stimmt es Sie nicht traurig, daß etwas wie Ihr Artikel über die »Aktuelle Kamera«, den Sie vor zwölf Jahren schon geschrieben haben, heute noch genauso aktuell ist wie damals?

HEYM: Natürlich bin ich enttäuscht. Aber was mehr kann ich tun, als über die Sache zu schreiben und mich dann in Geduld zu üben? Mir und meinesgleichen gehört der Sender ja nicht. Im übrigen ist es nicht die exklusive Schuld der Mitarbeiter des Fernsehens in Adlershof, daß ihre Nachrichtensendungen so tödlich langweilig sind. Die Armen kriegen ihre Texte ja vorgeschrieben, noch dazu von zentraler Stelle. Und wenn diese Stelle sich heute noch in dem Glauben wiegt, daß das, was sie dem DDR-Publikum über die Mattscheibe an Informationen zukommen läßt, irgendeine Wirkung hat außer der, daß die Leute abschalten – um so schlimmer für sie.

Das Merkwürdige im real existierenden DDR-Sozialismus ist ja, daß es so schwer ist, etwas daran zu verändern, und sei es eine Nachrichtensendung. Dabei lebt ja die sozialistische Ordnung, die sozialistische Philosophie, erst durch Veränderung; sie sollte, den großen Klassikern zufolge, revolutionär sein, und Revolution heißt bekanntlich Umwälzung. Aber bei uns wird nur sehr wenig umgewälzt, und vor allem nicht Zustände, von denen jeder weiß, daß sie nichts taugen.

FRAGE: Letztlich ist doch die zentrale Stelle, von der Sie da sprechen, die gleiche, die auch über das Erscheinen Ihrer Bücher befindet. Oder nicht?

HEYM: Nein, das sind zwei verschiedene Abteilungen, jede mit einem anderen Mann an der Spitze – im selben Büro allerdings.

FRAGE: Erwarten Sie nicht eigentlich eine kreative Reaktion von seiten Ihrer Leser oder Zuhörer?

HEYM: Was verstehen Sie unter »kreativer Reaktion«? Meinen Sie, man sollte miteinander diskutieren? Das tun wir doch bereits.

FRAGE: Ich meine nicht nur Reden, sondern mehr noch Handeln, aktive Beteiligung. Worüber Sie geschrieben haben, das ist doch unser Leben!

HEYM: Jetzt verstehe ich Ihre Frage. Aber es wird nur schwer möglich sein, daß sofort Hunderte von jungen Leuten in Aktion gehen, nachdem ich hier ein Märchen vorgelesen habe oder auch etwas Ernsteres. Wo wollten Sie denn hingehen, was für Aktionen wollten Sie denn unternehmen?

Ich habe jedoch immer wieder erlebt, im Osten wie im Westen, daß Anregungen ausgingen von Lesungen und Gesprächen und daß Leute nachzudenken begannen über gewisse Vorgänge in ihrem Leben und daß sie durch meine Worte vielleicht etwas mehr Klarheit erhielten oder gar einen Anstoß zum Handeln. Das heißt nun nicht, daß alle meine Zuhörer männlichen Geschlechts, nachdem sie mein Märchen vom Glück in der Liebe gehört haben, sich schleunigst zum Flug hinauf zu dem Feenschloß aufmachen sollten in der Absicht, die einzige männliche Fee unter vierhundertundvierundvierzig weiblichen zu werden – das wäre auch für die Tüchtigsten unter Ihnen wohl zu anstrengend.

Dennoch glaube ich, daß da aus dem Kopf des Autors etwas überspringt zu seinem Publikum. Gewöhnlich läuft das über sein Buch, sein Theaterstück, sein Hörspiel, seinen Film. Da aber bei uns gewisse Werke nur unterm Ladentisch zu haben sind und andere gar nicht, mag die Lesung wenigstens als Ersatz dienen – ein Ersatz jedoch mit dem Vorteil, daß ich Sie dabei vor mir habe. Sonst sehe ich meine Leser ja kaum. Aber der Kontakt mit den Lesern ist wichtig für den Schriftsteller, und daher war ich recht froh, hierher zu Ihnen kommen zu dürfen, das erstemal nach langen Jahren wieder in einen DDR-Betrieb; in all der Zeit konnte ich nur in Kirchen lesen und nur dort zu den Menschen sprechen. Ich hoffe, daß diese Beschränkung nun aufgehoben ist; auch der Mißtrauischste, glaube ich, wird nicht behaupten können, daß unser heutiger Abend den Staat erschüttert haben könnte. (*Heiterkeit.*)

FRAGE: Kürzlich wurde in Halberstadt eine Rockoper nach Ihrem »König-David-Bericht« aufgeführt. Wie ist das zustande gekommen?

HEYM: Das ging einen langen und ziemlich komplizierten Weg, der aber auch seine komischen und rührenden Seiten hatte. In Budapest gründeten ein paar junge Musiker und Theaterleute das erste Rock-Musical-Theater im Sozialismus, ohne eigenes Haus zunächst. Als erstes führten sie, wenn ich mich recht erinnere, »Evita« auf. Dann kamen sie zu mir: Ob ich Ihnen die Rechte zum »König-David-Bericht« geben würde, sie wollten eine Rockoper daraus machen.

Damals hielt ich Rockmusik für etwas Wildes und Scheußliches; das ist bei alten Spießern so. (*Heiterkeit.*) Trotzdem sagte ich, gut, macht das, es könnte interessant werden. Dann luden sie mich nach Budapest ein und legten mir eine Konzeption vor und ließen mich die ersten Stücke ihrer Musik hören – beides entsetzlich und unbrauchbar. Das sagte ich ihnen auch. Darauf nahm der Leiter

des Theaters, Miklos heißt er, die Sache in die Hand, schrieb selber einen neuen Text und besorgte zwei neue Komponisten.
Was dabei herauskam, wurde in Budapest auf einer Freilichtbühne uraufgeführt – die Felsen dort eigneten sich hervorragend als Kulisse der judäischen Wüste. Für mich war diese Aufführung ein Erlebnis, obwohl mir der ungarische Text unverständlich war. Aber die Dramaturgie verstand ich schon, und die Musik war wie eine Offenbarung. Das war nicht das Geklingel und Gepauk, das ich gefürchtet hatte, das waren Töne, die mir ans Herz gingen. Die Ungarn prägten dann eine Platte, die ich hier in Berlin dem Intendanten der Komischen Oper höflich überreichte; aber der zeigte kein Interesse.
Und dann geschah folgendes: Der Sohn des Dramaturgen am Theater in Halberstadt, hier bei uns in der DDR, hatte eine Freundin, mit der er nach Budapest fahren wollte, aus erotischen Gründen, nehme ich an (*Heiterkeit*) – das Mädchen löste das Verhältnis aber kurz vor der Reise, und der Junge saß da mit seinen zwei Fahrkarten. Der Vater nun, es gibt solche Väter, wollte ihn in dieser Lage nicht allein lassen und sagte, komm, ich fahr' mit dir mit. Sicher war der Vater kein vollgültiger Ersatz, aber auf diese Art gerieten die beiden in eine Aufführung des »König-David-Berichts«, und nachdem sie wieder daheim waren, rief der Vater, jetzt in seiner Eigenschaft als Dramaturg, mich an und fragte, ob ich gestatten würde, daß sie da in Halberstadt diese Rockoper übernähmen. Ich sagte, ja, gerne. Die Schwierigkeiten, bei einem so kleinen Theater, waren beträchtlich; der Text mußte aus dem Ungarischen rohübersetzt und dann der Musik entsprechend nachgedichtet werden; Herr Demmler, der Liedermacher, den manche von Ihnen kennen werden, besorgte das.
Endlich fuhr ich nach Halberstadt, zur Erstaufführung. Natürlich war das nicht mein Roman, den ich da zu sehen und hören bekam. Die Bühne, die Opernbühne erst recht, hat ihre eigenen Gesetze, die sich von denen der Erzählkunst sehr unterscheiden. Und doch hat die Aufführung mich berührt, und dann war da der große Beifall – das Publikum hatte das Stück verstanden.
Nun hat sogar das »Neue Deutschland« eine Meldung über die Premiere gebracht, ein paar Zeilen nur, aber immerhin. Laßt uns hoffen, daß, nachdem in der hintersten Provinz das Eis gebrochen wurde, auch in der Hauptstadt (*Heiterkeit*) ein Theater sich finden

wird für den »König-David-Bericht« und daß Sie hier die Oper sich selber anschauen und, wichtiger noch, anhören können.

FRAGE: Wie werden Sie damit fertig, daß Ihre verbotenen Bücher, die ja so oder so über unser Leben berichten, niemals – oder nur über Schleichwege – die Leute in diesem Land erreichen und von ihnen gelesen werden können?

HEYM: Als mir das zum erstenmal passierte, war ich etwas schockiert, denn ich hatte mein Buch ja in der Absicht geschrieben, uns hier – soweit ein Schriftsteller das überhaupt tun kann – voranzuhelfen. Wenn so ein Buch dann unterdrückt wird, versteht man das zunächst als eine Art Kritik; man fragt sich, was habe ich falsch gemacht, wenn die das nicht drucken wollen? Man überprüft, prüft auch sich selber, man ändert – meinen Roman über den 17. Juni, der jahrzehntelang tabu war und den mein Verleger hier nun doch drucken möchte, habe ich praktisch zweimal geschrieben; aber das Buch wurde nicht konzilianter, eher schärfer in seiner revidierten Fassung. Ein paar andere Titel von mir, zuerst verboten, durften Jahre nach ihrer Erstveröffentlichung im Westen schließlich hier erscheinen, und so hoffe ich, daß auch die jetzt noch verbotenen irgendwann doch noch herauskommen werden. Den genauen Zeitpunkt kann ich Ihnen nicht sagen.

Der Marxismus, das wissen Sie wahrscheinlich, lehrt, daß sich alles verändert. Das ist nicht einmal so neu, die alten Griechen haben das schon gesagt. Und da ich ebenfalls ein bißchen von Marx gelesen habe, glaube ich zu wissen, daß auch die DDR-Art von geistiger Gängelung nicht von ewiger Dauer sein wird. Die Änderung muß ja nicht unbedingt gewaltsam vonstatten gehen. Aber vonstatten gehen wird sie.

FRAGE: Wo sehen Sie Ihren Platz in unserer Gesellschaft?

HEYM: Der Platz, den ich hier einnehme, ist in gewisser Weise einzigartig. Zwar gibt es auch andere Schriftsteller in der DDR, die reisen und im Ausland reden dürfen, obwohl Bücher oder Stücke von ihnen hier geächtet sind; aber ich bin, glaube ich, in dieser Kategorie der Dienstälteste.

Was meine Bücher betrifft, auch die hier verbotenen: Wir leben in der Mitte von Europa, im Zeitalter der Elektronik. Hier Zensur zu machen, wie es noch einem Metternich möglich war, geht heute nicht mehr; das Westfernsehen, das Westradio transportiert alles Verbotene sofort herüber zu uns. Eine dreistündige Lesung mit

Texten aus meinem letzten Buch wurde im vergangenen Jahr von einem Westsender ausgestrahlt; viele Menschen hier haben das gehört. Und dauernd gehen Leute hin und her über die Grenze, mit Büchern in der Tasche oder im Büstenhalter. (*Heiterkeit.*) Oft, auch nach Lesungen, legt man mir Bücher vor zum Signieren, darunter die verbotenen. Also kommen diese Bücher doch ins Land.

Meine Stellung ist wahrscheinlich besser als die von Schriftstellerkollegen, die nie etwas geschrieben haben, was bei der Behörde unliebsam vermerkt wurde. Ich glaube zu wissen, daß es hier eine Menge Menschen gibt, die mich mögen. Ich laufe unbehütet herum im Wald, ich fahre in meinem Wagen, ohne vor und neben und hinter mir andere Wagen zu haben zu meinem Schutze; mein Haus ist zwar zur Nachtzeit verschlossen, aber nirgends sind Gitter oder Panzerglas. Ich benutze auch unsere öffentlichen Verkehrsmittel, und die Leute erkennen mich ja. Sie erkennen mich auch in den Kneipen. Das ist der einzige Nachteil: Nirgendwo kann ich unbemerkt sündigen. (*Heiterkeit.*)

FRAGE: Was sehen Sie als die Triebkraft unseres Sozialismus an?

HEYM: Da lassen Sie mich eine Gegenfrage stellen. Was verstehen Sie denn unter Sozialismus? (*Keine Antwort.*) Sehen Sie: Wenn sie beobachten, was heute in der Sowjetunion gesagt, geschrieben und getan wird, werden Sie erkennen, daß das ein ganz anderer Sozialismus ist als der, den wir vor zehn oder fünfzehn Jahren dort vorfanden. Demnach wäre es schon wertvoll, sich zunächst einmal zu überlegen, was Sozialismus eigentlich ist und wie er aussehen sollte, bevor wir darangehen, seine Triebkräfte zu erforschen.

Meiner Meinung nach – und vielleicht werden Sie mir da vorwerfen, ich sei nichts als ein übler orthodoxer Marxist – entstammen diese Triebkräfte den Widersprüchen, die sich aus der gesellschaftlichen Produktion ergeben: Einige wenige Menschen sind Herren über die Produktionsmittel, die andern müssen ihre Hand oder ihren Kopf an die Herren der Produktionsmittel verkaufen, damit sie überhaupt leben können. Diesen Widerspruch gibt es auch bei uns noch, im real existierenden DDR-Sozialismus, was zur Folge hat, daß auch die Entfremdung des Menschen von seiner Arbeit hier weiterlebt. Sagen Sie mir bitte: Betrachten Sie Ihren Betrieb, VEB Ingenieur-Hochbau, als Ihr Eigentum? Schauen Sie sich ins Herz! Oder denken Sie nicht eher von denen, die hier das Sagen haben, als *die*, und von sich, die durchführen, was ihnen gesagt wird, als *wir*?

Da ist er, der Widerspruch, oder einer davon, und an so etwas leidet der Mensch, leidet, wie Sie selber feststellen können, die Produktion, leidet die ganze Gesellschaft, und aus derart Leiden entsteht der Wunsch, die Zustände, die das Leiden verursachen, zu ändern, zu bessern, entsteht das Streben nach einer Ordnung, in der solche Widersprüche aufgehoben sind: nach Sozialismus also, einem Sozialismus, in dem wir nicht mehr das Gefühl haben, das gehört *denen*, irgendeiner anonymen Gruppe, meinetwegen dem Staat, sondern das gehört *uns*, das sind Wir, Wir großgeschrieben, das ist unsere Sache. Dann werden Sie bald sehen, wie die Produktivität zunimmt und wie darüber nachgedacht wird, was man und wie man es besser machen kann, denn all die Mühen und Gedanken kommen dann ja nicht irgend jemandem zugute, sondern uns selber.
So war der Sozialismus ja ursprünglich auch gedacht. Aber dann geschahen ein paar Dinge, die diese schöne Konzeption entstellten. Immerhin meine ich, daß wir hier, die wir in unserm real existierenden Sozialismus hocken, eine bessere Chance haben, am Ende einen richtigen Sozialismus zu machen, als die drüben, die noch in ihrem Kapitalismus festsitzen, so bunt und verlockend der sich auch darstellt, äußerlich.
Aber ich kann mich, was die künftige Entwicklung betrifft und wer da eher ins Ziel kommt und wie das Ziel im einzelnen aussehen wird, auch täuschen –. Die Weltgeschichte hat die Eigenheit, sich nicht nach den Theorien auch der höchstgerühmten Geistesheroen zu richten. Die Leute, die Ihnen erzählen, sie wüßten, wie es gehen wird, und es gäbe da Gesetze und dergleichen, nach denen sich Wirtschaft und Gesellschaft entwickelten, die sollen sich mal fragen, wieso alles so mangelhaft funktioniert bei uns, trotz ihrer Gesetze und trotz ihrem Wissen und ihren Doktrinen.
Ich versuche, meinen Kopf offenzuhalten gegenüber dem Geschehen in unsrer Welt und mir eine eigene Meinung darüber zu bilden. Das würde ich auch Ihnen empfehlen. Versteht sich, daß Ihre Meinung nicht immer richtig sein wird; keiner hat die Weisheit alleine gepachtet, und meist wird man mit anderen reden müssen und sie fragen, was sie von der oder jener Sache halten. Vielleicht kommt man so auch zu gemeinsamen Erkenntnissen, die etwas nützen. Klar ist jedoch, daß der Formelkram, der immer so hartnäckig gepredigt wurde, in der Form, in der er gepredigt wurde, kaum noch brauchbar ist.

Wenn ich rückblickend die Bücher durchblättere, die ich geschrieben habe, dann erkenne ich, daß ich mich seit längerem schon mit diesem Problem befaßt habe – eigentlich schon in Amerika, als ich über die Bergarbeiter dort schrieb und über den Krieg. Ich finde Gedanken in diesen frühen Büchern, die mir heute noch eigen sind – nur stehen sie jetzt unter anderen Vorzeichen und sind vertieft durch neue Erfahrungen. Ich habe gelernt, mit dem Wort umzugehen, aber ich bin weder viel tapferer noch viel klüger als Sie.
Und lesen Sie mal ein Buch von mir, sollte hier eines zu haben sein. *(Heiterkeit, Beifall.)*

Über die Permanenz der Provisorien

Rede in Bad Sassendorf zum 40. Gründungsjubiläum der Bundesrepublik

APRIL 1989

Daß ich, ein Bürger jenes anderen deutschen Staates, welcher im Jubiläumstrubel dieser Tage Ihnen, meine Damen und Herren, und den meisten Ihrer Mitbürger eine Art Dorn im Auge sein dürfte, daß also ausgerechnet ich hier stehe, um die nunmehr vierzig Jahre Ihrer Republik überschauend zu würdigen, mag manchem unter Ihnen wie ein Stück absurdes Theater erscheinen. Auch ich bin geneigt, mein Tun auf diesem Podium so zu betrachten, oder war es zumindest, als ich die Einladung des Herrn Ministerpräsidenten erhielt und mir vorstellte, wie das wohl aussehen und, schlimmer noch, wie es ankommen würde beim bundesdeutschen Publikum: ein so wenig autoritätsgläubiger, ein so wenig patriotischer, ein überhaupt meist falsch liegender Bücherschreiber aus dem Osten als Redner bei solch ernsthafter Gelegenheit. Bei mir zu Haus würden die Behörden, in einem parallel gelagerten Falle, jemanden wie mich nicht auftreten lassen.

Und doch ist die Sache so absurd wieder nicht, denn (a) können Sie sicher sein, daß Sie von mir die üblichen Lobpreisungen nicht zu hören bekommen werden, das Ach-was-sind-wir-doch-für-großartige-Leute, und wie weit haben wir's doch gebracht, und welch Ansehen haben wir doch errungen allüberall, wir braven Deutschen, genauer gesagt, braven Bundesdeutschen – und (b) scheint mir, wäre ja nicht nur zu feiern und ins rechte historische Licht zu rücken die vierzigjährige Existenz der Bundesrepublik Deutschland, der so freiheitlich-demokratischen, marktwirtschaftlich prosperierenden und ordnungsstaatlich verankerten, sondern auch, und gleich herzlich, der mit so großer Sorgfalt austarierte Schwebezustand in dem ost-westdeutschen Doppelbalanceakt, der nun zum Erstaunen aller Beteiligten und Unbeteiligten seit ebenfalls vier Dezennien schon besteht und das Schicksal der auf diesem Teil der Welt Angesiedelten bestimmt.

*

Wer vor vierzig Jahren geboren wurde, steht heute in der Blüte seines Lebens und ist, im Vollbesitz der Kohlschen Gnade der späten Geburt, überhaupt fein raus. Ihn kann keiner fragen, wo denn sein Bruder Abel sich befände; und wer erwiesenermaßen kein Blut an den Händen hat, außer vielleicht ein paar durch Lieferung von Waffentechnik und einschlägigem Know-how entstandene Spritzer, der braucht sich die Hände auch nicht zu waschen.

Aber nicht deshalb spreche ich von der Generation der jetzt Vierzigjährigen und der auf diese folgenden, sondern weil ich mir auszumalen versuche, wie sie, die jetzt auf allen Gebieten menschlichen Bemühens zur Spitze drängen, jenen Geschichtsabschnitt sehen, den Tattergreise wie ich noch selber erlebt haben. Was ist ihnen die Weimarer Republik? Hitler? Was sind ihnen die leichenumsäumten Vormärsche und Rückzüge des Zweiten Weltkriegs? Was Auschwitz? Dresden? Die rote Fahne hoch auf dem Reichstag zu Berlin? – Welch alle doch Samen und Ursprung sind Ihrer heute zu feiernden Republik und, auf die paar Monate Unterschied im Gründungsdatum kommt es nicht an, auch jener anderen, andersgearteten, östlich der Elbe.

Als ich nach Amerika kam, sah ich in Chicago vornan in der Parade der Veteranen der amerikanischen Kriege ein halbes Dutzend wacklige Gestalten dahintapern in der Uniform der Unionsarmee aus dem Bürgerkrieg; die letzten von Lincolns Getreuen, waren sie 1865 wohl Tambourjungen gewesen, stolz die große Trommel rührend zum Gefecht: Das, empfand ich mit plötzlichem Erschauern, war also nicht nur Literatur gewesen und vergilbte Zeitungsausschnitte, das hatte es wahrhaftig gegeben, und hier waren die Zeugen noch. So ungefähr, stelle ich mir vor, werden die vor vierzig Jahren und später Geborenen uns sehen, und was uns Erlebnis war und blutiger Fakt, ist ihnen graue Vorgeschichte, ablesbar nur aus Büchern und vom flimmernden Schwarzweiß zerkratzter alter Filme. Und selbst wenn sie's nicht so sagen, denken werden sie in ihrem tiefsten Innern: Was geht's uns an?

Aber es geht sie an. Obwohl sie dies Deutschland nur zweigeteilt kennen und dessen ehemalige Hauptstadt querdurch getrennt durch eine Mauer mit Stacheldraht und Panzersperren und Hundelauf, Exklave der einen deutschen Republik und Kapitale der anderen zugleich, und sie sich nicht nur eingerichtet haben damit, wie ihre Älteren zu tun gezwungen waren, sondern den Zustand als das Selbstverständliche betrachten, so sind sie dennoch gezeichnet durch das, was früher gewesen, und schleppen, beeinflußt von Eltern und Schule, von Bauten, Büchern, Bildern, Liedern und wem alles noch, die Vergangenheit mit sich herum, die, befürchte ich, nach vierzig Jahren immer noch nicht bewältigte.

*

Es ist noch nicht so lange her, da durfte ich, einer Einladung nach Stockholm folgend, dort eine öffentliche Debatte führen mit einem deutschen Dichter, der uns anvertraute, wie es ihm angesichts seines gespaltenen Vaterlandes die Seele zerreiße. Mit klagend erhobener Stimme erkundigte er sich, ob wir nicht auch meinten, daß es nach so vielen Jahrzehnten geduldig ertragener Teilung an der Zeit sei, die Strafe zu streichen und das Volk, das gestrafte, gnädig wieder in seine Einheit zu entlassen.

Das Publikum, Schweden zumeist, schwieg. Auch mir fiel es schwer, ihm zu antworten. Die Gefühle des Mannes in Ehren – seine Kenntnisse der Historie waren mangelhaft. Nie war die Zertrennung der nach dem Untergang des Dritten Reiches verbliebenen deutschen Territorien in zwei Republiken von irgend jemandem als Strafe konzipiert worden für doch recht ernsthafte Vergehen wider Völker- und Menschenrecht, die in der Tat à conto der Deutschen gingen; in Wahrheit hatte man bei den Verbündeten des Zweiten Weltkriegs überhaupt keine wirkliche Konzeption gehabt, wie denn mit Deutschland zu verfahren wäre. Gewiß, tri- oder quadrozonale Verwaltung zunächst durch die Besatzungsmächte, soviel war festgelegt; aber danach doch wieder *ein* Land, mit *einer* Regierung – nur was für ein Land, mit was für einer sozialen und staatlichen Ordnung, und was für eine Regierung, die wen repräsentierte, darüber stand nirgends etwas geschrieben; insgeheim jedoch hatte da jeder wohl seine Vorstellungen, die Sowjets auf der einen und die Amerikaner und Engländer auf der anderen Seite.

Und was für Vorstellungen hatten die Deutschen selber?

Es gab damals keine Institute zur Erforschung der öffentlichen Meinung; die amerikanische Armee, über ihre Abteilung für psychologische Kriegsführung, unternahm Versuche in der Richtung, aber die waren weder sehr systematisch noch ihre Resultate besonders zuverlässig. Klar zeigte sich, daß die deutschen Truppen es vorzogen, sich in westliche Kriegsgefangenschaft zu begeben; aber die wußten ja, wie sie im Osten gehaust hatten, und befürchteten, dort entsprechend behandelt zu werden. Und obwohl die Mehrzahl der Bevölkerung, dieserhalb befragt, lauthals erklärte, wie sehr sie die Nazis gehaßt und die Juden bemitleidet hätte, war doch deutlich, wie tief ihr Denken durch nationalsozialistische Propaganda geprägt war. Außerdem redeten die Leute, wer will es ihnen verdenken, in den westlichen Besatzungszonen den Amerikanern, Engländern und Franzosen zu Munde und in der sowjetischen den Russen.

Nur ein wirklicher Test fand statt, und der völlig zufällig: Schwarzenberg. Durch irgendein Mißverständnis zwischen den Militärs war der Landkreis Schwarzenberg im sächsischen Erzgebirge weder von den Amerikanern noch den Russen besetzt worden und blieb, sieben Wochen lang, das einzige freie Stück Deutschland; und hier bildete sich, von niemandem eingesetzt oder kommandiert, einfach aus der Not heraus, eine deutsche Regierung, die zugleich demokratische und sozialistische Züge trug und die erst abtrat, und zwar in Ehren, als bei der großen Umgruppierung der alliierten Truppen im Juli 1945 die Sowjetarmee auch in das Gebiet Schwarzenberg einzog.

Das heißt nun nicht, daß Restdeutschland, sich selber überlassen, eine Entwicklung à la Schwarzenberg genommen hätte; immerhin saß im Fall Schwarzenberg die Sowjetarmee dichtbei, in Annaberg, und die Amerikaner waren in Auerbach, und überhaupt war alles provisorisch. Fakt bleibt jedoch, daß die in Schwarzenberg selber mit ihren Nazis aufräumten und sogar den Gauleiter von ganz Sachsen, den Pg. Mutschmann, festnahmen und zur weiteren Verfügung den Russen übergaben.

*

Und ebenso provisorisch war das, was später Bundesrepublik heißen sollte, wie auch ihr Pendant im Osten. Bizone und später Trizone und drüben die SBZ – provisorische Verwaltungseinheiten, was denn sonst, gedacht nur, eine notdürftige Ordnung zu schaffen, aus dem Chaos am Ende des Krieges, und dennoch dauernd bis zum heutigen Tag, da wir ihr langes Bestehen feiern – als was, bitte, kann mir einer bitte sagen, als was? Welch großer Revolution entsprangen sie, welch hehrer Vision sind sie nachgebildet? Wer wollte sie, wer redete ihnen das Wort? Sie sind, ohne Emotion betrachtet, bestenfalls ein historischer Tatbestand, und just darum, meine ich, so verdammt dauerhaft. Sie existieren länger schon, viel länger als die Republik von Weimar und das tausendjährige Reich zusammengenommen, und nur noch sieben Jahre braucht es, dann werden sie den Rekord des Bismarckschen Kaiserreichs geschlagen haben, in dem die deutsche Hybris entstand, die zum Untergang des Ganzen führte und zu dem von meinem Dichterfreund bejammerten Zustand.

Sie bestehen, als Provisorien in Permanenz, weil seit der Atombombe der ganze Globus mit allem, was darauf kreucht und fleucht, ein einziges Provisorium ist, und sie werden sich unnötig gemacht haben und gegenseitig aufheben, wenn *dieses* Provisorium endlich durch einen Zustand wirklichen Friedens ersetzt worden sein wird. Wenn.

*

Klar, daß nach dem Sieg über Hitler das Bündnis, das den Sieg erfocht, zerfallen würde – zu heterogen waren die Kräfte gewesen, die sich da zusammengeschlossen hatten, zu verschieden die Zielsetzung der Partner. Die Nazis wußten das ebenso; immer wieder hatten sie spekuliert, daß sie durch die oder jene Wendung die zwei Fronten, an denen sie sich zersplitterten, wieder auf eine reduzieren könnten. Es war ja auch eine recht unnatürliche Allianz: die proletarisch-revolutionäre Diktatur, wie sie sich nannte, des Joseph Stalin, mit den erzkapitalistischen USA und der Kolonialmacht England. Das Wunder war, daß sie zusammengehalten hatte, bis die Armeen einander bei Torgau umarmten; danach trat der Unterschied der Interessen bald genug zutage, und Hiroshima war bereits eine Demonstration.

In Deutschland zeigte sich das im Kleinen, in der Politik der Militärregierung westlicherseits und der Kommandantura im Osten: Wer wurde Bürgermeister, wer durfte was an wen verteilen, wer redigierte die armseligen Zeitungen, welche Parteien erhielten die größeren Mittel, Pajoks da und CARE-Pakete hier, ein faszinierendes Spiel, wenn einer die Gelegenheit gehabt hätte, es aus geruhsamem Abseits zu beobachten und die Strategie beider Gruppierungen zu analysieren. Und dazu die ungleiche Rhetorik: der volle Mund, die tönenden Aufrufe, die doktrinäre Allwissenheit Moskauer Prägung im Gegensatz zu der eher zurückhaltenden, aber strengen Sprache Amerikas, die jedoch Vergebung verhieß denen, die sich fügten.

Personalpolitik und Wirtschaft, von der Stunde Null an lagen da die Differenzen. Nicht, daß nicht auch die Amerikaner und Engländer sich der Nazis zu entledigen trachteten; doch waren sie in dem

Punkte weniger rigoros und mitunter von geradezu kindlicher Naivität. Wie konnte einer, so dachten sie, der Messer und Gabel zu handhaben wußte und sich mit gediegener Eleganz umgab und dessen Damen solchen Charme zeigten, wenn sie die Drinks kredenzten, ein echter Nazi gewesen sein? Die Herren sahen ja nicht aus wie dieser Bursche, der Hitler, mit seinem blöden Gesicht und hängendem Hintern; sie gehörten zu den besseren Klassen, waren vielfach Akademiker – Ingenieure, Mediziner, Juristen, Architekten, Banker, Militärs – und kannten sich aus in der Wirtschaft und in dem Verwaltungskram und wußten, was wo zu finden war und wer für welchen Job taugte: nützliche Zeitgenossen also; und sollten sie Mitläufer gewesen sein, wer war denn nicht mitgelaufen mit den Siegern, solange sie siegten?

Ideal für die von gestern, die denn auch, soweit sie nicht derart viel auf dem Kerbholz hatten, daß ihnen Südamerika sicherer erschien, von allen Seiten in das trizonale Eldorado strömten. Wer zählt die Scharen, kennt die Namen – bis in Adenauers engsten Kreis hinein saßen sie, diese Aktivisten der ersten Stunde, und obwohl sich da manches abgeschliffen hat im Lauf der vierzig Jahre, sind ihre Spuren heute noch erkennbar auf der Haut, und leider auch im Geiste, der Republik, die zu feiern wir zusammengekommen sind.

Will nicht heißen, daß die im Osten nicht auch ihre Nazis gehabt hätten. Ob Pgs oder nicht, Spezialisten, Wissenschaftler besonders, galten Russen wie Amerikanern als nützliche Kriegsbeute und wurden liebevoll gehegt. Aber das Network alter Nazis, die sich gegenseitig protegierten und in die neuen Machtpositionen hievten, das gab es östlicherseits in dem Maße nicht, wenn man von den in den Antifa-Schulen Umgemodelten absieht; die Genossen um Ulbricht waren zynisch genug, aber so prinzipienlos denn auch wieder nicht. Dafür ging, wohl weil man sich dachte, das würde dem Volk anheimelnd erscheinen und es einnehmen für die zunächst antifaschistisch-demokratisch genannte Ordnung, ein gut Teil des nationalsozialistischen Brauchtums ins Ritual von SBZ und später DDR über: die langen Ansprachen mit einstudiertem Echo, die Aufmärsche, die Fahnen und Fähnchen gehäuft und die Transparente mit ihren ewig selben Losungen, die markigen Lieder und Sprechchöre, die Gestik, gereckt jetzt allerdings die Fäuste statt der früheren fünf Finger plus Handfläche, der Ordens- und Medaillensegen, endlich der Stechschritt und, ach Gott ja, der Nationalpreis; nur die riesigen Ikonen der Führer der Bewegung, im Zuge mitgetragen, waren Stalinsches Gut.

Legitimität der Regime? Vom Volk gewünscht, ernannt, getragen, wer? Realiter erhielten beide Teile Restdeutschlands Ordnung, Verhaltensweisen und Philosophie ihrer jeweiligen Besatzungsmacht aufgepfropft, for better or for worse; fragte sich nur, welche davon leichter und gründlicher Wurzeln schlagen würden in dem von Nationalsozialismus und Krieg vergifteten Boden.

Und da war, wie sich bald herausstellen sollte, der damals noch nicht so geheißene real existierende Sozialismus im Nachteil. Nicht nur wirkte das Image nach, das Goebbels von den verjudeten und außerdem noch bluttriefenden Bolschewisten geschaffen hatte; es hatten auch die deutschen Soldaten die triste Armut gesehen, die im Lande der Sowjets herrschte, und was war das klebrige Kommißbrot, das der Iwan hier und da an die Bevölkerung seiner Zone verteilte, im Vergleich zu den Zigaretten der Amerikaner und deren Schokolade; und wo die Russen nach Uhren und Fahrrädern gierten, den Schätzen des kleinen Mannes, sammelten die Amis Leicas und Gemälde; und während die einen rüde vergewaltigten, spendierten die anderen, vor- oder hinterher, Genußmittel, welche die Unannehmlichkeit versüßten.

Leicht zu erraten, in welcher Richtung die Waagschale im Herzen der Besetzten sich neigte, besonders, wenn man in Betracht zog, wie viele Deutsche es seit je nach Amerika gezogen hatte, dem Land der goldenen Gelegenheiten.

Um so erstaunlicher die Ängste, die Adenauer und die Seinen die Schaffung eines waffengeschützten westdeutschen Separatstaats mit allen Mitteln zu betreiben veranlaßten. Glaubte er wirklich an die Kraft der Verlockung marxistischer Ideen? Befürchtete er, daß er mitsamt seinen Christdemokraten in einem Deutschland, das *eines* blieb, von irgendeiner sozialistischen Front überrollt werden würde? Hatte er so wenig Vertrauen zu den divergierenden Kräften, die schon um 1930 Sozialdemokraten von Kommunisten trennten und dieserart zu Hitlers Machtübernahme beitrugen, und die auch ihn, Konrad den Knochigen, begünstigen würden?

Jedenfalls muß er schon früh zu dem Schluß gelangt sein, daß es besser war, den Teil eines Ganzen zu beherrschen, als Teil eines Ganzen zu sein. Die im Osten dagegen schienen sich immer noch zuzutrauen, mit ihrer Organisation und dem, was sie unter Marxismus begriffen, die Westzonen zu durchdringen und dort politischen Boden zu gewinnen; selbst als beide deutschen Republiken bereits bestanden, schallte es aus Ost-Berlin noch: »Alle Deutschen an einen Tisch!«, und erst als der 17. Juni des Jahres 1953 mit Donnergetös und Demonstrationen einherkam, geriet der Schuh an den anderen Fuß: Von da an igelte die DDR sich ein, und die Westrepublik agierte expansiv.

*

Aber war denn die Zweiteilung des Landes, nachdem sie sich einmal ergeben, allzeit unaufhebbar gewesen?

Bis die Archive des Kreml geöffnet sind, werden wir nicht wissen, ob es in Wahrheit eine Offerte des Genossen Berija gegeben hat, die DDR den Amerikanern in die Hände zu spielen im Austausch für westliche Schützenhilfe bei seiner Selbstinthronisierung. Doch selbst wenn es das Angebot gab und wenn es akzeptiert worden wäre, ist kaum glaubhaft, daß die sowjetische Generalität die DDR so leichthin ausgehändigt hätte: Das Gebiet zwischen Wismar und Zwickau und von Magdeburg bis Frankfurt/Oder ist das Glacis des Ostreichs, so wie unser Jubiläumskind das befestigte Vorfeld der westlichen Allianz, und es herrschte damals ein sehr kalter kalter Krieg.

Der folgte bekanntlich direkt auf den letzten großen heißen und war sogar, meinen manche, darin bereits angelegt. Wie dem auch sei, einmal ausgebrochen und die Fronten abgezeichnet, entwickelte er seine Regeln und Erfordernisse; dazu gehörte, daß jede der beiden Parteien, im Besitz ihrer jeweiligen Deutschen, diese so fest wie nur möglich in ihrem Lager integrierte, um sie dann, gläubiges Fußvolk ward immer gebraucht, wo nötig einzusetzen. Wir wissen, wem die Integration besser gelang; die Mauer ist ein beredtes Zeugnis. Dennoch gab es, bis tief in diesen Krieg hinein, noch Möglichkeiten, ihn abzuwiegeln und damit die deutsche Spaltung auf ein erträgliches Maß zu reduzieren: Noch im August 1948, das Protokoll des Gesprächs wurde kürzlich erst publiziert, empfing Stalin den General Walter Bedell Smith, den US-Botschafter in Moskau, sowie dessen britischen und französischen Kollegen und teilte ihnen mit, wenn die Westalliierten die von ihnen für West-Berlin eingeführte Sonderwährung wieder zurücknähmen und ihre Londoner Beschlüsse revidierten, dann würden die Russen die von ihnen angeordneten Verkehrsbeschränkungen auf den Verbindungswegen zwischen den Westzonen und den Berliner Westsektoren wieder aufheben. Und gelänge es dann gar, *eine* Regierung für ganz Deutschland zu schaffen, würden sich alle Fragen bezüglich Berlins, und einiges andere noch, von selber erledigen. Werde aber von den drei Westmächten, entsprechend ihren Abmachungen in London, eine separate Regierung für die vereinigten Westzonen gebildet, so bleibe nichts weiter zu besprechen, und die westlichen Zonen Deutschlands wie die östliche würden sich auf unterschiedliche Art entwickeln.

Ob das eine Finte Stalins gewesen war oder ernsthaft gemeint, wer will es sagen. Der Test wurde nicht gemacht. Und die zwei Teile Deutschlands entwickelten sich, wie von Stalin vorausgesagt, auf unterschiedliche Art; und heute sieht Ihre Republik der totalen Eingliederung in die westeuropäische Union samt gemeinsamem Binnenmarkt entgegen, was, wie schon die Mitgliedschaft in der NATO, jedem Streben nach irgendeiner Form von Vereinigung mit dem ganz anderswo vertäuten anderen deutschen Staate offensichtlich zuwiderläuft.

*

Wie die Entwicklung verlief, muß ich Ihnen nicht beschreiben; Sie kennen den vierzigjährigen Werdegang Ihrer Republik und deren Eigenheiten besser als ich: den Marshallplan im Bund mit deutschem Fleiße, das Wirtschaftswunder; das süße Leben und die Verfügbarkeit all dessen, was das Herz begehrt, gekuppelt mit der Arbeitslosigkeit von Millionen; die Freiheit des einzelnen, sich zu entfalten und zu bereichern, aber auch, auf einem Bahnhofsklo zu verenden mit der Nadel im Arm; dazu das freie Wort, garantiert bis zur ersten wirklichen Krise Ihres Staates. Und den Glanz, der von dem Ganzen ausgeht in einer Welt, die in dem von dieser Zivilisation geschaffenen Dreck verkommt.

Sie sind, meine Damen und Herren, die Musterknaben des Westens, und Sie wissen auch, daß Sie entsprechend geliebt werden. Aber gleich musterhaft sind Ihre ostdeutschen Brüder und Schwestern unter den Völkern des Ostens. In der DDR gibt es, so lese ich in einem Aufruf der in der Nationalen Front vereinten Parteien zu den in wenigen Wochen dort erfolgenden Kommunalwahlen, Vollbeschäftigung und keine Massenarbeitslosigkeit; soziale Sicherheit statt Mietwucher und Obdachlosigkeit und neuer Armut; kein Bildungsprivileg und keine Angst vor der Zukunft, und gleiche Aufstiegschancen für alle und kostenlose Gesundheitsfürsorge dazu, und stabile Preise bei Brot und Kartoffeln, auf der Eisenbahn, im Bus und beim Briefporto.

Und all das stimmt sogar mehr oder weniger, ich lebe in dem Lande, ich kann es bezeugen. Nur frage ich mich dann, woher der Frust so vieler seiner Bürger und warum, nach den Aussagen eines Spitzenmannes, die Räuber die Mauer, welche das Land umschließt, so zahlreich umschleichen; denn sie umschleichen sie ja auf der Innenseite.

Je länger ich über dies Phänomen nachdenke, desto mehr dünkt mich, daß der wahre Schuldige an der Misere nicht der Genosse Marx ist, sondern der Mr. Parkinson mit seinem Gesetz, nach dem jeder amtliche Apparat, zur Rechtfertigung der eigenen Existenz schon, sich dauernd in geometrischer Progression vermehren muß. Während in Ihrer Republik, meine Damen und Herren, die Zwänge des von keiner Planungsbehörde regulierten Marktes zu immer neuen, oft auch recht überflüssigen und sogar schädlichen Leistungen anspornen, führen in der DDR und ihr ähnlich konstruierten Staaten die Verantwortungsscheu der Bürokratie sowie ihre Abneigung gegen jedwede Initiative zu einem dem eigentlichen Sinn des Sozialismus völlig widersprechenden Rückstand dem Westen gegenüber – einem Rückstand in Technik und Wirtschaft und Geistesleben, der Jahr um Jahr größer wird und, im Zeitalter von Automation und Mikroelektronik, sich auf übelste Weise auswirkt.

*

Als die Macht noch ausschließlich aus der Mündung der Gewehre kam, ließ sich mit ziemlicher Sicherheit errechnen, was benötigt wurde und welche Taktik anzuwenden wäre, um diese Macht zu erobern, zu erhalten oder auch zu stürzen. Zu der Zeit jedoch, als Ihre Republik entstand und auch die, deren Bürger ich bin, hatte sich das alte Denken schon überlebt: Ein kleiner, langhaariger Jude – immer diese Juden! – hatte das Gewehr und dessen Mündung mit Hilfe einer Folge von Buchstaben und mathematischen Zeichen, genauer $e = mc^2$, obsolet gemacht; nur wußten die Gründungsväter Ihrer Republik das noch nicht, als sie in verfassunggebender Versammlung den Satz aufstellten, wonach Ihre Regierung für sämtliche Deutschen zuständig sei, und ebenso unwissend waren die alten Genossen bei uns, die auf ihren Veranstaltungen damals ähnlich Undurchführbares verkündeten.

Heute, nur vierzig Jahre danach, hat sich sogar in deutschen Regierungskreisen herumgesprochen, hier wie dort, daß ein Krieg, selbst ein zunächst mit konventionellen Mitteln begonnener, zur baldigen

Vernichtung seines Schauplatzes mit allem Lebendinventar darauf führen würde; und nun sitzen wir da, mit unsern Denkmustern von vorgestern, und müssen erschreckt feststellen, daß alles nicht mehr geht. Heiliger Sankt Hegel! – die Quantität unsres selbstgefertigten Overkill schlägt um in die Notwendigkeit einer neuen, noch gar nicht erforschten Qualität menschlicher Beziehungen, wobei das verständliche Streben der Herren Kapitalisten, ihr Geld auf Kosten anderer bis ins Unendliche hecken zu lassen, an seine Grenzen stößt, weil der größte aller Märkte, der große Krieg, auch sie selber vernichten würde; und wo gleich unmöglich geworden sein wird die Gewalt, mit deren Hilfe, der bekannten Theorie folgend, die in der Partei organisierte Avantgarde des Proletariats die Weltrevolution durchzuführen verpflichtet war: Es würde nämlich keine der kämpfenden Klassen übrigbleiben, nur ein Haufen Trümmer.

Natürlich braucht es Revolutionen, aber Revolutionen anderer Art, nachdem wir mit unserem Know-how die Luft, die wir atmen sollen, verpestet, Erde und Meer, die uns nähren sollen, vergiftet, todbringende Löcher in die Atmosphäre gerissen und das Klima des einzigen Planeten, den wir besitzen, verdorben haben. Zunächst eine Revolution im Denken.

Was Vorwärtsstrategie, was hinhaltende Verteidigung, mit Tiefflug oder ohne, was Kurz-, Mittel-, Langstreckenraketen, was SDI – Vokabular von gestern. Die Feindbilder zerbröckeln; die Menschen sind es satt, die klügeren unter ihnen wenigstens, sich mit Haß im Herzen zu sehen, wenn der Haß sie so teuer zu stehen kommt. Selbst die klassische Frage wer wen, so nützlich für die politischen Analysen der Steinzeit, ist nur noch beschränkt anwendbar, denn wer immer wen erschlägt, erschlägt auch sich selber.

Was für die deutschen Republiken beidseits der Elbe bedeutet, daß weder diese jene noch jene diese wird schlucken können, und daß sie sich mit einem friedlichen Nebeneinander werden begnügen müssen, wenn sie am Leben zu bleiben wünschen. Aber wünschen sie das? Manchmal scheint mir, als sei die eine wie die andre besessen von einem geheimen Begehr nach Suizid. Da feiert in der einen, zu oft, um es zu übersehen, der Ungeist der Nazis fröhliche Urständ, und in der andern treten bei jeder sich bietenden Gelegenheit die Enkel Stalins an zu gespenstischem Marsche. Da ist es, als seien die vierzig Jahre gar nicht gewesen mit ihren Erfahrungen, die Lektionen, die die Geschichte erteilt, verpaßt und verpufft.

Ich mag das nicht glauben. Selbst in Deutschland, diesem Deutschland, müßte die alte Weisheit des Heraklit doch Gültigkeit haben: Panta rhei, alles fließt, alles verändert sich. Die Grenze zwischen den zwei deutschen Republiken, die mein Dichterfreund als Strafe empfand, weil er nicht zu sehen vermochte, daß sie mehr ist als ein Zaun zwischen zwei Bruchstücken eines Landes: nämlich die Trennlinie zwischen den zwei großen Systemen, die seit anno 1917 unser Weltbild bestimmten – diese Grenze wird, wenn das neue Denken an Anhang gewinnt in West und Ost, menschlicher werden. Ihre Dimension wird schrumpfen, und eines Tags, wenn allen erkennbar geworden, daß auch sie nur ein Provisorium und nicht mehr vonnöten zwischen Nachbarn in *einem* Haus, die miteinander zu leben gezwungen sind, wird sie verschwinden.

Und dann wird sich erübrigt haben, den Jahrestag zu feiern, den wir heute begehen.

Warten auf Perestroika

Interview mit Lorenzo Maugeri, »L'Unita«

MAI 1989

FRAGE: 1974 wurde Ihr Roman »5 Tage im Juni« zum erstenmal in deutscher Sprache gedruckt – aber nicht etwa in dem Lande, in dem Sie leben und in dem im Juni 1953 die Ereignisse sich abspielten, von denen Ihr Buch handelt, sondern in der Bundesrepublik. Nun endlich soll das Werk, wie wir hören, auch in der Deutschen Demokratischen Republik erscheinen. Welche Bedeutung messen Sie dem bei?

STEFAN HEYM: Ich setze voraus, daß der Veröffentlichung der »5 Tage« nicht noch einmal, wie so oft schon, neue Hindernisse entgegengestellt werden. Aber wenn das Buch dann wirklich da ist – und wenn die Menschen es auch tatsächlich im Laden kaufen können –, dann wäre das ein erster Versuch der führenden Genossen der DDR, über ihren eigenen Schatten zu springen, ein erster Versuch, die Vergangenheit, die einigen von ihnen so schwer am Bein hängt, zu bewältigen.

FRAGE: Wie ließe sich, vierzig Jahre nach dem Entstehen der zwei deutschen Staaten, deren gegenwärtiger Zustand charakterisieren? Welches halten Sie für die positivste, überzeugendste Seite der Bilanz eines jeden der beiden? In Ihrer Rede über die Permanenz der Provisorien erwähnen Sie , daß es in der DDR keine Arbeitslosigkeit gibt, wohl aber soziale Sicherheit, kostenlose Gesundheitsfürsorge und dergleichen manches noch; wieso aber wiegt das die Anziehungskraft des anderen Deutschland nicht auf, wieso streben so viele Bürger der DDR hinüber in die Bundesrepublik, was zieht sie dorthin?

HEYM: Da vereinen sich mehrere Momente. Nehmen wir zunächst das Materielle. Tagtäglich erfahren die DDR-Bürger, was so alles im Westen zu haben ist und in welcher Auswahl und Qualität, und das Wasser läuft ihnen im Mund zusammen beim Anblick all der Farben und Formen und bei dem Augenaufschlag der hübschen, jungen Hausfrauen und ihrer fröhlichen Familien auf dem Fernsehschirm, die diese Köstlichkeiten jederzeit genießen dürfen. Außerdem waren inzwischen DDRler genug im Westen, um das Angebot persönlich bestätigen zu können; und, handgreiflicher noch, es sind diese Waren ja auch bei uns in ihrer ganzen Pracht zu betrachten, zu betasten und sogar zu kaufen– allerdings in gewissen Geschäften nur, Intershops genannt, und nur für hartes, kapitalistisches Geld.

Was die Menschen in der real existierenden Deutschen Demokratischen Republik jedoch am meisten verlockt, ihrem Staat den Rücken zu kehren, ist der Mangel an Bewegungsmöglichkeit, der dort herrscht. Die Freiheit, immerhin ein wertvolles Gut des Menschen, bedeutet in den Hirnen der Mehrzahl der DDR-Bürger weniger die Freiheit, sagen zu können, was ihnen beliebt, oder sich vereinigen zu dürfen zum Zweck der Veränderung real existierender Verhältnisse; Freiheit ist ihnen vielmehr die Freiheit, reisen zu können, wann, wohin und wie lange es ihnen gefällt, soweit das Geld eben reicht. Und gerade diese Freiheit wird ihnen polizeilich beschnitten. Um seinen Staat Richtung Westen verlassen zu können, muß der DDR-Bürger entweder ein Alter erreicht haben, in dem das Herumkutschen eigentlich keinen Spaß mehr macht, oder er muß Familienangehörige auf der anderen Seite der Mauer besitzen, die gerade runde Geburtstage erleiden oder Kindstaufen veranstalten oder soeben gestorben sind. Und dann muß auch noch seine Kaderakte, in die er notabene niemals Einblick erhält, blitzsauber sein – keine schwarzen oder auch nur graugetönten Flecken darin.

Kein Wunder, daß besonders junge Menschen sich da frustriert fühlen. Kommt hinzu noch das Machtgehabe, der bürokratische Hochmut, welche die Behörden hierzulande den Bittstellern gegenüber an den Tag legen. Überall fühlt der Mensch sich amtlicherseits bevormundet. Es mögen durchaus solche psychologischen Gründe sein, welche mehr noch als die materiellen die Menschen veranlassen zu sagen: Genug, Schluß jetzt! Sie sind leider schlechte Psychologen, die Regierung der DDR und die Funktionäre der SED. Ein Blick nur in unsere Zeitungen oder in irgendeine politische Sendung des Adlershofer Fernsehens, und man erkennt, wie schlecht.

FRAGE: Die ausländische Presse betrachtet die DDR als beinahe das letzte Bollwerk des Stalinschen sozialistischen Systems. In der Tat werden die Umwälzungen in anderen östlichen Ländern, in Polen, Ungarn, der Sowjetunion etwa, in den Medien der DDR mit fast so etwas wie Gleichgültigkeit behandelt; man beschränkt sich, meist kommentarlos, auf den Abdruck kurzer, von den amtlichen Agenturen übernommener Kommuniqués. Die Intellektuellen – Sie selber ausgenommen – schweigen ebenfalls. Wieso eigentlich? Wollen die Herren und Damen, des Ausgangs der Entwicklung nicht sicher, einfach noch abwarten, bevor sie sich äußern? Schweigen sie und tun unbeteiligt, um die eigene relativ privilegierte Position zu schützen? Und ist es wirklich günstiger für den einzelnen, sich der offiziellen Haltung anzupassen, die ihrerseits abwartend, wenn nicht gar dem Neuen gegenüber ablehnend ist?

HEYM: Die DDR-Medien dienen bekanntlich nicht der Orientierung der Menschen; sie sind Organe zur Bekanntgabe offizieller Verlautbarungen. Schon aus dem Grunde wird bei uns über die neuen Dinge im Osten nur höchst begrenzt berichtet; außerdem scheint es, als befürchte die Regierung, Perestroika und Glasnost könnten ansteckend sein. Aber eine solche Nachrichtenpolitik ist sehr unklug. In einem Lande, dessen Bevölkerung von den elektronischen Medien des Westens direkt erreicht wird, ist es unsinnig, wichtige Entwicklungen verschweigen zu wollen oder auch nur den Versuch zu unternehmen, die Informationen darüber nach Gutdünken zu beschneiden. Besser wäre es, die Informationen zu geben und dann den eigenen Standpunkt dazu klarzumachen.

Natürlich mögen Gründe vorhanden sein, relativ gute sogar, weshalb man hier nicht alles nachmacht, was andere sozialistische Regierungen tun. Was in Polen, in Ungarn, in der Sowjetunion geschieht, ist noch keineswegs abgeschlossen, und wir wissen nicht, was dabei herauskommen wird. Die ökonomische Lage in der DDR ist in vieler Hinsicht immer noch besser als in den genannten Ländern, und die Konservativen bei uns argumentieren unter der Hand: Laßt uns, was wir haben, nicht gefährden; der Spatz in der Hand ist besser als die Taube auf dem Dach. Und bei einem Volk wie dem deutschen, so ruhe- und ordnungsliebend, kommt man damit auch an; die Leute sehen doch den Wirrwarr in den Ländern der Perestroika, den Mangel an Gütern, der unstreitig größer ist als unser Mangel. Und gewisse Erscheinungen, Straßenschlachten etwa wie in einigen Regionen der Sowjetunion oder große Streiks wie in Polen, könnten wir an der Nahtstelle der zwei Weltsysteme uns einfach nicht leisten – das würde binnen kurzem zu internationalen Verwicklungen führen.

Die Genossen an der Spitze von Partei und Regierung der DDR könnten also ganz gute Argumente für ihre Haltung anführen, aber sie tun es nicht; sie scheuen sich überhaupt, zu argumentieren. So beschwören sie selber das Chaos herauf, das sich an allen Ecken ankündigt, und schaffen die Verwicklungen, die sie vermeiden möchten.

Daß aber die Intellektuellen hier so still vor sich hinschweigen, stimmt nicht ganz. So mancher hat sich geäußert – Stephan Hermlin zum Beispiel oder Christa Wolf, um nur ein paar der Prominentesten zu nennen. Und darf ich an die Resolution des PEN-Klubs der DDR erinnern, einstimmig beschlossen, die von der Regierung in Prag die Freilassung des Schriftstellers Vaclav Havel forderte? Zwar wurde diese Resolution, nach bekannter Regel, in Ost-Berlin nicht veröffentlicht; dennoch tat sie, da sie anderenorts bekanntgegeben wurde, ihre Wirkung.

FRAGE: Ist es möglich, daß das Gefühl, wirtschaftlich in einer besseren Lage zu sein als etwa die Sowjetunion, zu jener Distanzierung von den sowieso nie sehr beliebten Russen geführt hat, die wir schon erwähnten? Macht sich da eine Art DDR-Nationalstolz bemerkbar, nach dem Muster etwa: »Endlich sind wir von euch unabhängig, und wir machen mit unsern Tapeten, was *wir* wollen!«?

HEYM: Es mag derart Stimmungen geben, besonders in Kreisen von Funktionären, die bisher immer gezwungen waren, den russischen Maßgaben zu folgen. Aber in der Bevölkerung, meine ich, habe ich noch nie ein solches Interesse an der Sowjetunion gefunden wie jetzt, ja, sogar eine Zuneigung zu den Sowjets, besonders zu Gorbatschow. Wenn ich eine Überschrift zu finden hätte für das Denken und Fühlen zum jetzigen Zeitpunkt hierzulande, dann würde ich vorschlagen, *Warten auf Perestroika*. Und je mehr unsere Behörden die Wartezeit verlängern, desto schwieriger wird der Wandel später werden und um so radikaler werden dann die Forderungen sein.

FRAGE: Bei der Demonstration am 1. Mai hier in Ost-Berlin wurden 1989 im Zug keine Porträts sowjetischer Führer mehr mitgeführt – übrigens auch keine von Funktionären der SED. Auch in den Losungen zum 1. Mai, die sämtlich im »Neuen Deutschland« veröffentlicht worden waren, tauchte die »unverbrüchliche Freundschaft« zur Sowjetunion nicht mehr auf. Hat dieser im Vergleich zum Vorjahr doch recht neue Aspekt eine besondere Bedeutung?

HEYM: Wenn schon nichts anderes, dann hat Perestroika das zum mindesten bei uns hervorgebracht. Eine Phrase weniger und ein paar Ikonen, die das Auge nicht mehr belästigen, mögen nicht viel sein; aber auch aus kleinen Anfängen kann sich Größeres ergeben.

FRAGE: Ich arbeite seit geraumer Zeit schon als Korrespondent der »Unita«, des Zentralorgans der Kommunistischen Partei Italiens, in der DDR, und immer war ich überzeugt, daß die Regierung dieses Staates, schon aus Gründen der Geographie, nur eine begrenzte politische Selbständigkeit besitzt. Ich folgere daraus, daß selbst eine so geringfügige Entscheidung wie das angeblich vom Postministerium der DDR verhängte Verbot der deutschen Ausgabe der sowjetischen Zeitschrift »Sputnik« nicht ohne Wissen und Billigung der Sowjets getroffen werden konnte. Oder täusche ich mich da?

HEYM: Zu dem Punkt kann ich Ihnen keine authentische Auskunft geben. Klar ist, daß die DDR, schon als Mitglied des Warschauer Pakts und als immer noch besetztes Land, in vieler Hinsicht abhängig ist. Aber anscheinend läßt man in Moskau, aus wie immer gearteten Gründen, den Genossen im Politbüro der DDR zur Zeit eine gewisse Handlungsfreiheit bezüglich Perestroika. Am Ende jedoch, denke ich, werden die demokratischen Reformen, die in Glasnost und Perestroika enthalten sind, auch in der DDR sich so stark auswirken, daß selbst hier Veränderungen kommen werden – fragt sich nur, welcher Art und wann.

FRAGE: Was ist nun Ihre Meinung zur Beschlagnahme des »Sputnik«? Scheint es nicht, als hielte die Regierung der DDR, trotz ihres angeblichen Vertrauensverhältnisses zu ihrer Arbeiterklasse, diese Klasse für nicht reif genug, zu lesen, was jeder sowjetische Bürger, jeder Italiener, jeder Berliner auf der anderen Seite der Mauer in aller Ruhe lesen, diskutieren, kritisieren kann? Wie läßt sich dieses Mißtrauen dem Volk und dessen Urteilskraft gegenüber erklären?

HEYM: Gewöhnlich machen die Menschen ihre Dummheiten selber. Ich nehme also an, daß das »Sputnik«-Verbot nicht von sowjetischen Stellen veranlaßt oder auch nur gebilligt wurde, sondern ein DDR-Produkt ist. Aber Sie haben recht: Woher, wirklich, das Mißtrauen, von dem Sie sprachen?

Ich glaube, das geht weit zurück in die Geschichte der Partei – nicht nur der SED, nicht nur der alten Kommunistischen Partei Deutschlands, aus der die SED hervorwuchs, sondern auch der Kommunistischen Partei der Sowjetunion. Sämtlich sind diese Parteien Parteien besonderer Art, Eliteparteien, und sie gerieren sich als solche; die Mitgliederzahl tut da nichts zur Sache; die eigentliche Elite ist die verhältnismäßig kleine Schar ihrer Vorkämpfer, sind ihre Kader, ihr Apparat, die Nomenklatura, mit ihrem Führungsanspruch über die Massen – bei aller gleichzeitigen Distanz zu diesen –, über die Massen der Parteimitglieder, des Proletariats, ja, des Volkes überhaupt. Das gerade war ja das Wesentliche an jener im Grunde nur für die Durchführung einer Revolution getrimmten Schöpfung Lenins: der kleinen, verschworenen Partei, die, kaum mehr als eine Sekte, alles zu wissen meint und alles entscheidet und Macht beansprucht über alles und die beschließt, was sie den Massen an Informationen vermittelt. Wenn man es bösartig ausdrücken will: eine Partei von Gouvernanten.

Gouvernanten aber praktizieren keine Demokratie; sie führen Aufsicht und strafen die Unbotmäßigen; und so nützlich sie auch eine Weile lang sein mögen, sie sind nicht fürs ganze Leben brauchbar. Vor allem gerät man mit den Methoden der Gouvernanten in einen bösen Widerspruch zum Zweck der Sache: Von ewig am Gängelband gehaltenen, kleinen Kreaturen kann man bestenfalls unkritischen Gehorsam erwarten, nicht aber, daß sie etwas so Kompliziertes wie den Sozialismus erfolgreich erbauen – der Sozialismus, hat sich herausgestellt, ist eine Aufgabe für denkende Bürger, nicht für eine Klasse Unmündiger. Zur Lösung dieses Widerspruchs wird in der Sowjetunion jetzt der Versuch unternommen, andere, demokratischere Strukturen einzuführen; das ist der wirkliche Sinn von Perestroika, ihr Wesen und Inhalt.

FRAGE: Sie haben sich mehr als einmal als Kommunist bezeichnet, obwohl Sie nie eingeschriebenes Parteimitglied waren. Daher eine Frage an Sie zur Politik meiner, der italienischen Kommunistischen Partei. Deren Generalsekretär, der Genosse Occhetto, hat kürzlich erklärt: »Der sogenannte real existierende Sozialismus hat zu einem totalen historischen Fiasko geführt. Im Osten wurden die wahrhaft sozialistischen Kräfte niedergehalten, und die Vorherrschaft wurde von einer bürokratischen Kaste übernommen, die den Sozialismus verzerrt hat. Jetzt geht es darum, eine vollständige Demokratisierung einzuleiten.« Besonders scharf wandte Occhetto sich gegen das Regime von Ceausescu und das in der Tschechoslowakei, welche beide die Perestroika ablehnen; diese

Regime seien, sagt er, nicht nur nach den Normen des Sozialismus, sondern auch nach den Bestimmungen der Schlußakte von Helsinki zu verurteilen. Wie werten Sie Occhettos Einschätzung?

HEYM: Ich höre die Worte des Genossen Occhetto zum erstenmal. Sie scheinen mir nicht unberechtigt zu sein. Trotzdem – als Schriftsteller bin ich verpflichtet, alle Fakten, soweit sie mir zugänglich, in Betracht zu ziehen, unter anderem, daß selbst vom real existierenden Sozialismus einiges Gute geleistet wurde; die Menschen haben ja gearbeitet, wenn auch unter unnötigen Mühen und Schmerzen. Und es gab ein Stalingrad in dieser Zeit: ein welthistorisches Verdienst des sowjetischen Volkes, das man nie, nie vergessen darf.

Doch wenn ich mir andererseits ansehe, wie sehr die Welt dieses real existierenden Sozialismus auf wirtschaftlichem, technischem und vielen anderen Gebieten gegenüber der kapitalistischen Welt zurückgefallen ist, muß ich mich natürlich fragen, woher das kommt. Und dann richten sich meine Gedanken fast automatisch auf unsere Bürokratie. Dann überlege ich mir: Wer eigentlich geht denn unter die Bürokraten? Offenbar doch keiner, der selber schöpferisch ist. Ein schöpferischer Mensch wird lieber arbeiten und etwas Neues schaffen wollen, als hinter einem Schreibtisch sitzen und Papiere hin und her schieben. Also scheint es, daß die Unschöpferischen, die Talentlosen, die geistig Beschränkten dazu neigen, auf den Amtssesseln Platz zu suchen.

Ich weiß nicht, ob Ihnen der Name Parkinson vertraut ist. Der Engländer Cyril Northcote Parkinson stellte das nach ihm benannte Gesetz auf, demzufolge jeder bürokratische Apparat ständig in geometrischer Progression wächst. Denken Sie nur einmal an einen dieser armen Menschen an seinem Schreibtisch, wie er, im tiefsten Herzen seiner Überflüssigkeit bewußt, Tag um Tag sitzt und aller Welt seine Existenzberechtigung beweisen muß – beweisen muß, daß er sein nicht eben niedriges Gehalt zu Recht bezieht. Welch ungeheure Aktivitäten muß der Mann entwickeln! Eine Anordnung nach der andern muß er erlassen, eine Tagung nach der andern besuchen, ein Referat nach dem andern ablesen, und vor allem muß er sich vermehren. Er muß ja aufsteigen, will er nicht heruntergestoßen werden von der Stellage, auf der er nach oben klimmt. Ist er Abteilungsleiter, muß er dafür sorgen, daß er Hauptabteilungsleiter wird; das kann er aber nur werden, wenn er aus seiner Abteilung mindestens zwei neue Abteilungen gebiert, mit

jeweils einem neuen Abteilungsleiter, der seinerseits nun wieder Anordnungen erläßt, Tagungen besucht, Referate abliest und Unterabteilungen schafft und so weiter ad infinitum.
Mit Stolz sagt man hier in der DDR, wir hätten keine Arbeitslosigkeit. Das stimmt auch: Nur, wie viele unsrer Arbeitslosen hocken in den Ämtern und tun, als arbeiteten sie, besonders jene, die sich damit beschäftigen, Informationen über ihre Mitbürger zusammenzutragen zum Schutz des Staates und dessen Sicherheit? Aber die Sicherheit eines Staates besteht in der Loyalität seiner Bürger; nur wenn diese zufrieden sind und die Regierung unterstützen, sind der Staat und seine Ordnung wirklich sicher.
Selbstverständlich wirken die Verhältnisse in den Ländern des real existierenden Sozialismus sich auf die Popularität der kommunistischen Parteien im Westen aus und auf die Linke überhaupt. Die Elektronik hat alles transparent gemacht, und man beobachtet im Westen sehr wohl, was bei uns geschieht, ob unsre Wirtschaft stagniert, unsere Literatur, unsere Kunst, und ob die Menschen in Frieden miteinander leben oder aufeinander einprügeln oder gar schießen. Genosse Stalin konnte vieles noch kaschieren, er hatte das Glück der frühen Geburt und in seinem Herrschaftsbereich viele Landstriche, die zu seiner Zeit nur schwer einsehbar waren. Die DDR kann nicht einmal ihre Statistiken richtig fälschen; ein Gang durch die Straßen, ein Besuch im Gemüseladen, ein paar Gespräche – und jedermann weiß, wie es um uns steht. Und Ihre italienischen Arbeiter erfahren es natürlich auch und denken sich ihr Teil und wählen entsprechend. Vielleicht sollte man, wenn man hier in der DDR politische Entscheidungen trifft, diesen Gesichtspunkt nicht außer acht lassen.

Über eine Ethik von morgen

Rede bei den Römerberggesprächen in Frankfurt am Main

JUNI 1989

Mit dem Alter kommen die Zweifel. Das wird manch einem so gehen; was hat man alles geglaubt und lauthals verkündet – und nun? Und die Versuchung naht sich: Laß es doch gut sein, verkriech dich im Sessel und halt dir die Füß' warm.

Nur wie dann reagieren, wenn Menschen zu dir kommen, jüngere vor allem, und wissen wollen, wie *sie* leben sollen in dieser Welt, die du und deinesgleichen geformt haben für sie, und wenn sie Antworten erwarten von dir auf die großen Fragen der Zeit? Weißt du denn so genau, welches diese Fragen sind und wie sie sich dem einzelnen stellen – in puncto Ethik zum Beispiel, speziell einer Ethik von morgen?

Wahrscheinlich kannst du nicht viel mehr tun, als die Erfahrungen zu vermitteln suchen, die du selber gemacht hast, und die Gedanken, die dich veranlaßt haben, so oder so zu handeln, und dann in gemeinsamer Bemühung mit ihnen, den jüngeren, danach streben, Verhaltensweisen zu finden, die ihren und deinen Nöten, den seelischen wie den sozialen, abhelfen könnten.

*

Es ist ein Unbehagen unter den Leuten.

Nicht, daß die zweigeteilte Welt, die sich nach der Zerschlagung des tausendjährigen Reiches herausgeschält hat im Zeichen des Atoms, so geruhsam und in Harmonie mit sich selber gewesen wäre – kein einziges Jahr seither, in dem nicht irgendwo geschossen und gebrannt und gebombt, gefoltert und getötet wurde. Die Besitzenden, wie eh und je, beuteten die aus, die nichts hatten, und die Mächtigen saßen im Nacken der Schwachen; verweht die Träume, von einigen Narren geträumt nach Hitlers ruhmlosem Tode. Aber ein Gleichgewicht hatte sich gebildet, das wenigstens, Allianzen mit Heeren, die, atomwaffenstarrend, einander gegenüberstanden, und herrschte nun, auch wenn es ein Gleichgewicht des Schreckens war; obwohl gefährlich schwankend bei jeder, auch der kleinsten Krise, erschien es den Menschen stabil, und sie bauten ihr Leben auf dieser irrsinnigen Konstruktion: Riesige Städte errichteten sie, ganze Industrien mit völlig neuen Techniken; sie landeten auf dem Mond, ein kleiner Schritt nur, durchrasten die Länder, erschufen künstliche Gedächtnisse, ihre Kinder schon lernten das Zeug zu bedienen, sie steigerten Handel und Wandel zu schwindelerregenden Profiten und brachten die tödlichste Pest aller Zeiten über Luft, Erde, Meere.

Wie großartig: der Mensch als sein eigner Vernichter, Macht und Eigennutz seiner Götter, Irrsinn und Unmoral in Permanenz, Mafiosi in den Regierungen, ja, die Regierung selber eine einzige Mafia oft; nur einen Vorteil bot das Ganze, es war berechenbar, die Zustände anscheinend unveränderlich, man konnte sich darin einrichten, und zahllose Menschen taten das auch und hielten die seelischen Unkosten so niedrig wie möglich; in der Sowjetunion erfand man dafür das schöne Wort Stagnation, aber es galt, mutatis mutandis, für anderswo gleicherweise.

Auf einmal jedoch, wer weiß genau, wann es begann und wo, knistert und knackt's im Gefüge; in Ost wie West, Nord und Süd gerieten Strukturen ins Wanken, die soeben noch für mehr oder weniger solide galten oder gar als unerschütterlich; der Feind, auf dessen ewige Feindschaft man sich verlassen zu können glaubte, streckt plötzlich die Hand aus und sucht Partnerschaft, das Reich des Bösen wird zur touristischen Attraktion, sogar der Vorhang über der bis dato sorgsam geheimgehaltenen eignen Vergangenheit wird vorsichtig gelüpft. Aber mehr noch als das, die Veränderung geht tiefer, hinein ins Psychische: Die Autoritäten von gestern verlieren an Autorität, der Mensch, eben noch ängstlich geduckt, hebt den Kopf und blickt in bisher verbotener Richtung, die Stimmen der Diktatoren tönen zwar noch aus den Lautsprechern, aber ihre Gebote schrecken nicht mehr, und die Masse, zurückflutend vor den Knüppeln der Organe des Staats, sammelt sich wieder und kehrt zurück, Lieder auf den Lippen; es ist, als hätte ein kleiner Junge irgendwo gerufen: Der Kaiser ist nackt! Was ist geschehen?

Woher die Tollkühnheit, anders läßt sich das nicht bezeichnen, mit der ein paar hundert oder tausend junger Leute, Hand in Hand miteinander, dazu Frauen mit Babys in Kinderwagen und ein paar schütterbärtige Pfarrer und Professoren, den wohlgeordneten Reihen gepanzerter Polizisten trotzen? Woher die unauffällige Zähigkeit, mit der sonst durchaus nicht mutwillige Menschen Tempo und Weise ihrer Arbeit nach Maßgabe selbsterkannter Notwendigkeiten einrichten und nicht nach Trommel und Pfeife ihrer Aufseher? Woher die vielerlei listigen Wege, auf denen das Wort, das freie und kritische, die Ohren des Volkes erreicht, trotz Schere und Paragraph, Verbot und Verdammung?

Dabei war doch alles so herrlich eingerichtet gewesen nach erprobtem Schema, hier wie dort. Da waren, wie im Kinderspiel, die Guten und die Bösen, und wir waren immer die Guten, obwohl wir irgendwie ahnten, daß die Blumen des Bösen auch bei uns wucherten, und keineswegs nur im Verborgenen. Aber daß, trotz alledem, wir die Guten waren und unsere Führer, bis sie in irgendeiner Versenkung verschwanden, von ganz besonderer Güte, das stand fest; es hielt uns zusammen, dieses Bewußtsein, und gab uns das Recht, die anderen, die nicht unseres Typs waren und, weil zu anderen, minderen Kategorien gehörig, weniger gut als wir, zu piesacken, auszurauben, vertreiben und, wenn sich die Gelegenheit ergab, möglichst qualvoll zu töten; und selbst wenn diese anderen, Minderen, sich umkehrten und uns aufs Haupt schlugen, hingen wir, schon damit unsere Welt auch weiterhin in Ordnung blieb, dem Glauben an unsere Überlegenheit trotzig an.

Was, zum Teufel, erschütterte das Schema – wenigstens bei den einigermaßen Sensiblen? Ist es, weil der Mensch ein Mensch ist und etwas in sich trägt, das ihn, trotz all seiner Faulheit und feigen und kleinlichen Charakterzüge, zwingt, sich immer wieder mit sich auseinanderzusetzen? Weil er, seit er die erste Steinaxt schuf, den ersten Funken schlug, ein Forscher war, voll dumpfer Ungeduld und Unzufriedenheit mit dem Bestehenden?

Revolutionen, geboren aus den Hoffnungen der Utopisten, verkrusten, so bestätigen uns die Historiker, sehr bald, und die Gipfelstürmer von ehemals wandeln, wir belächeln es selber täglich, gemäßigten Schritts die ausgetretenen Pfade der Täler. Doch die Hoffnung bleibt und die Utopie, ein geheimes Rinnsal unter dem trockenen, sandigen Boden, das, wenn alles am ödesten und bedrückendsten, plötzlich hervorquillt und neues Grün emporschießen läßt. Ein solcher Moment, scheint mir, ist wieder gekommen: Es ging ja nicht mehr, wie es so lange Zeit ging; der Faden drohte zu reißen, an dem unser Globus in unsichrem Gleichgewicht hing. Und ob auch der tödliche Schmutz am Himmel wolkenweiß wirbelt und vor unsren Augen ein blutiger Krieg nach dem anderen stattfindet und für blutigere noch gerüstet wird – eine Sehnsucht nach Frieden bricht sich Bahn und ein Hunger nach Luft, die sich atmen läßt; der Feuerfunkenschläger von einst sucht seine Schöpferkraft besser zu nutzen als in der Zerstörung des Lebens.

*

Nicht, daß einer von uns die Patentlösung wüßte für das Tohuwabohu von Problemen, die uns beim Aufstehen schon des Morgens in ständig wachsender Zahl umlagern. Ich wiederhole: Bei all dem Jammer bleibt uns nur eines, die gemeinsame Suche, und unverzüglich, denn die Zeit drängt – die Suche nach Klarheit zunächst, und wenn diese gefunden, nach der bestmöglichen, der praktikabelsten Antwort.

Wenn das uns zum Pragmatiker stempelt, so sei es; der Logik des Denkens hängt stets etwas Pragmatisches an, man weiß das, und bevor man zum Höhenflug ansetzt, will erst der Ballon gefüllt sein. Denn, täuschen wir uns nicht, die Höhen, nach denen wir streben müssen, werden, in ihrer schrecklichen Endlosigkeit, schwieriger zu erreichen sein oder gar zu durchfliegen, als was uns erreichbar und erreichenswert schien in vergangenen Dezennien: Von den größten Galaxien am fernsten Himmel zur Helix des kleinsten Gens in unsern Gonaden – je mehr wir zu erkennen lernten, desto verwirrender wurden die Rätsel.

Auch jene Rätsel, welche die Beziehungen der Menschen zueinander uns aufgeben. Wie einfach war das doch gewesen mit den schon von Rasse aus überlegenen, die nicht nur das Recht, sondern die Pflicht auch hatten, eine irdische Hackordnung zu schaffen je nach der Pigmentation der Haut oder der Plattheit des Fußes. Oder das mit den Klassen und der Zugehörigkeit zu diesen je nach Besitz an Produktionsmitteln, welch Klassen dann, fest etablierten Regeln folgend, den Lauf der Geschichte bestimmten. Man teilte die Menschen ein, ungefähr wie die Liliputaner selig es taten: danach, ob einer sein Ei am schmalen Ende öffnete oder am breiten; worauf der Krieg beginnen konnte und in der Tat auch begann.

Es hat sich erwiesen, innerhalb weniger Generationen nur, daß die alten Einteilungen nicht mehr wie vorgezeichnet stimmten. Zwar gibt es tatsächlich Einteilungen, ganz deutlich: Sonst würde der eine nicht unter der Brücke schlafen, unter deren Bogen die Jacht hindurchfährt, auf welcher der andere mitsamt seinen Damen geeisten Scotch sippt; aber die Teilungslinien und die Relationen zwischen den solcherart eingeteilten verschiedenen Gruppen verlaufen doch etwas komplizierter, als bisher gemeinhin angenommen; und wie sich das reflektiert in den Köpfen der Eingeborenen der diversen Vater- und Mutterländer, harrt auch noch einer gründlicheren Erforschung.

Ich plädiere für ein intensiveres Studium der Psychologie der Gruppierungen, ob Clan oder Stamm, ob Sekte oder Belegschaft, ob Parteiapparat, Kirche, Klasse, Nation, unter besonderer Berücksichtigung der Wirkungen, die der von seinen Ängsten, seinen Haßgefühlen getriebene einzelne durch sein Charisma, so er eines hat, sowie durch seine Worte und Taten auf diese alle ausübt. Es ist müßig, über Ethik, und die von morgen gar, zu reden, ohne sich vorher im klaren zu sein, unter welchen Gegebenheiten, welche Gemeinschaft und welcher ihr Zugehörige auf welche Weise sich ethisch verhalten sollen. Denn da drohen schlimme Mißverständnisse, und oft liegt eine Handbreit nur zwischen Gottes Gebot und dem gräßlichsten Verbrechen. Von den Kreuzfahrern bis hin zur SS und zu Pol Pots Roten Khmer, sahen sie sämtlich sich nicht, besonders wenn trunken, als Weltverbesserer? Die größten Scheusale der Geschichte, von Caligula über Hitler und Stalin bis Khomeini, hielten sie sich nicht für Beauftragte der Fügung, für das Weltgewissen in Person, und ihre Taten für im höchsten Sinne sittlich?

Und trotzdem glaube ich, es gibt eine objektiv faßbare Ethik, wie sie bei den Griechen schon galt und heute erst recht, ein Moralgesetz, ordentlich kategorisch formuliert von dem alten Immanuel Kant: Handle so, daß die Maxime deines Willens jederzeit zugleich als Prinzip einer allgemeinen Gesetzgebung gelten könne – oder gemeinverständlicher: Was du nicht willst, daß man dir tu, das füg auch keinem andern zu.

Nun unterdrücken Sie bitte die höhnische Frage, wieso just in diesem Spruch von vorvorgestern die Ethik von morgen enthalten sein solle. Vielleicht nennen Sie mir ein System, kapitalistisch, sozialistisch oder sonstwie, dessen allgemeine Gesetzgebung nicht das Gegenteil der Kantschen Forderung beinhaltete, oder zeigen mir eine staatliche Ordnung, die bei allen Reden ihrer Vertreter von Demokratie und Gemeinwohl nicht doch auf Gewalt beruhte und auf Korruption, geistiger wie materieller. Und jetzt stellt sich heraus: Die Erde erträgt das nicht mehr, die einzige, die wir haben, oder, wenn Sie so wollen, Gottes Zorn ist über uns gekommen. Der Punkt ist erreicht, wo die Ichsucht, sei es die des einzelnen oder die der Interessenverbände, gepaart mit den Möglichkeiten des Atoms und der Genforschung und ungezügelt durch kollektive Vernunft, die Katastrophe heraufbeschwört, und wo, selbst ohne das große endgültige Höllenfeuer, die Art, wie wir leben, rücksichts- und verantwortungslos, alles Leben vernichtet. Es stimmt nicht, daß erst das Fressen kommt und dann die Moral – nein, wenn nicht die Moral sein wird, zuerst und allzeit von nun an, wird es nichts mehr zu fressen geben, und nichts mehr zu atmen.

Die Menschen spüren das auch und fangen an, auf neue Weise zu denken. Einige wenige zunächst, einander bei den Händen fassend, zogen sie aus, und jetzt sind es ihrer schon eine Menge, und es liegt etwas in der Luft, überall, und überall anders, noch kein Sturm, der alles reinigte, aber ein Windstoß hier und dort, das welke Laub aufwirbelnd und Schrecken verbreitend unter den Würmern. Vielerorts geht es den Leuten ja gar nicht so schlecht; von den Tafeln der Reichen fallen noch Krumen ab für den Rest der Bevölkerung, manchmal sogar in beträchtlicher Zahl, und soziale Netze wurden gespannt von besorgten Behörden, und die himmelschreiendste Not ist gebannt in ferne Länder, auf die der zivilisierte Bürger so genau nicht hinblickt. Und trotzdem diese Unzufriedenheit, die die Menschen umtreibt, in immer neue Sensationen, bis in die Drogenszene und Mord und Totschlag – nur heraus aus dem bedrückenden Alltag, aus Sinnlosigkeit und Überdruß. In Ost und West gleichermaßen, so scheint es, hat das Gesetz von der schwindenden Geduld zu wirken begonnen, welches da lautet: Je länger die Dauer eines Zustands, desto geringer die Geduld. Wir stehen vor großen Umwälzungen.

Umwälzungen, mit oder ohne Gewalt je nach Fall, welche die Grenzen der Reiche nicht achten und zu einer einzigen Revolution zu verschmelzen sich alsbald anschicken werden. Die Machtverschiebungen, natürliche Folge solchen Prozesses, sind von sekundärer Bedeutung dabei; wichtiger, ja, überlebenswichtig aber werden die Wandlungen sein, die im Verlauf des Geschehens im Denken der Menschen entstehen dürften, in ihrer Psyche, ihren moralischen oder auch, bitte sehr, religiösen Haltungen. Und diese Revolution, die letzte, entscheidende, bei der eben die Ethik, von der zu sprechen wir anfangs uns vornahmen, zur Waffe wird, die Ethik von morgen, die dennoch die uralte ist – diese Revolution muß gelingen, bei Strafe des Untergangs von uns allen in Barbarei, in einem globalen Holocaust.

Der Ausreisedruck steigt

Interview mit Claus Richter für den »Bericht aus Bonn« ARD-Fernsehen

AUGUST 1989

FRAGE: Der Ausreisedruck steigt. Man hat fast den Eindruck, daß immer mehr Leute einfach rauswollen, um jeden Preis. Was ist Ihre Einschätzung?

STEFAN HEYM: Ich kann Ihnen da keine Einschätzung geben. Ich kann nur sagen, daß das ein fürchterliches Phänomen ist. Das droht die ganze DDR zu vernichten. Wenn ich mir vorstelle, daß in diesem Jahr – ich rede jetzt gar nicht von Botschaftsbesetzungen, von der ungarischen Grenze und von all diesen Dingen, sondern ich rede davon, daß in diesem Jahr bereits an die fünfzigtausend Menschen ganz legal die DDR verlassen haben, daß es am Ende des Jahres dann hunderttausend sein werden und in fünf Jahren, wenn es so weitergeht, eine halbe Million, dann frage ich: Welches Land kann das ertragen? Und auf der anderen Seite ist das genauso bei Ihnen: Sie sitzen fest mit Ihrem Grundgesetz, Sie können nicht sagen, wir schließen die Grenzen, und Sie müssen die alle nehmen. Und das hat innenpolitische Folgen, besonders wenn Sie bedenken, daß da auch noch die Polendeutschen und Rußlanddeutschen und weiß ich was noch dazukommt – keine Wohnungen werden sie mehr haben können, Jobs werden sie an die Neuen verlieren und so weiter und so fort. Das wird kompliziert.

FRAGE: Wie ist es denn – Ihrer Meinung nach – zu dieser Krise in der DDR gekommen, was sind die Ursachen?

HEYM: Es geht um Frustration, es geht darum, daß Menschen es satthaben, behandelt zu werden wie minderjährige Kinder, denen man Anweisungen gibt und die diese zu befolgen haben. Ich glaube, die Leute sind reifer geworden in diesen Jahren.

FRAGE: Haben Sie den Eindruck, daß die Staats- und Parteiführung dieses Landes – der DDR – begriffen hat, in welcher Lage sich Ihr Land befindet?

HEYM: Ich kann nur aus dem, was ich im »Neuen Deutschland« und in den anderen Zeitungen lese, schließen, daß sie es nicht in seinem vollen Ausmaß begriffen haben. Sonst würden sie nicht diese Art von Pressepolitik machen. Sonst würden sie nicht die einfachen Fakten verschweigen.

FRAGE: Sehen Sie im Augenblick konkrete Möglichkeiten, die Fluchtwelle einzudämmen?

HEYM: O ja! Wenn jetzt Leute, die glaubhaft sprechen können, vor die Menschen hinträten und ihnen sagten: Hört zu, Freunde, wir sehen, was hier läuft, und wir glauben auch zu wissen, woher es kommt, und wir bemühen uns zu ändern, und dies nicht nur mit Heftpflästerchen und Palliativmittelchen und mit der Frage, ob eine Schwiegermutter da ist, zu der man reisen kann, und ähnlichem – sondern das Prinzipielle zu ändern, das Grundsätzliche; und die Frage wollen wir jetzt lösen. Ich glaube, wenn die Menschen das zu hören bekämen, denn würden die Massenausreisen fast schlagartig aufhören, denn ich bin überzeugt, daß ein großer Teil hier ja Sozialismus will, bloß diesen autoritativen, von oben her gemachten und auch noch schlecht gemachten Sozialismus, den wollen sie nicht. Sie wollen auch eine gewisse Freiheit haben, sie wollen überhaupt Freiheit haben. Demokratie. Sozialismus braucht Demokratie. Ohne Demokratie, ohne Initiative schaffen wir das nicht, da wird immer der Kapitalismus überlegen sein.

Neue Hoffnung für die DDR

Essay. »Die Zeit«

OKTOBER 1989

Noch nie in der Geschichte ist ein Staat auf so lächerliche Weise in die Krise geraten wie die DDR. Kein Reformator verkündete neue Thesen, kein General ritt ein in der Hauptstadt an der Spitze seiner Panzer; nein, die akute Notlage ist entstanden durch Absentierung der Bevölkerung; statt Barrikaden, Massenauszug; statt Streiks und Demonstrationen, Botschaftsbesetzung; statt Zusammenstößen mit der Polizei, Ungarnreisen. Zurück blieben eine Partei ohne Orientierung, eine Vielzahl gefräßiger Behörden, Medien, die unentwegt amtliche Phrasen kundgeben, und an der Spitze dieses allen eine Regierung, die ihr Gesicht nur deshalb nicht mehr verlieren kann, weil sie es schon lange verloren hat.

Und die Gegner höhnen, Marx ist tot; und weisen, mit Recht übrigens, auf die Rückständigkeit und den Verfall im Land und die geistige Öde, den Schmutz in den Städten und Flüssen, den Mangel, außer an Schnaps, an so gut wie allem, was das Leben bunt und vergnüglich macht, und auf die tagtäglichen Rechtswidrigkeiten, die Vettern- und Privilegienwirtschaft und die Willkür der Mächtigen, mit welcher diese den Leuten vorschreiben, was sie zu tun und zu denken haben und wohin sie sich bewegen dürfen und wann. Dazu die Schau am gläsernen Schirm, Abend für Abend, von einer reicheren Welt, einer Welt ohne Grenzen, die dem Tüchtigen gehören soll; und als ob die Genossen oben das Bild noch selber bestätigen wollten, ihr Intershop, in dem, sichtbar, fühlbar und schmeckbar, dem armen DDR-Bewohner die Überlegenheit westlicher Güter und westlicher Währung regierungsamtlich vorgeführt wird. Kein Wunder, daß die Menschen des Landes bei der erstbesten Gelegenheit sich davonmachen.

In Wahrheit aber ist nicht Marx tot, sondern Stalin, und fehlgeschlagen ist nicht der Sozialismus, sondern nur dieser besondere, real existierende; der andere, bessere, in dessen Namen so viele tapfere Menschen ihre Ideen gaben und ihr Blut, steht noch aus. Und der Gedanke liegt nahe, jetzt, da sich der Wandel anbahnt im Umfeld der

Republik, dem wirklichen Sozialismus, in dem die Menschen Brüder werden und Hand in Hand, in Freiheit und Gerechtigkeit, ihr Leben gestalten, auch hier zum Durchbruch zu verhelfen und dem Staate DDR einen neuen Inhalt zu geben.

*

Wieso eigentlich ist, was einst so hoffnungsvoll begann, so sehr mißlungen?

Am Anfang stand der Weltkrieg, der Erste, auf den die Revolution folgte in Rußland. Damals warnte Rosa Luxemburg, die Revolution könne auf die Dauer nur gelingen, wenn sie zugleich sozialistisch und demokratisch wäre, und Lenin und seine Genossen glaubten, der Erfolg ihrer Revolution hänge ab von einer zweiten, die der ersten zu Hilfe kommen müsse, der deutschen nämlich. Aber die deutsche versandete bald nach ihrem Ausbruch, und die russische blieb isoliert in ihrem rückständigen Lande und geriet zu einer Diktatur, nicht des Proletariats, sondern des Staats- und Parteiapparats: zum Stalinismus.

Der Zweite Weltkrieg, der mit der Zerschlagung des Reiches endete und seiner Besetzung durch die Alliierten, brachte im östlichen Drittel Deutschlands eine Ordnung, die, in ihren Strukturen und ihrem Verhältnis von oben zu unten, ein Abklatsch war von jener, die sich in der Sowjetunion entwickelt hatte. Wie anders hätte es auch sein sollen? Welch anderes real existierendes Muster gab es denn, nach dem die deutschen Genossen sich hätten richten können? Und da sie ihre Macht ja nicht selber erobert, sondern als Geschenk erhalten hatten von den sowjetischen Freunden, konnten sie auch, selbst wenn sie es gewollt hätten, keinen Anspruch auf einen eigenen, nach eigenen Entwürfen und für das eigene Land gezimmerten Sozialismus erheben.

Eine Geschichte mit von vornherein eingebauter Tragik – die Explosion des Juni 1953 und die Massenflucht des Sommers 1961 bezeugen es. Die Mauer, die der Flucht ein Ende setzte, war eine Tat der Verzweiflung. Sie hatte nur einen Vorteil: Jetzt konnte die Bevölkerung sich dem Werben von Partei und Regierung nicht mehr entziehen; jetzt wäre Zeit und Gelegenheit gewesen für Veränderungen, genügend Zeit und Gelegenheit, um aus dem real existierenden Sozialismus der DDR einen Sozialismus zu machen, dem die Menschen sich zuwenden würden, statt von ihm zu fliehen: achtundzwanzig Jahre

Zeit. Doch die Jahre verflossen ungenutzt: Im Schatten des antifaschistischen Schutzwalls ließ sich's gut träumen, daß das sozialistische Leben in der DDR heil sei und in Ordnung; die da die Partei und den Staat führten, verschlossen Augen und Ohren gegenüber den Gedanken und Gefühlen der Menschen im Lande und beharrten auf ihren verfehlten Methoden und Schlagworten – bis dann die Perestroika des Genossen Gorbatschow auch im Ostteil Deutschlands die Herzen ergriff und in Ungarn sogar den Grenzzaun durchlochte, die verlängerte Mauer der DDR, und das Loch zum Fluchtweg wurde, und anderswo die bundesdeutschen Botschaften sich in Fluchtburgen verwandelten für Tausende, die lieber im Dreck aushielten, als auch nur für ein paar Wochen zurückzukehren unter die Fittiche ihrer Regierung.

Dabei ist zu notieren, daß die Verlockung, die DDR zu verlassen, nicht nur von den größeren Fettaugen auf den westlichen Fleischtöpfen herrührt. Sind doch die Menschen, die der Republik den Rücken kehren, ob per Ausreiseantrag oder illegal, in ihr aufgewachsen und erzogen worden, und man hat ihnen oft genug von den Idealen des Sozialismus gesprochen, von Solidarität und Gemeinbesitz, von gerechtem Lohn und gerechter Behandlung, und die Kirche hat das Ihrige hinzugetan, so daß man annehmen möchte, etwas davon wäre haftengeblieben in den Gehirnen und zumindest bei einigen der Ausgereisten könnten neben dem Fressen auch edlere Motive eine Rolle spielen.

So oder so, der große Aderlaß wird weitergehen, es sei denn, die Regierung ändere ihre Haltung – oder sie siegele die Grenzen ab, vollständig und hermetisch: keine Ausreise mehr für irgend jemanden, keine Besuche irgendwo, nichts mehr. Diese gewaltsame Lösung, durchaus denkbar, würde jedoch Gegengewalt erzeugen, und dann gnade uns Gott.

*

Ist die DDR noch zu retten? Wichtiger noch, ist sie es wert, daß man sie rettet?

Der Staat leidet an innerer Auszehrung. Er litt schon daran, als damals die Mauer hingebaut wurde, eine Art Korsett für den zerfallenden Körper; nur stellte der Arzt sich nie ein, leider, der in der Zeit seither, mit vernünftigen Methoden und Weisheit und Toleranz, die Krankheit therapiert hätte.

Was aber heute tun und jetzt, angesichts der Katastrophe und der offenbaren Unfähigkeit höherenorts zu Umstellung und Reform? Drei Kreuze machen und die DDR, oder was davon noch nicht weggelaufen sein wird, der Bundesrepublik zu treuen Händen übergeben? Aber welche europäische Nation und welche außereuropäische wünscht denn nach den geschichtlichen Erfahrungen der letzten hundert Jahre ein neues Großdeutschland? Und, dies aus tiefster Seele gesprochen, soll denn das noble Experiment des Sozialismus hier im Herzen Europas, nur weil es so lange mit unzulänglichem Gerät und falschen Zutaten probiert wurde, so gänzlich aufgegeben werden? Es gibt, das ist unbezweifelbar, genügend Menschen im Lande, die bleiben würden, um den Versuch unter neuen, demokratischen Bedingungen noch einmal zu unternehmen. Und es gibt längst schon, selbst in der SED und ihrem Umkreis, Einzelpersonen und Institute, die Modelle entwickelt haben für einen brauchbaren Sozialismus und die bereit sind, die neuen Programme, zusammen mit allen Bürgern, zu verwirklichen.

Die Deutsche Demokratische Republik, aber eine bessere als die real existierende, ist notwendig, schon als Gegengewicht gegen die Daimler-Messerschmitt-Bölkow-Blohm-BASF-Hoechst-Deutsche-Bank-Republik auf der anderen Seite der Elbe; notwendig ist ein sozialistischer Staat auf deutschem Boden, der seinen Bürgern wahre Freiheit und alle Rechte garantiert, die freien Bürgern zustehen. Und nicht nur um der Menschen willen, die in der DDR leben und in ihr auch ausharren möchten; ein vernünftig funktionierender DDR-Sozialismus wäre vonnöten auch für die außerhalb der Republik, denn überall in der Welt leidet die Linke unter dem Fiasko des SED-Staates, überall höhnen die Reaktionäre: Was, Sozialismus! Schaut ihn euch doch an, diesen Sozialismus, dem das eigne Volk in Scharen davonläuft!

Es ist höchste Zeit, sich von dem alten Schema zu lösen und aus dem real existierenden Sozialismus in der DDR einen wirklichen zu machen, trotz alledem.

Auf so gut wie allen Gebieten des menschlichen Zusammenlebens, ob Wirtschaft und Verwaltung, ob Kultur, Medien, Erziehung, Gesundheitswesen, Verkehr, Umweltschutz und, nicht zu vergessen, Militär und Polizei, müßten da neue Gedanken gefunden werden, neue Einstellungen, neue Methoden, neue Werte und Worte; mehr noch, neue Beziehungen müßten sich bilden zwischen den Menschen, demokratische, ein neues Verhältnis zwischen denen oben und denen unten, mit Kritik und Debatte, jedermann verantwortlich gegenüber den andern, wählbar und abwählbar. Zu diesen Bemühungen um Veränderung müßte ein jeder Bürger seines beitragen, und er müßte gewiß sein können, daß seine Meinung auch gehört und seine Vorschläge ernst genommen werden. Wenn die Jahre der Existenz der DDR etwas gebracht haben, dann einen Reifungsprozeß. Gerade in innerer Opposition zu dem offiziell Verkündeten haben überraschend viele gelernt, selbständig zu denken und zu handeln; es ist nur noch nötig, sie aufzufordern, sich an dem Umgestaltungsprozeß zu beteiligen.

Begonnen werden müßte der Prozeß der Wandlung auf dem Gebiet der praktischen Politik. Hier sollten zuerst Korrekturen erfolgen, und diese grundsätzlicher Natur; das Monopol des einen und einzigen Machtapparats, Hauptmerkmal des Stalinschen Systems, hat seine Sterilität erwiesen; der Mannigfaltigkeit der Meinungen, dem großen Dialog, muß Raum gegeben werden, um das Tor aufzustoßen zu der Demokratisierung, Offenheit und den garantierten Rechten für jeden, welche der Genosse Gorbatschow am Vorabend des vierzigsten Jahrestags der Republik von der DDR-Regierung einforderte, und zu allen andern notwendigen Reformen.

Wahlen zur Volkskammer der DDR würden dann Teil sein dieses Prozesses. Freie, geheime, demokratische Wahlen, nicht das Schattenboxen wie bisher üblich, mit mehr als einem, vom Volk selbst zu bestimmenden Kandidaten für jedes Mandat und mit mehreren Parteien – die in der DDR ja vorhanden sind und die sich nur von den Fesseln zu befreien brauchten, mit denen sie sich selber an ihre Leitpartei, die SED, banden. Und selbstverständlich wäre Sorge dafür zu tragen, daß die Auszählung der Stimmen unter Kontrolle durch die Wähler selber oder durch Personen ihres Vertrauens stattfindet.

Eine Regierung, ernannt und bestätigt von einer auf solche Weise gewählten Volkskammer, besäße die Legitimität, die die jetzige nicht hat, und könnte den neuen Abschnitt der Geschichte der DDR in sichere Bahnen bringen: einer DDR, die eines Tages vielleicht auch provisorische Quartiere zu errichten haben würde, um Zuwanderern zu ihrem neuen Sozialismus eine erste Unterkunft zu gewähren.

Zeit für einen Shakespeare

Interview mit Chris Granlund, »Marxism Today«, London

OKTOBER 1989

CHRIS GRANLUND: Aufgeregte Zeiten.

STEFAN HEYM: Ja, ziemlich.

GRANLUND: Wie wird die SED mit diesen Entwicklungen fertig werden?

HEYM: Ich weiß nicht, was die oben tun werden; das dürfte sich, nach dieser Massendemonstration in Leipzig, in den nächsten Stunden entscheiden.

GRANLUND: Nachdem beide deutsche Staaten den kalten Krieg durchlebt und die allgemeine Lage sich so verändert hat, könnte einer argumentieren, daß die Bedingungen für die Existenz der DDR nicht mehr bestehen.

HEYM Das stimmt nicht: Wie Sie meinem Artikel »Neue Hoffnung für die DDR«, entnehmen können, behaupte ich, daß ein sozialistischer Staat auf deutschem Boden für den Fortschritt des Sozialismus überall in der Welt notwendig ist.

GRANLUND: Wird dieser Sozialismus im großen ganzen der Hauptlinie der gegenwärtigen Entwicklung in der Sowjetunion entsprechen?

HEYM: Das weiß ich nicht. Ich meine, der deutsche Sozialismus hat eine andere Tradition als der in der Sowjetunion und muß daher, schon weil hier in der DDR eine einigermaßen funktionierende Industrie besteht, nicht unbedingt dieselben Verrenkungen vollziehen wie die Russen. Wir haben sehr gut ausgebildete Arbeiter, während sie in der Sowjetunion immer noch Schwierigkeiten mit ihren Fachkräften haben. Die Leute hier wären fähig, ab morgen früh ihre Betriebe zu übernehmen und selber zu leiten. Auch begabte Manager und Techniker und Ingenieure sind vorhanden. Nur der Apparat gestattet ihnen nicht, vernünftig zu arbeiten.

GRANLUND: Welche der Oppositionsgruppen bietet die beste Hoffnung für Veränderungen in der DDR?

HEYM: Wie die Ereignisse in Leipzig gezeigt haben, kommt es nicht so sehr auf die einzelne Gruppe an. Ich glaube, bei uns hier setzt sich in diesen Tagen das durch, von dem die Rosa Luxemburg einst geträumt hat: die Spontaneität der Massen, auf die sie immer wartete und die nie kam. Die Leute gehen auf die Straße... Und in den Betrieben wird sich wohl auch einiges tun.

GRANLUND: Wie wird sich das politisch ausdrücken?

HEYM: Das kann ich Ihnen nicht sagen, die Menschen werden selber für sich sprechen. Es mag auch sein, daß in der SED genügend fortschrittliche Kräfte sind, um die Partei zu übernehmen.

GRANLUND: Sie meinen also, daß als Resultat derartiger Erklärungen und von Massendemonstrationen wie in Leipzig mehr und mehr Mitglieder der SED dem Ruf nach Reformen folgen werden?

HEYM: Wenn die Gerontokraten da oben auf ihren alten Wegen beharren und die bewaffnete Polizei einsetzen, dann kann es sehr böse ausgehen. Aber ich glaube nicht, daß die Menschen sich dem noch beugen werden. Sie haben von der Freiheit gekostet – und die schmeckt süß.

GRANLUND: Glauben Sie, daß das veränderte Verhältnis zwischen der Sowjetunion und der DDR...?

HEYM: Genau das ist einer der Gründe für das Ganze. Lebte Breschnew noch, hätten wir immer noch die Eiszeit. Gorbatschows Stellung würde enorm gestärkt werden, wenn echte Reformen in der DDR kämen, und dieses um so mehr, als Ereignisse wie in Polen in der DDR nicht eintreten würden. Dies Land hier hat eine lange sozialistische Tradition, eine demokratisch-sozialistische, der Sozialismus stammt von hier, Marx war Deutscher, Engels war Deutscher, Lassalle war Deutscher. Das ist die Tradition hier, nicht ein Katholizismus wie in Polen.

GRANLUND: Die letzten Ereignisse haben besonders im Westen Spekulationen über die beiden Deutschland mit sich gebracht. Das Wort Wiedervereinigung wird immer häufiger in die Debatte geworfen.

HEYM: Das ist Westpropaganda. Wenn es einmal eine deutsche Wiedervereinigung geben wird, dann wird sie nicht der Art sein, wie manche heute glauben – daß die Bundesrepublik die Deutsche Demokratische Republik einfach schluckt –, das ist außer Frage. Wiedervereinigung kann erst sein, wenn die zwei großen Blöcke sich aufgelöst haben, und dann wird sie auf ganz neue und andere Weise kommen, als beide Seiten sich jetzt vorstellen.

GRANLUND: Betrachten Sie sich als Marxisten oder als Sozialdemokraten? Wie würden Sie sich selber beschreiben?

HEYM: Ich würde Ihnen vorschlagen, Sie lesen meine Bücher – dann wissen Sie's.

GRANLUND: Sie werden viel im Westen veröffentlicht und weniger in der DDR. Sie erscheinen häufig im Westfernsehen auf Programmen, die auch in der DDR zu sehen sind. Würden sie eine DDR-Kultur, die sich unter solchen Umständen zu entwickeln hatte, als eine Nationalkultur bezeichnen?

HEYM: Es gibt keine DDR-Nationalkultur, ebensowenig wie es eine DDR-Nation gibt. Es gibt Deutsche in einem sozialistischen, besser gesagt, »sozialistischen«, noch-stalinistischen Staat. Aber das wird sich verändern, und diese Deutschen werden, wenn alles gutgeht, Bürger in einem wirklich sozialistischen Staate sein.

GRANLUND: Empfinden Sie Treue dem Land gegenüber, in dem Sie leben?

HEYM: Das ist ein großes Wort, Treue. Ich habe in diesem Land ausgehalten, seit 1952, obwohl dessen Führung mich in regelmäßigen Abständen in den Hintern getreten hat. Das ist doch wohl eine Art Treue, oder?

GRANLUND: Und gar keine emotionelle Bindung?

HEYM: Ich bin nicht so ein Mensch. Meine Emotionen laufen auf anderen Bahnen.

GRANLUND: Aber warum sind Sie denn noch dort? Viele Leute würden gerne wissen wollen, warum Sie ausgeharrt haben.

HEYM: Um Augenblicke zu erleben wie diesen. Und außerdem, glauben Sie, daß der Sozialismus in der DDR sich dadurch gebessert haben würde, daß ich weggehe?

GRANLUND: Nein.

HEYM: Sehen Sie, darum bin ich geblieben.

GRANLUND: Ist das Ihre Rolle als Schriftsteller in der DDR?

HEYM: Es gehört zu meiner Arbeit, aber es ist nicht alles. Vor allem bin ich Romancier.

GRANLUND: Und was halten Sie von dem Roman, der sich jetzt vor Ihren Augen entfaltet?

HEYM: Der ist höchst dramatisch, auf beiden Seiten der Handelnden. Die alten Herren sind ja nicht durchaus bösartig, eher sind sie tragische Charaktere. Dies ist die Zeit für einen Shakespeare.

Zwischenbericht

Essay. »Der Spiegel«

OKTOBER 1989

Nun ist es also geschehen: Immer näher kam das Rudel dem schlingernden Schlitten, hechelnd und heulend, und einer mußte den Wölfen geopfert werden – der Schwächste. Ihm und zwei seiner glücklosen Getreuen, dem Wirtschafts- und dem Medienboß, werden sie jetzt alles aufhalsen, die schlechte Versorgung, das miserable Fernsehen, die Massenflucht, die ganze Misere der DDR.

Aber wie sicher sitzt der Rest? Und was ändert sich unter dem neuen Kutscher? Werden die Pferde besser? Die Wölfe weniger hungrig? Und wohin soll nun die Reise gehen?

Immer noch haben sie, als Leitstern, nur ihre halbherzige und doppelsinnige Erklärung vom 11. Oktober, in welcher sie zusagten, sie wollten gemeinsam mit dem Volke in einer starken sozialistischen DDR die Schwelle zum nächsten Jahrtausend überschreiten und würden der Partei und dem gesamten Volk im Sinne der strategischen Konzeption von Kontinuität und Erneuerung Vorschläge unterbreiten, die auf den tausendfach geführten Diskussionen in den Parteiorganisationen der SED und auf den Vorschlägen und Überlegungen von Werktätigen aus allen Teilen der Republik beruhten.

Statt dessen rollten drei greise Köpfe.

War das die Wende? Soll das alles gewesen sein? Ein halbwegs neuer Mann und ein schon angewelkter Text?

Nicht, daß das tektonische Beben, das dem vorherging, auf der nach oben offenen Skala für politische Erschütterungen so niedrig einzustufen wäre wie dieser Text unter den Dokumenten der Weltgeschichte; Blut floß kaum, aber für eine Weile hing alles in der Schwebe, Straßenkämpfe oder nicht, Tien An Men vor der Tür von Auerbachs Keller, mit schlimmen Folgen für Gleichgewicht und Frieden in Europa; dann zog irgendein Ungenannter – war es wirklich schon der Neue? – die Eingreiftruppen zurück, bevor sie noch zuschlagen durften, und fünfzigtausend, oder waren es ihrer siebzigtausend, und beim zweitenmal einhundertfünfzigtausend gar, liefen friedlich und unbehelligt über den Leipziger Ring und riefen im Chor: »Wir sind das Volk!« – und bei Gott, sie waren es; späte Rechtfertigung der Rosa Luxemburg, die immer von der Spontaneität der Massen gepredigt hatte.

Dies war der historische Moment, in solcher Klarheit selten zu erkennen, da die Quantität des alten Professors Hegel in eine neue Qualität umschlug und wenigstens dieser Aspekt des Marxismus sich bestätigte – und wir können sagen, wir sind dabeigewesen.

Wenn sie uns nur nicht die Hoffnung für den Sozialismus, den neuen, den besseren, wieder kaputtmachen mit ihren schiefen Worten, die DDR-Ajatollahs, die immer alles gewußt haben und die, kaum daß es ihnen zehn Sekunden lang den Atem verschlug, schon wieder den Ton anzugeben suchen. Glauben sie wirklich, mit dem Opfer von drei armen Schluckern dem sozialistischen Weltgeist Genüge getan zu haben?

Der kleine Junge, der da ausrief, der Kaiser habe ja gar nichts an, muß nach seinem epochemachenden Ruf recht zwiespältige Gefühle gehabt haben: Wohl wird er, einerseits, Genugtuung empfunden haben, daß er gegen all das Hoch-und-Hussa-Geschrei der Menge recht behalten hatte, andererseits aber, und dies Gefühl verstärkte sich gewiß noch im Laufe der Zeit, dürfte der allgemeine Schwenk ins Gegenteil ihn auch angewidert haben: welch Helden, die sich nun gar nicht genugtun konnten, den armen Kaiser zu verlachen.

Das Verhalten zahlreicher Bürger nach dem 11. Oktober 1989 in der Deutschen Demokratischen Republik erinnert peinlich an Gesamtdeutschland im Mai 1945: Auch damals waren die Tüchtigeren unter den Volksgenossen sofort bemüht gewesen, die Kurve zu kriegen, und Nazis hatte es so gut wie keine gegeben, alle waren sie heimliche Widerstandskämpfer oder hatten zumindest jüdische Großmütter.

Jetzt mokiert sich der Präsident des Schriftstellerverbandes über die Jubelveranstaltung, die er selber zwei Tage vor seinen neuen Erkenntnissen noch in einem Theater der Hauptstadt hatte abhalten lassen, und wundert sich laut, welche Kraft es wohl sei, die junge Frauen veranlasse, ihre Kinder über Botschaftszäune zu reichen. Und er ist nur einer von denen, deren Zunge über Nacht von einer Seite ihres Mundes auf die andere rutschte.

Leid können einem die kleinen Mitglieder der Partei tun, die so lange an die Verkündigungen ihrer Oberen und an die Autorität der nun Abgehalfterten geglaubt haben, und die armen Arbeiter, die, aufgefordert von ihren Parteisekretären, vor wenigen Wochen noch Briefe schrieben zur Veröffentlichung im Zentralorgan wie diesen hier:

Wer so seine Heimat und Freunde verläßt, dem haben sie nie etwas bedeutet. Sie sollten das Recht verwirkt haben, diese Heimat je wieder zu betreten. Sie haben ihre Wahl getroffen, ein Zurück darf nicht ermöglicht werden.

Und sympathischer als die ganze Sache derer, die ihr Mäntelchen nach dem plötzlich veränderten Winde hängen, wirken da allemal noch die alten Stalinisten, deren Hirnwindungen sich nicht so rasch umpolen lassen: Hat einer das Zittern der Hand bemerkt, als auf der Tribüne der Genosse Honecker die Brille zurechtschob, um noch einmal, am Vorabend des vierzigsten Jahrestags seiner Republik, im Flackern der Fackeln Begeisterung auf den Unter den Linden vorbeiziehenden kindlichen Gesichtern zu suchen?

*

Als Honecker, das ist schon ein paar Jahre her, sich gegen die Verfilmung von Plenzdorfs »Neuen Leiden des jungen W.« aussprach, einer Modernisierung des Goetheschen Werther, soll er gesagt haben, er habe nicht Jahre im Zuchthaus gesessen, damit jetzt die jungen Menschen sich selber umbrächten.

Und heute? Seine Jahre im Zuchthaus, damit diese selben jungen Menschen zu Zigtausenden von ihm weglaufen? Sind sie nicht sämtlich in seiner DDR aufgewachsen, wurden sie nicht in den Schulen seiner Frau Margot, der Ministerin, erzogen? Was ist da schiefgegangen, und wo? War er nicht immer besten Willens? Und besten Glaubens?

Da schreiben sie nun in ihrer Politbüroerklärung, die führenden Genossen, nachdem sie sich zunächst einmal gelobt haben für vierzig Jahre unbestreitbarer Leistungen, welche sie gemeinsam mit dem Volke erbracht: Es lasse sie keineswegs gleichgültig, wenn so viele Menschen sich von unserer Deutschen Demokratischen Republik lossagten.

Und zu den Ursachen dafür: Diese möchten vielfältiger Art sein, und wir müßten und würden sie auch bei uns suchen. Und klopfen sich dann auf die Brust und verkünden: Wir stellen uns der Diskussion! – und mehr noch: DDR, Sozialismus und Frieden gehörten für immer zusammen mit Demokratie und Freiheit.

*

Ähnlich bemerkenswert klingt: »Die Hauptfrage für die weitere Demokratisierung des Lebens in der Deutschen Demokratischen Republik ist und bleibt, daß die Volksmassen durch ihre Mitarbeit und Aktivität diesen Prozeß bestimmen und dazu beitragen, alle bürokratischen Hemmnisse zu überwinden, die demokratische Gesetzlichkeit zu sichern und die gewählten Volksvertretungen voll zur Geltung gelangen zu lassen.« Und weiter: »Es darf keine Einschränkung der freien Meinungsäußerung geben. Jedes Bevormunden und Kommandieren muß unterbleiben.«

Und schließlich: »Unsere Agitation und Propaganda erweckt manchmal den Anschein, als ob es in der Deutschen Demokratischen Republik keinerlei Schwierigkeiten gebe und alles glattgehe. Auch die oft noch vorhandene Schwarzweißmalerei in der Gegenüberstellung der Verhältnisse in der Deutschen Demokratischen Republik und in Westdeutschland ist schädlich.«

Doch halt! – das stammt gar nicht aus dieser Verlautbarung, das wurde von dem gleichen Politbüro schon anno 1956 gesagt, nach dem zwanzigsten Parteitag der sowjetischen Kommunisten, auf dem einige Fehler des Genossen J. W. Stalin besprochen wurden.

Eine große Verwirrung ist ausgebrochen im Staate DDR nach dem Stühlerücken und den Deklamationen, die den ärgsten Ärger auffangen und dem großen Lümmel, dem Volk, bedeuten sollen, daß die oben wirklich über seine Nöte nachdächten. Sachlicher Dialog, tönt es da, und vertrauensvolles politisches Miteinander, aber wer mit wem reden soll und worüber, davon kein Wort.

Und wie das vorgetragen wird in Presse und Fernsehen, mit welcher Biederkeit, wir sind ja alle für Verbesserungen, wie denn sonst, und besonders bei der Arbeit für den Sozialismus. Was hat sich denn geändert? Der alte Ton ist geblieben und der alte Geist; und wie da abgewiegelt wird in den wiederum bestellten Briefen aus der Bevölkerung, in denen es nur so überquillt von herzlichem Vertrauen zur Führung von Staat und Partei. Da ist die Verschwörung schon wieder im Gange: die Verschwörung der verbliebenen Böcke zur Erhaltung ihrer Gärtnerposten.

Und dennoch, woher soll er denn kommen, der deutsche Gorbatschow, wenn nicht aus den Reihen dieser Partei, in einem Staat, in dem jahrzehntelang niemandem außerhalb ihrer Reihen ein ernst zu nehmendes Wort gestattet wurde? Wo, wenn nicht in der Partei, soll denn einer gelernt haben, was auf der Suche nach neuen Lösungen für die aufgestauten Probleme gebraucht wird an praktischer Politik und Personenkenntnis und Durchsetzungsvermögen?

Und wenn er jetzt noch Charisma hätte und Phantasie und das Minimum an Integrität, das ihn wohltuend abhöbe von dem Rest der Apparatschiki, und wenn er nicht nur *einer* wäre, sondern andere neben sich hätte mit ähnlichen Fähigkeiten und Erfahrungen wie er und einer ähnlichen Vision?

Statt dessen – Krenz.

Und auf der Gegenseite, unter den neuen Gruppen, die sich plötzlich gebildet haben auf dem Boden, der lange schon vorbereitet war, gleichfalls die Suche: Suche nach dem Weg zu einem Ziel, von dem vorläufig keiner so recht zu wissen scheint, wie es aussehen soll – noch Sozialismus, oder schon nicht mehr? Und wenn Sozialismus, was für einer, wie strukturiert, die Produktionsmittel wem gehörig?

Oder freie Marktwirtschaft, bitte sehr, aber mit wieviel sozialer Sicherheit, mit der berühmten Geborgenheit aller DDR-Bürger, die zur großen Faulheit führt, oder mit Arbeitslosigkeit, welche die Kumpel schon Mores lehren wird, und wer kriegt den Mehrwert, so einer erwirtschaftet wird, und von wo soll das Kapital kommen, das gebraucht wird an allen Ecken und Enden? Und die Rechtssicherheit, wer soll sie garantieren, die Genossen von der Staatssicherheit etwa? Und die neue Demokratie, diese vor allem, ja, aber mit wieviel Pluralismus, und mit Freiheit auch für ihre Feinde?

Und das alles ist zu durchdenken in kürzester Frist, Meinungsstreit eingeschlossen, denn die Zeit drängt, und die Menschen erwarten nicht nur neue Personen, sondern auch neue Antworten; und wer sollen ihre Sprecher sein, die Sprecher derer, die das Land eben nicht verlassen wollen und statt dessen ihre ungeschützten Leiber den schlagstock- und wasserwerferbewehrten Hütern der alten Ordnung entgegenstellen?

Und wann werden sie sprechen dürfen, nicht nur in Wohnküchen und Kirchen, sondern öffentlich und vor aller Ohren, auch in den Medien der Republik?

Auch nach dem Wechsel bleibt das Wort des Tages: Glaubwürdigkeit.

Nach so vielen Jahrzehnten der ewig gleichen Sprüche, das beweisen die mit den Herbstferien sprunghaft wieder gestiegenen Zahlen der über Ungarn Geflüchteten, ist das Mißtrauen der Bürger der DDR ihren Machthabern gegenüber so groß wie je. Die Leute fürchten, daß die Genossen, auch wenn sie jetzt freundlich lächelnd die Zähne zeigen, damit noch zuschnappen könnten bei passender Gelegenheit. Und man würde gern wissen, wer die Fehler untersuchen soll, die da gemacht wurden in Wirtschaft, Politik und im Umgang mit den Menschen, und die Verantwortlichen dafür feststellen – waren es nur drei? Und wer die Reformen durchführen soll und die neuen Maßnahmen? Und wie es möglich sein soll, daß die Großredner von gestern die Texte von morgen ehrlichen Herzens sprächen: Endweder logen sie damals, oder sie lügen jetzt.

*

Glaubwürdigkeit erwirbt man durch Taten, nicht durch Worte, seien sie noch so rührend. Glaubwürdig würden sie werden, die Genossen, an dem Tag, da die Polizei wieder ihrem eigentlichen Zweck diente, dem Schutz der Bevölkerung und nicht deren Überwachung, und da die Mauer nur noch Zollgrenze wäre und nicht ein Alptraum auf der Brust der Menschen, und da in den Schulen der Fortschritt der Schüler nicht vom Verhalten ihrer Eltern abhängig gemacht wird und die Lehrer die simple Wahrheit lehren dürfen statt irgendwelcher immer noch unbewiesenen Thesen, und da vor Gericht es gleich ist, ob einer zur Partei gehört oder nicht, und in den Krankenhäusern dito, und da in Zeitung und Rundfunk und Fernsehen die Welt dargestellt wird, wie sie ist, und nicht, wie irgendeiner sie gesehen haben möchte, und da Staatsbeamte und Parteifunktionäre sich als Diener des Volkes betrachten und nicht als dessen Herren und Meister.

So einfach ist das und doch so schwierig. Und wenn die, die jetzt, nach Honecker, noch in den Positionen der Macht sind, sich diese Glaubwürdigkeit nicht schaffen können, dann werden andere an ihre Stelle treten müssen. Denn bestehen wird nur ein Staat, der glaubwürdig ist, mit einer Regierung, der man vertraut; jeder andere, besonders hier in Deutschland, würde zugrunde gehen, unweigerlich.

Rede auf der Demonstration am 4. November

Berlin, Alexanderplatz

NOVEMBER 1989

Freunde! Mitbürger!

Es ist, als habe einer die Fenster aufgestoßen nach all den Jahren der Stagnation, der geistigen, wirtschaftlichen, politischen, den Jahren von Dumpfheit und Mief, von Phrasengewäsch und bürokratischer Willkür, von amtlicher Blindheit und Taubheit.

Welche Wandlung: Vor noch nicht vier Wochen die schöngezimmerte Tribüne hier um die Ecke mit dem Vorbeimarsch, dem bestellten, vor den Erhabenen – und heute Ihr, die Ihr Euch aus eigenem freien Willen versammelt habt für Freiheit und Demokratie und für einen Sozialismus, der des Namens wert ist. In der Zeit, die hoffentlich jetzt zu Ende ist, wie oft kamen da die Menschen zu mir mit ihren Klagen: Dem war Unrecht geschehen, und der war unterdrückt und geschurigelt worden, und allesamt waren sie frustriert. Und ich sagte: So tut doch etwas!

Und sie sagten resigniert: Wir können doch nichts tun.

Und das ging so, in dieser Republik, bis es nicht mehr ging. Bis sich soviel Unbilligkeit angehäuft hatte im Staate und soviel Unmut im Leben der Menschen, daß ein Teil von ihnen weglief, die andern aber, die Mehrzahl, erklärten, und zwar auf der Straße, öffentlich: Schluß! Ändern! Wir sind das Volk!

Einer schrieb mir, und der Mann hat recht: Wir haben in diesen letzten Wochen unsere Sprachlosigkeit überwunden und sind jetzt dabei, den aufrechten Gang zu erlernen. Und das, Freunde, in Deutschland, wo bisher sämtliche Revolutionen danebengegangen und die Leute immer gekuscht haben, unter dem Kaiser, unter den Nazis und später auch.

Aber sprechen, frei sprechen, gehen, aufrecht gehen, das ist nicht genug. Laßt uns auch lernen, zu regieren. Die Macht gehört nicht in die Hände eines einzelnen oder ein paar weniger oder eines Apparats oder einer Partei. Alle müssen teilhaben an dieser Macht, und wer immer sie ausübt und wo immer, muß unterworfen sein der Kontrolle der Bürger, denn Macht korrumpiert, und absolute Macht, das können wir heute noch sehen, korrumpiert absolut.

Der Sozialismus, nicht der stalinsche, der richtige, den wir endlich erbauen wollen zu unserem Nutzen und zum Nutzen ganz Deutschlands, ist nicht denkbar ohne Demokratie. Demokratie aber, ein griechisches Wort, heißt Herrschaft des Volkes.

Freunde! Mitbürger! Übernehmt die Herrschaft.

Dialog

Essay. »Der Spiegel«

NOVEMBER 1989

Geplant war wohl nicht gewesen, was dann geschah.

Geplant war, wenn es denn überhaupt einen Plan noch gab nach dem Ausbruch des großen Wirrwarrs, Luft abzulassen, den Druck zu mindern, der sich seit langem schon aufgestaut hatte in der Psyche der Menschen und der immer weiter anstieg, trotz Abwanderung und Flucht der Zehntausende, oder vielleicht gerade deswegen. Drei Köpfe – was wog das; damit begnügten die unten sich nicht. Die unten wollten, wenn nicht gekippte Sessel oder Schlimmeres gar, dann wenigstens aussprechen dürfen, nach all den Jahren erzwungenen Schweigens, wie's ihnen ums Herz war, und ein Ohr finden, dem sie ihre Klagen vortragen durften und ihre Beschwerden: über die Unterdrückung jeder selbständigen Regung und jeder Kritik, und das gibt es nicht und an jenem mangelt's, und wie schiebt man uns kaltherzig von Amtsstube zu Amtsstube, und warum wird der bevorzugt vor mir, und was kriegt einer zu kaufen für sein ehrlich verdientes Geld, und wer ist verantwortlich für die Ersatzteile, die es nicht gibt, und was ist nun mit Reisen und mit den Devisen dafür, und bespitzelt wird man dazu noch.

Wenn auch unüblich bisher, ist derart Verlangen von unten kein Grund zum Erschrecken. Dem stellen wir uns. Wem stellen wir uns? Dem Dialog. Dialog heißt: Die reden, wir antworten. Oder antworten auch nicht, lächeln mit wissendem Lächeln und nicken und bedeuten denen, daß wir Verständnis haben für ihre Nöte, volles Verständnis, und daß alles gut sein wird, solange wir miteinander reden, denn Reden miteinander, Dialog also, wirkt vertrauensbildend, und Vertrauen ist, was jetzt gebraucht wird vor allem anderen.

*

Welch schöner Gedanke. Man stelle sich vor, die Höflinge von Versailles hätten, als die Pariser Marktweiber ins Schloß eindrangen mit zornfunkelndem Auge und kreischender Stimme, Dialoge mit diesen geführt, statt diskret zu verschwinden; vielleicht herrschte in Frankreich noch immer ein König.

Und dennoch, es liegt ein teuflischer Reiz im dialektischen Spiel des Wechselgesprächs, und eine ebenso teuflische Gefahr. Schon Plato wußte davon und Sophokles, von Shakespeare, Goethe, Ibsen gar nicht zu reden. Worte, ein wenig gewärmte Luft, Gewicht null, können, passend zusammengefügt, schärfer sein als Pfeil und Speerspitze und gleich tödlich, und wer sich verfängt in ihrem Netz, ist seinem Peiniger ausgeliefert. Das haben die Urheber des Dialogs, die klugen, so nicht bedacht, daß sie, statt dessen Meisterdirigenten, des Dialoges Opfer werden könnten unter den herausfordernden Zurufen von irgendwelch ganz gewöhnlichem Volk. Da meinten sie, geschult, wie sie sich glaubten, durch Lehrgänge und Kurse, mit ein paar Phrasen, fein ineinander verschachtelt, die Widersprüche klären zu können, welche die Menschen dieser Republik umtreiben, und leichthin abzuwiegeln, was sie bedroht und beunruhigt; doch ihre Zungen, verformt von der wohlgesetzten, politisch in jeder Hinsicht korrekten und amtlich abgesegneten Prosa von gestern, verkrampften sich in ihrem Sekretärsjargon, und was blieb, war das simple *Wir sind das Volk!* und *Keine Gewalt!* und *Wer?* und *Was?* und *Warum?*

Kein Wunder, daß Friedhelm Rausch, Generalleutnant der Polizei und deren Oberster in Berlin, der Hauptstadt, den Dialog im Saale dem auf der Straße vorzieht, ganz abgesehen von dem Lärm solcher Massendemos, über den, wie der Generalleutnant berichtet, zahlreiche Bürger bei ihm Beschwerde führten.

*

Einer erzählte, ein junger Mann, von dem Dialog, den er geführt mit einem der Oberen. Da standen wir, berichtete er, Aug in Aug, aber wir verstanden einander nicht. Er lebe, sagte der junge Mann, im Stadtbezirk Prenzlauer Berg; sie aber, die mit ihm und mit seinesgleichen im Dialog sich befanden, lebten in Sondersiedlungen mit Sonderläden und Sonderschulen und Sonderkrankenhäusern.

Er fügte nicht extra hinzu, denn dieses war unnötig, daß das Bewußtsein eben bestimmt werde durch das Sein; aber die Sache ist noch komplexer: Die, an welche das Volk seine Worte richtet, können sie diese Worte überhaupt begreifen? Und haben sie Antworten? Oder sind sie, nach einem ganzen langen Leben als unbelästigte Obrigkeit, derart verschreckt durch die plötzlichen Stimmen von unten, daß das Hirn ihnen sich sträubt vor dem Gehörten und die Kehle sich ihnen zuschnürt?

*

Viele von uns, schrieb einer der Untertanen, haben in den letzten Wochen erst unsere Sprachlosigkeit überwunden und sind jetzt dabei, den aufrechten Gang zu erlernen. In Anbetracht dessen ist ihr Schritt aber doch schon recht fest, und woher die taktische Klugheit, mit der sie als erstes sich selber zum Volk deklarierten, zum Schöpfer der Historie?

Ihre Forderungen dabei, wie maßvoll, wie präzise zum Punkt: die Freiheiten, Meinungs-, Rede-, Presse-, Versammlungs-, Reisefreiheit; die Entlohnung, für Leistung, nicht Fälschung; die Trennung, von Staatsgewalt und Einheitspartei, von Gesetzgebung, Justiz und Exekutive; und freie Wahlen endlich und Schluß mit dem Machtmonopol eines Apparats, Schluß mit dessen Privilegien; und wie verschmutzt ist unsere, nicht der Regierung, Umwelt denn wirklich; und die Geheimpolizei, laßt sie Nützlicheres tun als Eckenstehen und Ohrenspitzen, sollen sie arbeiten gehen, die Kerle; und überall und von jetzt an Schluß mit den ewigen Lügen, den Ausreden, der Schönfärberei, wir fordern Wahrheit.

Wenn man vergleicht, Demonstrationen früher: im Zentralorgan die seitenlangen Listen der Losungen zum 1. Mai, zum 7. Oktober, eine jede ein Meisterwerk nichtssagenden Formelkrams, doch schön gestaffelt in der Marschkolonne zu tragen auf handwerklich perfekt gemachten Transparenten, zur Augenweide für die dort auf der Tribüne – und jetzt die windschiefen Buchstaben, hingeworfen auf rauhes Tuch, auf ein Pappschild, eine Rolle Papier an zwei Holzleisten, aber das Wort darauf bedeutungsschwer. Dabei formt sich das, mal mit Kerzen, mal ohne, immer neu, in dieser Stadt, in jener, wird improvisiert, vor einem Kirchtor, einem Theater, einem verstaubten, schlecht belüfteten Tanzsaal, irgendwo, zumeist aus plötzlichem Anlaß, und zum Teufel mit der amtlichen Genehmigung. Wo haben die das gelernt, Studenten, junge Arbeiter, ein paar Schauspieler, Krankenschwestern, Buchdrucker, Pfarrer, Redakteure, die sich zusammentun von Mal zu Mal, aus dem Stegreif? Wo haben sie gelernt, den Punkt des Anstoßes zu finden, der alle just in dem Moment erregt? Woher wissen sie, welch besondere staatliche Willkür welch beson dere Wirkung hat auf das Gemüt der Menschen, das so sensibel geworden ist seit den Oktobertagen? Wer hat sie gelehrt, daß die Leute sich erregen werden, wenn der Generalstaatsanwalt nicht anklagt, die anzuklagen wären für die Brutalitäten von Dresden und von Berlin, und dafür die jungen Soldaten bestraft werden, die sich weigerten, auf wehrlose Frauen einzuprügeln, und über den Wahlbetrug, der immer noch schwärt, und über die Billigung des Massakers von Peking seitens der Spitze des Staates – ja, wer lehrte sie das?

Doch die Gruppen nicht, von denen tuschelnd immer die Rede; politische Dilettanten zumeist, die selbst auf ein Mindestprogramm sich nicht einigen können, amorph, suchen sie selber nach Erfahrung noch. Oder ein Verschwörerbund mit geheimer Disziplin, gebaut nach Leninschem Organisationsprinzip, der alles zentral dirigierte? Aber das ist ebenso unwahrscheinlich, denn gäbe es diesen, die Strukturen von Partei und Staat wären ganz anders bereits erschüttert.

Nein, der große Lehrmeister des Aufruhrs ist die Partei selber: diese Partei, die bei allen Verdrehungen und Entstellungen, bei allem Verschweigen und Verniedlichen doch immer noch ein wenig Marx hinblätterte und das Kommunistische Manifest, in dem zu lesen steht über die Herrschaftsverhältnisse in der Gesellschaft und über die Revolution. Und mit Recht hat der Herr von Schnitzler, bevor er abtrat als Adlershofs Fernsehkommentator, noch einmal betont, daß stets die Geschichte eine Geschichte von Klassenkämpfen war; doch vergaß er, die Klassen zu nennen, um welche es sich handelt im spezifischen Falle DDR. Hier, im ersten deutschen Arbeiter- und Bauernstaat, wurde die Rolle der Feudalherren übernommen von der Großbürokratie; nur der Pöbel blieb der Pöbel.

Hurra für den Pöbel, der den Generalleutnant Rausch zwang, öffentlich Abbitte zu tun für die Gewalttätigkeiten und Mißhandlungen, begangen von seiner Polizei an unschuldigen jungen Menschen in den Tagen des Oktober. Es war wie im glorreichen Jahr 1848, als der König den Hut ziehen mußte vor der Revolution, zum Gedenken an deren Tote, und die Lokalitäten, wo dies beides geschah, liegen nur wenige Schritte entfernt voneinander.

*

In atemberaubend kurzer Zeit haben die Geister, welche die Sekretäre und Bürgermeister und Direktoren und Vorsitzenden und Ober- und Unterleiter selber riefen, den Dialog ihnen aus den Händen genommen; die Sache hat eine Dynamik entwickelt, die mit jeder Rundfunksendung, jeder Fernsehübertragung – über DDR-eigene Medien, bitte sehr! – an Rasanz gewinnt, bis unter den bohrenden Fragen aus der Menge der Demonstranten die Selbstsicherheit der Persönlichkeiten, die so hochgemut zum Gespräch mit dem Volke antraten, schwindet, und ihr Blick, unstet geworden, vergebens nach Halt sucht in der gnadenlosen Menge.

Fast täten sie einem leid; wie unnahbar waren sie vor kurzem noch, wie sicher hinter den festgezurrten Blöcken ihrer Sprache, dem Monolith ihrer Gedankenwelt; jetzt wird ihnen Maß genommen, und jedes ihrer Worte, jedes Zögern im Satz, jede Geste, jede Miene, ins Zigfache vergrößert und verschärft durch das Auge der Kamera, entblößt ihr Wesen. Da ist es schwer zu bestehen, und gerade die Wendigsten finden den geringsten Glauben.

Noch ist alles in der Schwebe. Die Menschen warten ab, bevor sie sich noch einmal festlegen; man traut der Lage nicht, wie rasch kann sie sich wenden, und ist es nicht doch sicherer, man geht fort, statt sich einer ungewissen Zukunft in einem ungewissen Land zu überlassen, in dem man nicht weiß, wer morgen regiert und mit welchen Methoden und was es zu kaufen geben wird in den Läden, wenn überhaupt etwas, und zu welchen Preisen. Wie denn unter all den Fragen dieses Dialogs, die fortgesetzt auftauchen wie Blasen im Teich, die wirtschaftlichen am rarsten sind: Ahnen sie alle, die Fragenden wie die Befragten, wie wenig sie wissen, und daß hier, in der kaum erforschten Ökonomie des Sozialismus – was haben uns denn Stalin gegeben und seine Nachfolger an Brauchbarem? – die eigentlichen Gefahren liegen.

Noch ist alles in der Schwebe.

Noch sind die Alten in ihren Ämtern, bis auf die drei zur Wende Gefeuerten und den armen Harry Tisch, der, ausgestoßen von seinen eignen Kreaturen, seine Gewerkschaftswelt nicht mehr versteht; und solange sie in ihren Ämtern noch sitzen und sich räkeln auf ihren Stühlen, traut keiner, keiner dem Bestand des Neuen, das so unerwartet dem deutschen Boden entsprang. Sie spielen auf Zeit, noch immer. Irgendwann, hoffen sie, wird das Frage-und-Antwort-Spiel, dem so wenig Konkretes folgt, die Spieler ermüden; irgendwann die Füße zu schmerzen beginnen, die Montag um Montag, und wenn sich's ergibt, auch an anderen Tagen der Woche, über das Pflaster ziehen, und der November ist da, nach dem bunten Oktober, mit dem Matsch auf den

Straßen, und Dezember wird folgen. Noch scheuert die Polizei, die grüne wie die geheime, sich wund am Zügel, der sie hält, noch ist nicht entschieden, wie Lenin einst sagte, wer wen.

Doch das Tempo läßt sich nicht bremsen, die Geschichte duldet kein Patt. Den Dialogen müssen und werden Taten folgen.

Es lebe die Republik!

Aschermittwoch

Essay, »Der Spiegel«, »Junge Welt«

DEZEMBER 1989

Die großen, die erhebenden Momente sind vorbei – auf dem Ring zu Leipzig, als die Masse plötzlich skandierte »Wir sind das Volk!«, und zu Berlin, auf dem Alexanderplatz, als die Menschen, jetzt eine Million stark, begriffen, daß sie über Nacht gelernt hatten, aufrecht zu gehen, und eine Art kollektives Aufatmen hörbar wurde, und schließlich am Übergang Invalidenstraße, als die Grenze sich auftat und die Leute, fassungslos noch, einander in die Arme fielen und erst der eine es sagte, dann der andere, und dann ein dritter und vierter »Wahnsinn«!

Danach, Aschermittwoch. Aus dem Volk, das nach Jahrzehnten Unterwürfigkeit und Flucht sich aufgerafft und sein Schicksal in die eigenen Hände genommen hatte und das soeben noch, edlen Blicks, einer verheißungsvollen Zukunft zuzustreben schien, wurde eine Horde von Wütigen, die, Rücken an Bauch gedrängt, Hertie und Bilka zustrebten auf der Jagd nach dem glitzernden Tinnef. Welche Gesichter, da sie, mit kannibalischer Lust, in den Grabbeltischen, von den westlichen Krämern ihnen absichtsvoll in den Weg plaziert, wühlten; und welch geduldige Demut vorher, da sie, ordentlich und folgsam, wie's ihnen beigebracht worden war zu Hause, Schlange standen um das Almosen, das mit List und psychologischer Tücke Begrüßungsgeld geheißen war von den Strategen des Kalten Krieges.

Aber es ist ja verständlich. Wie lange haben sie warten müssen, die Armen, bis sie das da berühren durften, beäugen, beriechen, betasten, das bunte Zeugs, auf den Regalen zu riesigen Türmen gehäuft, und kein »Gibt's nicht« und kein »Hamwa nich«, nur das höhnische Lächeln der Mädchen an der Kasse – die ganze westliche Hälfte Berlins, der ganze westliche Teil des Landes ein einziger riesiger Intershop, reich an Waren und glänzend.

Nicht sie sind schuld, diese Vergierten, an ihrer Entwürdigung; schuld sind die, die da in dem Land hinter der Mauer eine Wirtschaft führten, in welcher Mangel an Logik zu Mangel an Gütern führte und selbst der beste Wille und die beste Arbeit zu Ineffizienz und schäbiger Frucht verkamen.

*

Doch das ist das Geringste noch der neuen Realität. Das ganze verkrustete Gefüge dieses Staates ist aufgebrochen, der Putz zerbröckelt – und es stellt sich heraus, wie wenig Solides darunterlag. Erschrekkende Erkenntnis, denn, das ist die andere Seite, es wurde ja nicht nur geschludert, geheuchelt, betrogen, es haben sich Menschen ja auch bemüht, ehrlichen Herzens, und haben trotz aller Behinderungen manch Gutes zutage gefördert, das nun, zusammen mit dem Schmutz und den Torheiten dieser Jahre, auf dem geschichtlichen Kehrichthaufen zu landen droht. Eine Art Anarchie breitet sich aus, da jeder Beamte tunlichst ein neues Bäumchen sucht bei dem allgemeinen Bäumchen-wechsle-Dich; zögernd, aber doch, tritt einer nach dem anderen der ehemals Mächtigen ab; nur wer ist da, der ihre Stelle einnimmt? Wo ist das Schattenkabinett, das stets im Westen bereite, wo die Reservepartei, die den Laden übernehmen und eine neue Ordnung schaffen könnte?

Jetzt rächt sich, daß die großen Alten jedem Talent, das nach ihnen hätte kommen können, den Kopf absäbelten; und was nützt eine Opposition, die nichts ist als ein Tohuwabohu quirlender Meinungen; und weiß denn einer, wes Süppchen an den heißesten Stellen brodelt und wer wirklich Bedeutungsvolles vertritt und wer nur Gerüchte verbreitet und Unausgegorenes und seine Eitelkeiten dem Volke zur Schau stellt?

Und wo, in des Dreiteufels Namen, bleibt die neue Konzeption, die so nötig und dringlich gebraucht wird? Weiterhin Sozialismus – ja oder nein? Und wenn ja, welcher Art Sozialismus denn? Mit wieviel Prozent Marktwirtschaft, welchen Besitzverhältnissen?

Und die Menschen, ob Genossen oder nicht, so lang auf die einzig richtige Linie getrimmt, sind unsicher geworden nach der Abschaffung des leitenden Fadens. Um so offeneren Herzens sind sie, und so wird jeder Scharlatan, west- oder östlicher Herkunft, seine Gauklersprüche ihnen eintrichtern können.

Die Menschen in dieser DDR, die neu aus der Taufe gehoben wurde vom Volk in den Oktobertagen, haben sich aufgemacht auf die

Suche nach Wahrheit. Aber was ist die Wahrheit? Und welche Wirren noch, bis sie sich herauskristallisiert haben wird?

Und wieviel Zeit bleibt uns?

*

Denn die Uhr läuft. Trotz aller Mühen, trotz Wende und Wandlung, Neuerung und Reform, Veränderung, Umkehr, Umgestaltung, wie man's auch nennen will, der Sand, dessen Rieseln den ganzen Prozeß auslöste, rinnt weiter, selbst die Reisefreiheit, gedacht als Verlockung zum Bleiben, bewirkte wenig: Wie viele waren's ihrer im November, die das Land auf Nimmerwiedersehen verließen zum Notquartier in den Turnhallen und Kasernen der Bundesrepublik – hunderttausend? Oder mehr noch?

Wenn das so weitergeht, läßt sich der Tag berechnen, an dem die Republik funktionsunfähig geworden sein wird: die Innenstädte kaputt, die Infrastruktur ein durchlöchertes Geflecht; keine Ärzte mehr und Krankenschwestern, keine Postboten und keine Kraftwerksarbeiter, keine Pflasterer, Tischler, Bauern, Verkäufer, Transporteure – nur noch Rentner und Verwaltungsbeamte, die nichts mehr zu verwalten haben, und ein verlorener Haufen von Geheimpolizisten und ein paar Künstler, die auf ein neues Publikum hoffen.

Klingt hart? Aber so hart muß es klingen, wenn man will, daß wir uns jetzt, jetzt, jetzt zusammenraffen. So hart muß es klingen, wenn man will, daß endlich Klarheit in die Köpfe kommt über die Kardinalfrage: Wollen wir die DDR, oder wollen wir sie nicht, wollen wir sie trotz der Krise, in die sie gestoßen wurde von einer imkompetenten, phantasielosen, diktatorischen Regierung?

Manchmal scheint es, als säßen da zu Bonn oder Frankfurt oder sonstwo in der Bundesrepublik im stillen Büro einer Denkfabrik ein paar Kerle, die nach genauem Kalkül, mal lockerer, mal fester, an der Schlinge ziehen, die dem Esel um den Hals liegt, wobei sie dem Tier Finanzhilfe, Know-how, Managerial Help, Joint-venture und was noch vor die Nase halten, um das Bündel dann um so höher schnellen zu lassen: Aber erst müßt ihr dies tun und jenes ändern und das uns garantieren; bis das arme Vieh, bepackt und geplagt, in die Knie geht und es vorzieht, sich schlachten zu lassen.

*

Was wäre dagegenzusetzen? Moral, sozialistische gar? Liebe zu einem Land, das ein Stück nur ist eines größeren und ursprünglich nichts war als eine willkürlich abgegrenzte Besatzungszone? Ein Zugehörigkeitsgefühl zu einer Gemeinschaft, die sich verschwor, eine neue Welt zu errichten, eine gerechtere? Aber wie wurde Schindluder getrieben mit solchen Zukunftsvisionen von einer Partei, die sich als die führende bezeichnete!

Und doch, und doch: Irgend etwas, zu neun Zehnteln verschüttet, ist in den Menschen geblieben von den Träumen und Idealen, die ihnen, obzwar entstellt durch die Phraseologie des Stalinismus, einst überliefert wurden, und eine Hoffnung ist da, gegen alle Wahrscheinlichkeit, an die man sich klammern könnte. Dem ließe sich entgegenhalten: Gehofft haben wir die ganzen Jahre, bevor es die Mauer gab, und danach auch noch; jetzt wollen wir Reelles, und wir wollen es jetzt, nicht erst in ferner Zukunft. Gut, reden wir darüber.

*

Reden wir über die Einheit. Tatsache ist, zwei kapitalistische deutsche Staaten sind nicht vonnöten. Die Raison d'être der Deutschen Demokratischen Republik ist der Sozialismus, ganz gleich in welcher Form, ist, eine Alternative zu bieten zu dem Freibeuterstaat mit dem harmlosen Namen Bundesrepublik. Einen anderen Grund für die Existenz eines ostdeutschen Separatstaates gibt es nicht; nur als militärisches Vorfeld zu dienen den Marschällen der Sowjetunion ist Nonsens im Zeitalter atomarer Totalvernichtung, und was auch für Vorwände man für einen solchen Status erfände, sie würden sich nur allzubald als fadenscheinig erweisen.

Und wurde die Existenzkrise der Deutschen Demokratischen Republik, wenn man's bedenkt, nicht herbeigeführt durch gerade diese Konstellation, in Reykjavik damals, im Gespräch des amerikanischen Präsidenten Ronald Reagan mit dem sowjetischen Staats- und Parteichef Michail Gorbatschow, als der jenem klarzumachen verstand, daß angesichts des atomaren Patts Friede zu herrschen habe zwischen den Blöcken, ja, die Blöcke selber überflüssig geworden, Europa, die Welt, ein gemeinsames Haus?

*

Tatsache ist ferner, daß die stalinsche Wirtschaft, die hinter der Mauer so lange im Schwang war, nunmehr bankrott ist; bankrott ist der Staat, und ob er sich, dem Baron von Münchhausen ähnlich, an seinem eigenen Haarzopf aus dem Sumpf zu ziehen imstande sein wird, ist zu bezweifeln.

Bleibt als Retter, da die Sowjets ihre eigenen Probleme zu bewältigen haben, nur der Westen, insbesondere die Bundesrepublik, die so lange auf just diesen Moment gewartet und das Ihre dazugetan hat, ihn irgendwann endlich herbeizuführen. Doch wär's nicht eher naheliegend, daß man dort die Arme verschränkt und lächelnd abwartet, bis der schon Halbtote alle viere von sich streckt, um ihn danach auszuschlachten?

Derart Gedanken werden gedacht; aber auch andere, von anderen Leuten. War nicht die Stabilität Europas, die all die schönen demokratischen Entwicklungen im Osten – in Polen, der Sowjetunion, Ungarn, der DDR und der ČSSR – erst auslöste, begründet auf der Existenz zweier deutscher Staaten? Was für eine Stabilität würde das denn wohl sein mit einem neuen Großdeutschland, dieses beherrscht von Daimler-Messerschmitt-Bölkow-Blohm und der Deutschen Bank? Und wie weit wär's von da bis zu der Forderung nach den Grenzen Großdeutschlands von 1937, und nach noch weiter erweiterten Grenzen darüber hinaus? Und das mit der Atombombe im Köcher?

Ist die DDR vielleicht nicht nur attraktiv für die, die da von einem wirklichen Sozialismus auf deutschem Boden träumen, sondern auch für ganz nüchtern denkende Geschäftsleute und Politiker? Was bräuchte es denn wirklich an Hilfe für das angeschlagene Land? Und was für Um- und Neuordnungen bräuchte es, ohne alles nachzuäffen, was im Westen gang und gäbe, um die Wirtschaft der DDR auf Trab zu bringen und interessant zu machen für Investoren? Läßt sich eine Konföderation vorstellen zwischen zwei verschieden gearteten Wirtschaftssystemen, welch Konföderation allmählich überleiten könnte zu einer von zwei Staaten mit verschieden gearteten sozialen Systemen?

*

Und wieviel Zeit bleibt uns? Die Regierung, die eine provisorische ist, lebt von einer Demonstration zur anderen und reagiert zumeist nur, statt eigne Gedanken zu zeigen; und die neuen Gruppen, die ihre

Sprecher vorschicken zu den versammelten Massen, sie ahnen, fürchte ich, nur wenig von dem auch ihnen drohenden Schicksal.

Wenn alles weiter so schleift wie bisher, wenn auf dem Gebiet, das wirklich zählt, bei Wirtschaft und Währung, sich nicht wirklich Entscheidendes ändert, wird der Tag kommen, da die Arbeiter der Versprechungen müde sein werden und die Betriebe verlassen und sagen: Mag der Nächstbeste den Krempel übernehmen.

Wer dieser Nächste wäre, ist hinreichend klar. Und dann würde die DDR tatsächlich nicht nur verkauft werden, sondern verschenkt.

Die Uhr läuft.

Rede auf der Demonstration am 9. Dezember

Berliner Lustgarten

DEZEMBER 1989

Wie Sie wissen, habe ich meine Meinung klar und öffentlich auch schon zu einer Zeit gesagt, als andere schwiegen. Ich denke, das gibt mir das Recht, auch jetzt zu sprechen, selbst wenn das, was ich zu sagen habe, mich bei manchem von Ihnen nicht populär machen sollte.

Eine tiefe Skepsis ist unter den Menschen, kein Wunder nach den Ereignissen und Enthüllungen der letzten Tage und Wochen, und manche sagen, je eher wir uns der Bundesrepublik anschlössen, desto besser, und nach vierzig Jahren des verlogenen, real existierenden Sozialismus wird gefragt, was denn Sozialismus eigentlich sei und ob es ihn überhaupt gäbe.

Der Sozialismus – und ich weiß, daß mancher das Wort schon nicht mehr hören mag –, der Sozialismus ist nicht, ich wiederhole, *nicht* die Diktatur eines Apparats oder einer Partei über das Leben der Menschen, und er ist nicht die Unterdrückung der Wünsche und Gedanken des Volkes. Das ist kein Sozialismus. Der Sozialismus ist vielmehr, oder sollte es sein, Freiheit, Gleichheit, Brüderlichkeit, plus sozialer Gerechtigkeit, und er ist, wie Brecht sagte, das Einfache, das schwer zu machen ist. Ich habe mich seit meiner Jugend für diese Art Sozialismus eingesetzt, und ich habe erlebt, wie viele für diese Sache sich geopfert haben und gestorben sind, und ich bin dagegen, daß jetzt, wo durch die Revolution hier zum ersten Mal es möglich wird, auf einem Stück deutschen Bodens einen solchen menschlichen, demokratischen Sozialismus zu machen, das Land DDR so mir nichts, dir nichts aufgegeben werden soll.

Im Zusammenhang mit diesem Gedanken steht der Aufruf »Für unser Land«. Der Aufruf wurde verfaßt und unterschrieben von ehrlichen Leuten in der ehrlichen Absicht, zur Klärung der Geister beizutragen. Er war ein Appell an jeden einzelnen in diesem Lande, und es widert mich an, daß er zu einer Kampagne nach altbekannter Manier mißbraucht wurde.

Dennoch hat der Aufruf sein Gutes gehabt: Er hat viele zum Nachdenken angeregt, zum Nachdenken über die DDR, Deutschland, die Zukunft. Das deutsche Volk ist eines. Deutschland wurde gespalten als Folge des Krieges, so wie Europa und die Welt gespalten wurden, und in dem Maße, in dem die Spaltung Europas und der Welt aufgehoben wird, wird auch die Spaltung Deutschlands verschwinden; die beiden deutschen Staaten, der Prozeß hat bereits begonnen, werden sich einander annähern und miteinander kooperieren und, alliiertes Einverständnis vorausgesetzt, sogar konföderieren, bis es keine trennende Grenze zwischen ihnen mehr gibt.

Die Frage ist nur, was für ein geeintes Deutschland das dann sein soll: ein Großdeutschland wieder, wie gehabt, durch Anschluß zusammengekommen, ein Viertes Reich, gefürchtet von den Völkern und von nachdenklichen Menschen in beiden deutschen Staaten ebenso – oder ein anderes, Neues, in das auch die Bürger der DDR ihre Erfahrungen und Werte und die Resultate ihrer langjährigen Mühen mit eingebracht haben werden.

Dieses, wie auch das Wohl der Menschen hüben wie drüben, erfordert aber, daß Wirtschaft wie Gesellschaft in der DDR jetzt in Ordnung kommen, in eine demokratische Ordnung.

Ich glaube, das läßt sich schaffen.

Nachwort

Die Idee zu diesem Buch entstand im vergangenen Frühjahr. »Einmischung« genannt, war der Band als eine Sammlung von Essays, Reden, Interviews und Gesprächen geplant, die, aus der Zeit heraus entstanden, die Zeit nicht nur zu betrachten, sondern auch zu beeinflussen gedacht waren.

Im Herbst dann begann die Zeit sich zu überstürzen. Die Revolution, die sich da anbahnte, erforderte mehr als Bericht oder Stellungnahme, um ihr Genüge zu tun; sie verlangte Teilnahme, Eingreifen – Einmischung eben –, nur direkter noch als vorher. Das letzte halbe Dutzend Artikel hier bezeugen das.

In einer Revolution veralten die Texte von gestern rasch, es sei denn, sie enthielten bereits die revolutionären Gedanken. Es sind daher die vor den kritischen Tagen des Jahres '89 niedergeschriebenen Beiträge daraufhin gewogen worden, und siehe, sie hielten der Prüfung stand: Selbst wenn ihr Atem langsamer erscheint und ihr Pulsschlag ruhiger, sind sie nicht weniger aktuell als die späteren, und man muß nicht einmal zwischen den Zeilen lesen, um festzustellen, bis zu welchem Maße in ihnen die Zukunft, die wir gerade durchleben, erhofft, erahnt und vorausgesagt wurde, und wie die frühen Beobachtungen schon sich einfügen in unsere hektische Gegenwart und Folgen zeitigen in den traumatischen Entwicklungen. Zu wünschen wäre nur, daß auch heute und morgen noch das Auge gelegentlich Muße fände für eine Betrachtung der neuen Verhältnisse und der Kopf zu einer Analyse; wir sind in Gefahr, mitgerissen zu werden von Strömungen, die wir in Gang setzten, doch nicht mehr allzeit beherrschen.

Wer versucht hat, sich einzumischen in das Geschehen, durch Tat, durch Wort oder sonstwie, der muß sich fragen lassen, ob er denn glaube, daß er sein Ziel erreicht hat, oder ob nicht vielmehr sein Mühen sich als vergeblich erwies oder gar das Gegenteil dessen herbeiführte, was ihm anfänglich vorgeschwebt hat.

Was haben wir alles erlebt in diesem unsrem Jahrhundert. Und was haben wir gewollt? Veränderung wohl. Veränderung des Status quo, des abgenutzten und verrotteten, der soviel Ängste verbreitete und den Menschen den Atem benahm. Und inwieweit lag es an uns, unsre Zeit mitzugestalten, und inwieweit waren wir selber nur Spielzeug fremder Gewalten, Zauberlehrlinge, konfrontiert mit dem Eifer bösartiger Besen?

Und was nun, da mit unserm Zutun auch der letzte der herrschenden Mafiosi entmachtet wurde: ein pluralistisches Millennium freier Marktwirtschaft in einem reichen, glücklich geeinten Vaterlande?

*

Die Antwort auf diese Frage setzt die Beantwortung einer anderen voraus: Wer, oder was, wurde besiegt durch den, bisher wenigstens, friedlichen Aufruhr des Volkes? War es der Sozialismus, der da geschlagen worden war, wie manche jetzt jubeln, die, bar jeglichen Gedankens an Sinn oder Unsinn des Lebens, ausgezogen sind, dies Leben endlich pur zu genießen und ohne moralische Skrupel? Oder nicht doch das System nur, der regierende Klüngel, der die Idee verfälscht hatte zum Nutzen der eigenen Herrschaft und für den Besitz von Jagdrechten in Privatrevieren und von Armaturen im Badezimmer, wie sie die Ewings in Dallas allemal prächtiger hatten?

Aber wie es nun aussieht, sind die Geschädigten, seit sie die Mauer durchbrachen, nicht mehr in Stimmung, zwischen dem Mißbrauch einer Idee und der Idee selber zu unterscheiden oder auch nur Erklärungen entgegenzunehmen bezüglich der Ursachen des Malheurs. Bleibt uns vom Leib, so sagen sie, mit euren geistreichen Argumenten, vierzig Jahre eures Sozialismus sind genug, haben wir jeder doch nur ein einziges Leben, und bitte keine Experimente mehr mit uns, soziale oder andere.

Die Freiheit, vor kurzem erst errungen, die großartige Demokratie, so greifbar nahe, wünschen die Leute nun in konkreter Gestalt zu konsumieren.

Die historische Periode, da die alten Strukturen, Ost wie West, zusammenzubrechen begannen, und deren Anfang man etwa mit dem Auftritt des Mannes Gorbatschow in der Geschichte datieren könnte, hat sich als so voller Überraschungen und Unvorhergesehenem erwiesen, daß man mit Fug und Recht überhaupt nichts voraussagen kann, nicht einmal das üblicherweise zu erwartende Unheil. Bei allem, was uns von den verschiedensten Seiten her bedroht: Es kann sich ja auch richten. Und es könnte sich herausstellen, daß wir doch im Recht waren mit unserem Streben und daß auf einem Stück deutschen Bodens der Keimling noch aufgehen wird, der gesteckt wurde von uns und unsersgleichen. Und sollte die Saat selbst, wie so oft schon, wieder ertränkt werden in einer Flut von Chauvinismus – »Deutschland! Deutschland!« –, das Klare und Vernünftige wird auferstehen, nicht als Phoenix vielleicht, eher wie ein Spatz, der den Kopf aus dem Dreck steckt und trotzig von neuem zu tschilpen beginnt.

In solcher Lage, und wenn es darum geht, die Position zu halten, könnte dies Buch den Zeitgenossen eine Hilfe sein.

Januar 1990 S. H.

Kurzer Dialog des Autors mit sich selbst

Ein besonderes Nachwort zu dieser Taschenbuchausgabe

Du hast dich also eingemischt, S. H. Hat es sich gelohnt?

Gelohnt? Ich habe mich nicht gerade beliebt gemacht damit.

Sagen wir: Hat es gewirkt?

Das ja. Obwohl der Grad der Wirkung eines einzelnen nur schwer zu bestimmen ist.

Aber es müßte sich doch erkennen lassen, ob sich etwas verändert hat von dem, was du verändern wolltest.

Es hat sich sehr vieles verändert in den knapp zwei Jahren, die verstrichen sind seit der ersten, der Hardcover-Ausgabe dieses Buches. Allerdings waren die Jahre 1990 und 1991 keine gewöhnlichen, besonders in Deutschland nicht; der berühmte Mantel der Geschichte, an dessen flatternde Schöße sich stets so eilig heftet, wer immer genügend Ehrgeiz hat und klebrige Hände, wehte vorüber.

Verändert in deinem Sinne?

Aus zweien wurde eins und andernorts aus einem mehreres; Schicksale wurden durcheinandergewürfelt, einige spekulierten sich empor zu raschem Reichtum, während andere ihr einziges Gut verloren, ihren Arbeitsplatz; auch Kriege und Bürgerkriege gab es; und eine ganze Gesellschaftsstruktur, jahrzehntelang wie ein Monolith, zerfiel über Nacht.

Ich wiederhole – verändert in deinem Sinne?

Ich wußte, was ich nicht wollte oder nicht mehr wollte; aber ich hatte kein politisches Programm.

Wenn ich dies Buch lese, finde ich darin doch eine Anzahl Punkte, die sich für ein solches Programm hätten nutzen lassen.

Punkte ja, jedoch nicht in ein System gebracht; und keine Anweisung zum Handeln.

Im Grunde, S. H., bist du also geblieben, was dir bei jeder Gelegenheit zum Vorwurf gemacht wird: ein Utopist.

Utopia ist etwas sehr Schönes. Und war es denn meine Aufgabe, eine praktikable Alternative zu dem Bestehenden, samt Bestimmungen zu deren Durchführung, zu entwerfen? Und das angesichts einer bereits real existierenden Alternative, die sich den Leuten Abend für Abend am Fernsehschirm präsentierte? Und allein?

Du sprachst doch immer allein.

Vielleicht hätte ich mir einen Chor suchen sollen. Aber wenn man sieht, was hierzulande sich jetzt als großer Veränderer hinstellt...

Warum gibst du nicht zu, dein Erfolg war weniger noch als bescheiden. Die Welt, für die du dich so lautstark eingesetzt hast, eine Welt, ich zitiere dich, der Demokratie und sozialen Gerechtigkeit zugleich, wo ist sie? Doch nicht hier in Deutschland!

Was soll ich also bitte tun? Aufhören zu schreiben?

Wie ich dich kenne, wirst du sowieso weitermachen. Schon aus Trotz; und weil du gar nicht anders kannst.

Es wird einem zur Gewohnheit, das stimmt schon. Ich habe mich 1933 eingemischt, gegen die Nazis; dann in Amerika, mit meinen Büchern; dann mit Flugblättern während des Kriegs, und von 1953 an in der DDR; und ich werde mich wohl auch weiterhin einmischen, einfach weil ich glaube, daß nichts so bleibt, wie es ist, und daß wir über die Richtung, in die sich das Ganze bewegt, mitentscheiden.

November 1991 S. H.